金陵全書

甲編・方志類・縣志

光緒續纂句容縣志（四）

（清）張紹棠 修
蕭穆 等纂

南京出版社
南京出版傳媒集團

圖書在版編目（CIP）數據

光緒續纂句容縣志 /（清）張紹棠修；（清）蕭穆等纂
. -- 南京：南京出版社，2020.10
（金陵全書）
ISBN 978-7-5533-2807-2

Ⅰ.①光… Ⅱ.①張… ②蕭… Ⅲ.①句容－地方志
－清代 Ⅳ.①K295.34

中國版本圖書館CIP數據核字（2020）第018744號

書　　名　【金陵全書】（甲編·方志類·縣志）
　　　　　光緒續纂句容縣志
編 著 者　（清）張紹棠修；（清）蕭穆等纂
出版發行　南京出版傳媒集團
　　　　　南　京　出　版　社
　　　　　社址：南京市太平門街53號　　郵編：210016
　　　　　網址：http://www.njcbs.cn　　電子信箱：njcbs1988@163.com
　　　　　聯系電話：025-83283893、83283864（營銷）　025-83112257（編務）

出 版 人　項曉寧
出 品 人　盧海鳴
責任編輯　嚴行健　余世瑶
裝幀設計　楊曉崗
責任印製　楊福彬

製　　版　南京新華豐製版有限公司
印　　刷　南京凱德印刷有限公司
開　　本　889毫米×1194毫米　1/16
印　　張　153.75
版　　次　2020年10月第1版
印　　次　2020年10月第1次印刷
書　　號　ISBN　978-7-5533-2807-2
定　　價　3200.00元（全四册）

南京出版社
圖書專營店

續纂句容縣志卷十八上　　邑人張　瀛分纂

藝文　書目

吾邑箸述家抱樸而外唐許則箋經釋傳殷樊則飛翰摛辭雖有明以來汨於制義而張榜之罔羅百籍宣顥之述作專家莫不登諸秘府藏之名山而閱世既深流風漸沫況經劫火焚餘殘編毀盡疇藏井底疇肂冢中孔壁無聞梅窨安在艮足慨矣然經籍縱恨銷沈篇目猶堪指數除舊志甄錄外搜遺摭軼尚獲三百餘種雖空目徒張不免見嗤於大雅而斯文如在尙冀興起於後來若夫鴻篇鉅制掌故攸關小引短章風教是賴者別爲中下二卷作續藝文志

吳唐固春秋古今盟會地圖一卷見漢書經籍志

宋顏延之逆降一卷見隋書經籍志注　禮論降義三卷見舊唐書經籍志　詁幼

二卷見隋書經籍志纂要六卷見舊唐書經籍志

梁陶宏景尚書註一卷鄭元三禮目錄註一卷見新唐書藝文志

明王心純周易詳辨二論詳說見采訪

張範洪範本義孝經童訓見張氏家傳

國朝譚孔訓易經解見采訪

俞穆祖詩經解二卷見采訪

朱孩敬檀弓解二卷見采訪

樊明徵大易發揮四十六卷尚書大政詩樂譜雅言錄六書形衍倉十二書反切指南見樊氏家傳

欒培四書大全見采訪

陳立公羊義疏七十六卷爾雅舊註二卷白虎通義疏證十一卷說文諧聲孳生述三卷見續府志

楊一蒼書傳古文百七十篇見楊氏家乘

田志蓮讀書條辨見續府志

楊驤十三經精義二十卷經解唾餘六卷見楊氏家乘

楊乃霖爾雅餘義見本書

以上經類

晉葛洪史記鈔十四卷後漢書鈔三十卷見新唐書藝文志列仙傳十卷見隋書經籍志

梁陶宏景帝王年歷五卷見舊唐書經籍志三國志讚述一卷世語闕字二卷續世說二卷養性傳一卷草堂法師傳一卷周氏冥通記一卷古今州郡志一卷見同上

唐許嵩建康實錄二十卷六朝宮苑記見宋史志

許儒史記註見舊唐書儒林傳

明蔣主忠金陵紀勝見呂府志

蔣誼續宋論見江南通志

張問仁國朝名臣履歷瑣碎綴錄張氏家乘年譜見舊志本傳

胡瑪景泰句容縣志稿見舊志本傳

王韶宏治句容縣志稿見舊志本傳

王裕萬歷句容縣志稿見舊志本傳

江永年重修茅山志十七卷見茅山志序

笪繼良鉛山縣志汀州府志見茅山志序

張範六諭衍講見張氏家乘

李清南渡錄三垣奏疏筆記澹甯齋史論雜著正史外史摘奇女世說三餘瑣錄南北史南唐書合註諸史同異歷代不知姓名錄見李氏家乘及金陵詩徵

張駿業京都游覽記見舊志本傳
孔尙豫六朝章奏見舊志附傳
笪志清崇明寺來游記見舊志本傳
國朝胡岳順治句容縣志稿見順治志
笪重光茅山志十四卷見茅山志
樊明徵乾隆句容縣志稿續古堂日鈔金石鈎華見樊氏家乘及呂府志
葛震四言史徵見四庫存目
尙徵儼讀史劄記二十卷見續府志
駱岐讀史管見見駱氏家乘
孔傳薪行唐紀政見孔氏家乘
朱垣朱氏家乘二卷見朱氏家乘
鄒近魯鄒氏族譜見鄒氏家乘

王履升日記筆記見王氏家乘

周夢南節孝蘭譜記見續府志

魏應昇東陽閒筆見續府志

張道正聖駕南巡頌迎鑾曲見張氏家乘

尙昌廬南巡萬言頌見迎□□□恩記

尙德明迎恩記見本記

李鑾淮南金石考見李氏家乘

田志蓮隱香子年譜見續府志

楊一蒼讀書鑑四卷見楊氏家乘

楊驥讀史餘論見楊氏家乘

俞宗洛經濟待問錄見采訪

駱臨吉金石辨是編六卷見駱氏家乘

石泉亦山湖志四卷見續府志

孔昭秉孝逆烱鑒見本書續府志作孝鑒

夏肇生瑯琊兵事記一卷見本記

以上史類

晉葛洪抱朴子八卷抱朴君書一卷周易雜占十卷肘後備急方八卷神仙服食藥方十卷以上見隋書經籍志老子道德經序訣二卷太清神仙服食經五卷又一卷三元遁甲圖三卷遁甲囊中經一卷以上見舊唐書經籍志抱朴子養生論一卷太清玉碑子一卷以上見宋史藝文志枕中書一卷四庫書目云偽託

梁陶宏景天儀說要一卷歷象一卷括星詩一卷七曜新舊術易髓三卷五行運氣一卷周易林一卷易林體三卷景疏占候圖象集要學苑一百卷黃庭集訣一卷達靈經一卷眞誥二十

卷周眞人傳一卷鍊化雜術一卷神仙藥食經一卷神仙服食藥方十卷服玉法并禁忌一卷太淸玉石丹藥集要三卷老子註四卷鬼谷子註卜筮要略一卷抱朴子註二十卷夢記一卷玉匱記導引圖一卷三命立成算經一卷靈奇秘奧一卷消除三尸諸要法一卷三命鈔略一卷三命殺歷一卷服雲母諸石方一卷眞靈位業圖一卷以上見隋書經籍志舊唐書經籍志宋史藝文志及漢書藝文志考證江南通志四庫書目

唐許淹文選音十卷見舊唐書曹憲傳

宋陳序類書見太倉梯米集

元僧聚禪雪郵語錄見舊志仙釋

明蔣主忠詩法鉤元見江南通志

蔣誼憨翁新錄紀行錄經緯文衡吹吷餘音見江南通志

李春芳貽書堂類稿見舊志本傳

李思聰堪輿十二種見金陵詩徵

曹可遲亡羊續語見舊志本傳

張駿業四靈考見舊志本傳

國朝宣芸周程張朱五子集解見金陵詩徵

汪沂致曲齋困勉錄見舊志本傳

張晨壬戌穠著見張氏家乘

宣頴悅菴遺書見舊志藝文

張玉珩輯略隨書八卷見張氏家乘

潘遂先聲音發源圖解見四庫存目

李元祺佩文廣韻彙編見李氏家乘

王履升病中瑣言見王氏家乘

釋懷遠經誦隨筆見樊氏家乘

樊明徵雙尼粃論見同上

戴溱地理易簡集羅線眞正解見采訪

周履琨輿地指南見同上

俞之堅地理裁僞見同上

俞茂鯤痘科集解見同上

俞顯祖心學錄見呂府志

楊一蒼遺後錄二卷見楊氏族譜

楊驤天文彙考二卷理氣粹言二卷封溪琴譜一卷嬾人癖談四卷見楊氏家乘

王模正教錄見采訪

紀叢筠瘟病辨見采訪

趙友芳舌苔辨症見同上

倪信預湯頭歌集要見同上

倪德揚杏林集驗保赤新編見同上

以上子類

宋顏延之集二十五卷見隋書經籍志逸集一卷見隋書經籍志注

顏峻集十三卷婦人詩集二卷詩集一百卷詩例錄二卷見舊唐書經籍志

梁陶宏景陶先生文集三十卷內集十五卷隱居集一卷見呂府志及茅山志

唐劉三復文集十三卷見舊唐書劉鄴傳

劉鄴甘棠集三十卷見同上

宋溫德成東蒙集見采訪

張綱華陽集四十卷見宋史本傳
陳序碧巖集見金陵詩徵
元梁大柱山中吟集見舊志及金陵詩徵
孔杓東征集見金陵詩徵
笪兆麟東軒詩集見笪氏家乘
明孫炎孫左司集四卷見金陵詩徵
朱純東溪詩文稿見朱氏家乘
笪鉉怡軒稿見笪氏家乘
高志味道詩文稿見高氏家乘
高諤士傑詩稿見高氏家乘
朱鐫愚齋詩集見朱氏家乘
朱遠山樵稿見朱氏家乘

王蒙吉止齋詩集見王氏家乘

張詔郁居吟怡雲集記游稿見張氏家乘

王韶容山鍾秀集六卷見金陵詩徵

周祚白溪詩集見采訪

許堯咨閒居樂二卷見舊志本傳

蔣用文龍潭十景詩稿見舊志　靜學齋集見金陵詩徵

蔣主孝務齋詩樵林摘稿見金陵詩徵

蔣主忠慎齋稿四卷續貂小稿見同上

蔣誼石屋閒鈔見呂府志及金陵詩徵

胡瑀雲窩稿見呂府志及金陵詩徵

胡璇雲麓稿見同上

胡禮月灘詩集見同上

胡漣松巢集見同上

戴仁白溪遺稿見家藏本

李春芳貽安堂集十二卷見明史本傳及家乘

李瑛名山百詠見王韶序及金陵詩徵

李茂功依緑園集見李氏家傳

李思聰沮修集詩文十二卷見同上

李思訓晚好齋詩存見金陵詩徵

張問仁五者軒文集見舊志本傳

王裕萬卷山房詩文集見金陵詩徵　肖全集見王氏家乘

嚴絃石岩集三體詩見金陵詩徵

周剛草窗集見金陵詩徵

王肯堂肯堂集見金陵詩徵

王諒竹溪集見金陵詩徵
張駿業北游集且園鹿革囊集見舊志本傳
張珂忍齋集見舊志及金陵詩徵
張文進東泉遺稿見張氏家乘
胡樽侗齋集見呂府志
笪繼艮經畬堂詩集見舊志
王祚遠香雪居詩文集見王氏家乘
張範代杜集千日酒醞集千家詩和稿見張氏家乘
曹可暹別吟集見舊志及金陵詩徵
王恂偶存稿約菴集見王氏家乘
閔齡山居詩稿見金陵詩徵
王懌墨莊詩集見王氏家乘

國朝張效齡雁字吟梅花吟近月吟稿見舊志本傳及張氏家乘

王祚明澹思齋詩集見王氏家乘

王士宏來賦草見王氏家乘

王自新仍齋詩文集見王氏家乘

李淦紅研齋礪園集見李氏家乘

李沂鸞嘯堂詩集二卷見同上

李潛葉聞齋稿見金陵詩徵

李沛平庵詩集見同上

李瀚嚴庵詩集見同上

王士僎金陵四十景詩稿見王氏家乘

王忬竹里館詩集見王氏家乘

王復宗擱霞集見同上

王蔚宗黔中吟詩集見同上
朱獻醑亮工文稿一卷家訓一卷見朱氏家乘
朱景成四平山偶吟稿見金陵詩徵
沈豹五備堂集見乘風居聞見錄
李瀅敦好堂詩鈔見金陵詩徵
李潤芝嵋集見同上
李柟藥圃集見同上
李棟楚游草見同上
王輅蒼霞集十卷見同上
李國宋螺隱居集見同上
趙繼葵南崖集見趙氏家乘
趙應恕燕貽編見同上

李蘊廣神樓集見舊志本傳

王康佐求是齋文集見王氏家乘

潘應龍尋樂窩草見金陵詩徵

王昌學漫游草見同上

周楨存青閣文集詩稿見舊志本傳周氏家乘及金陵詩徵

朱復南湖集見采訪

夏疇疊玉亭儷體集見金陵詩徵

駱鳴騶廷颺詩賦稿十二卷文集一卷詞鈔一卷見駱氏家乘及金陵詩徵

倪錦叟東廬草見采訪

王道復十三經賦稿見家傳及金陵詩徵

胡其韶邁千詩集見采訪

高世傑焦山遺筆註釋石鼓詩百首梅花詩集唐詩滙游草見舊

志本傳及金陵詩徵

李晉垿眞想齋詩稿見李氏家乘

朱石庵詩集見朱氏家乘

宣芸芹澗堂文集見舊志本傳及金陵詩徵

樊明徵軫亭詩集軫亭文集花嶼軒四六鬬草亭古藝見樊氏家乘

王履升夷白詩草見王氏家乘

王周南安鈍吟稿見同上

王朝艮立齋文集見金陵詩徵

魏應昇詩稿見采訪

駱維甯偶然草見駱氏家乘

張嗣翰就正稿四卷見張氏家乘

駱琚覺夢樓稿二卷藍谷詩草二十四卷懷人集見駱氏家乘及金陵詩徵

周繼翰栁崖雜著見周氏家乘

王運昂舒嘯軒詩草見采訪

吳觀遺文稿見采訪

石錭蓮心堂文集一卷繫心堂詩集一卷見同上

華之榮漱芳樓詩集見同上

俞茂鯤東山詩草見同上

俞懷祖臏餘稿見同上

俞宗洛古文蔚今文蔚見同上

胡新法蕉園寶集見同上

張存拙無之集見同上

駱重恆愛吾廬詩集見續府志

倪艮珍奕餘集見同上

孫世泰映雪堂集見同上

孫守勛霞山集見同上

魏子嵩虛車巢雪亭詩文稿見采訪

孔傳薪夢松居士詩稿見孔氏家乘

裴鑛活潑潑地稿活水軒稿見續府志及采訪

芮瀨北匏瓜集十四卷見續府志

紀叢筠蔬香齋詩稿見續府志

張慶闈易知文範詩林集腋見采訪

唐治魯泉先生集見續府志

田志蓮綠滿窗詩草見續府志

吳祖新信口吟見續府志

唐澍石野山房稿見采訪

陳立勾溪雜著五卷續編一卷見續府志

尚永瑞寄園集蚪岩集見續府志

王頤芝軒詩稿見同上

束椿瑞桐陰軒詩草見同上

駱崇禧雨香館詩草四卷見續府志及本集

曹政修梅生遺稿一卷見本集

楊驪懷玉山房文集八卷詩集二卷四六詩賦四卷雜文二卷見楊氏家乘

李蕚花樓遺稿一卷見本稿

尚兆山仰止詩稿見金陵續詩徵

楊列之邨居襍景詩一卷見采訪

袁嶲華綠陰山房稿見采訪

王模竹軒集見采訪
張源滌川剩稿見采訪
楊驥金陵詠古詩稿見楊氏家乘
以上集類
隋無名氏江乘記
宋陳倩茅山記一卷
曾洵句曲山記七卷
傅霄重修茅山舊記
無名氏茅山記一卷
無名氏茅山新記一卷
元劉大彬茅山志十五卷
明王僖宏治句容縣志

丁賓萬歷句容縣志

杜槃句容縣志

周仕句容縣志以上見呂府志

許令典乾元觀記一卷見本集

國朝葛翊宸順治句容縣志

曹龔先乾隆句容縣志十二卷

釋德基寶華山志十二卷以上見呂府志

釋福聚寶華山志餘見華山志

劉名芳寶華山志十六卷見本志

以上志乘類

李淦妻徐氏幼蘩遺草

何祚涑妻裴氏青玕集歷溪瑣語西邨晚霞集見續府志

葛季英澹香樓集見金陵詩徵
駱綺蘭聽秋軒詩集見續府志
雍氏亦政堂詩集一卷見同上
顧仁貴妻駱氏苦相篇詩稿見采訪
趙啟銛妻陶素心輓夫吟稿見采訪

以上閨秀集

漢茅盈金藏經二卷
晉魏華存清虛眞人王君內傳一卷
蘇元明授茅君歌一卷
李遵許遠游傳一卷
宋陸修靜道德經雜說一卷昇元步虛草一卷靈寶經目序一卷服御引元精經一卷靈寶步虛詞一卷步虛洞章一卷齋法

儀範一百卷

陳馬樞道覺論

唐王遠知易總十卷以上見茅山志

吳筠宗元先生集十卷見金陵詩徵

司馬承禎修眞秘旨十二篇坐忘論一卷天隱子八篇修眞秘旨事目歷一卷修眞養氣訣一卷靈寶五岳名山朝儀經一卷

李含光周易義略三篇老莊學記三篇內學記二篇本草音義二卷三元異同論道學傳二十卷見茅山志

元張羽貞居集三世集三卷碧岩元會錄二卷見金陵詩徵

明江文谷華陽眞誨見茅山志

寂光梵網直解四卷十六觀經懺儀

國朝讀體毗尼止持十六卷毗尼作持十五卷三壇正範四卷

大乘元義黑白布薩僧行軌則
德基毗尼關要十六卷羯磨會釋十四卷比邱尼戒本會義十
二卷
福聚南山宗統瑜伽補註施食儀觀以上見華山志
以上方外集
補遺
元鄒孚愚庵集　明張文學四書夢談　國朝鄒發家範要議
磯論　張德永養吾草寢言草　張美傳自鳴草七集　張琳
旦園初稿六卷
元吳全節看雲集　朱象先關尹子箋釋　明白雲霽道藏目
錄詳註四卷　釋洪恩雪浪集　釋法果雪山集八卷　釋通
潤秋水庵集

續纂句容縣志卷十八上終

續纂句容縣志卷十八中　　邑人張　瀛分纂

藝文詩

北宅秘園　　宋顏延之延年

夕天霽晚氣輕霞澄暮陰微風清幽幌餘日照青林收光漸衰歇窮園自荒深綠池翻素景秋槐響冬音伊人倘同愛弦酒共棲尋

答顏延年　　王僧達

長卿冠華陽仲連擅海陰珪璋既文府精理亦道心君子聳高駕塵軌實爲林崇情符遠迹清氣溢素襟浩遊略年誼篤顧棄浮沈寒榮共偃曝春醞時獻斟聿來歲序暄輕雲出東岑麥壟多秀色楊園流好音歡此乘日暇忽忘逝景侵幽衷何用慰翰墨久謠吟棲鳳難爲條淑貺非所臨誦以永一作詠周旋匣以代

兼金

詔問山中何所有賦詩以答 答齊高帝詔　梁　陶宏景 通明

山中何所有嶺上多白雲只可自怡悅不堪持贈君

華陽頌十五首　前人

何篇徵往册孔記昭昔名三宿麗天序兩金標地英 樞域

宅無乃生有在有則還空靈構不待匠虛影自成功 質象

紀神列三府分除交五偏陰煇迎後皙晨精望曉懸 形位

南峯秀元鼎北嶺横秦璧表裏玉沙津周迴隱輪跡 標貫

左帶柳汧水右浚陽谷川土懷北邙色井洌鳳門泉 區別

郭干跱留岸姜巴亘遠蹤鶴廟忽聞響別宅乃恆恭 迹號

吳居非知地越家詎隱遷樹蓋徒低蔭石竈未嘗烟 類附

果林鬱餘柰蔬圃蔓遺辛熒芝可燭夜田泉常濯塵 物軌

降鑾龜山客解駕清華童寢宴含貞館高會蕭閒宮遊集
清歌翔羽集長嘯歸雲翻子弦有逸調空談無與言才英
標合雷平下立靜連石陰上道已沖念飛華當軫心學稟
濟神既有在去留從所宜心跡何用顯冥遂自相知業運
方隅遊瓊及華陽棲隱居重離儻或似七元乃扶胥挺契
號期行當滿亥數未終丁迨及唐承世將賓來聖庭機萌
刊石元窗上顯誠曲階門動靜顧矜鍊不負保舉恩誠期

友人山亭　唐　殷遙　邑人

故人雖一作從薄宦往往涉清溪鑿牖對山月褰裳拂澗霓遊魚逆水上宿鳥向風棲一見桃花發能令秦漢迷

送友人下第歸省　殷遙

君此卜行日高堂應夢歸莫將和氏淚滴著老萊衣嶽雨連河

細田禽出麥飛到家調膳後吟好送斜暉

哭殷遙　王　維摩詰

送君返葬石樓山松栢蒼蒼病馭還埋骨白雲長已矣空餘流水向人間按石樓山在政仁鄉今名石樓岡

南中感懷　樊　晃邑人

南路蹉跎客未回常嗟物候暗相催四時不變江頭草十月先開嶺上梅

狀江南仲夏　樊　珣邑人

江南仲夏天時雨下如川盧橘垂金彈甘蕉吐白蓮

送高遂赴舉遂句容人　祝天膺邑人

句曲舊眞宅自產日月英旣涵嶽瀆氣安無神仙名松桂邐迤色與君相送情

大茅嶺新居憶亡子從眞　寓賢　顧　况 逋翁

谷鳥猶呼兒山人夕露襟懷哉隔生死悵矣徒登臨東門憂不入西河遇亦深古來失中道偶向經中尋大象無停輪倏忽成古今其殀非不幸鍊形由太陰凡欲攀雲階譬如火鑄金虛言留舊札洞房掩閒琴泉源登方諸上有空青林彷彿通寤寐蕭寥邈嶽音輭草被汀洲鮮雲落浮沈頹景宣疊麗紺波響飄淋石窟含雲巢迢迢耿南岑悲恨自此斷情塵詎能侵眞靜一時變坐起唯從心

送李道士歸桃花崦　顧　况

入境年虛擲仙源曰未斜羡君乘竹杖辭我隱桃花鳥去寧知路雲飛似憶家莫愁容髮改自有紫荷車

題茅山李尊師山居　寓賢　秦　系 公緒

天師百歲少如童不到山中竟不逢洗藥每臨新瀑水步虛時上最高峯

下第後寄高山人　寓賢　顧非熊

我家堂屋前仰視大茅巔潭靜鳥聲異地寒松色鮮人眠甕牖月鹿飲竹門泉多愧鄰高隱無成又一年

送顧非熊及第歸茅山　上元　項　斯

吟詩三十載成此一名難自有恩門入全無帝里歡湖光愁裏碧巖景夢中寒到後松杉月向人共曉看

贈茅山高拾遺　潤州　許　渾　丁卯

諫獵歸來綺季歌大茅峰影薄秋波山齋留客掃紅葉野艇送僧披綠莎長覆舊圖碁勢盡遍添新品藥名多雲中黃鶴日千里自宿自飛無網羅

送顧非熊至茅山　王建

江城柳色海門烟欲到茅山始下船知道君家當瀑布菖蒲潭在草堂前

稚川山水　金壇戴叔倫玉屏

松下茅亭五月涼沙汀雲樹晚蒼蒼行人無限秋風思隔水青山似故鄉

酬龔美先見寄原韻　寓賢張賁潤卿

尋疑天意喪斯文故選茅峯寄白雲酒後只留滄海客香前惟見紫陽君近來已絕詩書癖今日兼將筆硯焚爲有此身猶患苦不知何者是元纁

宿茅山寄舍弟　南唐徐鉉東海

茅許稟靈氣一家同上賓仙山空有廟舉世更無人獨往誠違

俗浮生亦累眞當年各自勉雲洞鎭長春

題紫陽觀　　徐鉉鼎臣

南朝名士富仙才追步東鄉遂不迴丹井自深桐暗老祠宫長在鶴頻來巖邊桂樹攀仍倚洞口桃花落復開惆悵霓裳太平事一函眞跡鏁昭臺

贈奚道士含象　　徐鉉

奚生曾有洞天期猶傍天壇摘紫芝處世自能心混沌全眞誰見德支離玉霄塵閉人長在金鼎功成俗未知他日飈輪謁茅許願同鷄犬去相隨

送許處士堅往茅山　　幽州潘佑

天壇雲似雪玉洞水若琴白雲與流水千載清人心君攜布囊去路長風滿林一入華陽洞千秋那可尋

爲茅山崇禧主人景鴛巖贊王肖岩所寫喜容

寓賢 張 倪 直夫邑令

虬髯如雲眼如月胷次毫端一泓雪政恐儒冠或誤身尚友虛無老莊列松陰泉影緑悠悠此時此意如何說三貟跨鶴夜相從長嘯一聲山谷裂

茅山書院

宋 侯 遺 仲遺邑人

精舍依巖壑蕭條自卜居山花紅躑躅庭樹緑栟櫚荷插朝芸隴分鐙夜讀書浮雲蒼狗幻一笑不關余

華陽山堂落成

寓賢 諸葛舜臣 用中

小築莵裘石磴閒登臨極望意蒼然三更栗葉中峰雨四月桃花一洞天時聽茅君歸碧落恍聞玉女鍊丹鉛江湖萬里塵埃遠留得深山一道泉

閒居　邑人張詻

兀兀浮生水上萍百年那得眼長青醉中但愛杯呼月鏡裏驚看鬢易星瓶膽插花時過蝶石拳栽草也留螢瑶琴到手知音少默對南華一卷經

題歸喜亭 行狀云築亭池上名曰歸喜自號華陽老人日與親舊遊其間又作詩以敘喜歸之情一時名士賡和盈軸　邑人張綱彥正

君恩賜我老菟裘旋築池亭野趣幽地勢曲連青嶂繞波光環匝翠烟浮興來尊酒隨時辦客散琴書盡日留爲問標題意何在一生心足是歸休

歸鄉　張綱

窮巷歸來已白頭結茅何必傍休休好山當戶碧雲晚明月滿溪寒葦秋詩社縱添新句法醉鄉難覓舊交遊平生幸自無機

械一櫂夷由去狎鷗

庚午三月十日遊茅山　張綱

雨餘沙逕淨無泥策杖何妨過竹谿迎客野花隨處笑勸沽幽鳥向人啼峯巒路轉攀蘿倦樓觀烟深望眼迷疑是武陵仙地隔坐來遐想舊桃蹊

見華陽舊題石刻有感　張綱

舊句入貞珉新題亦已陳光陰如許速誰是百年人

題華陽南窗　張綱

擾擾何年斷俗緣從今便合老山間會將碧澗洗心淨坐看白雲終日閒

茅山書院謁侯處士像　邑人巫伋思庸

齋糧資講舍遺像拜山中不向神仙術特存儒者風斯文眞末

喪吾道豈終窮爲億皋比擁庭前古木叢

唐孝子張常洧義臺　邑人 苗昌言 禹俞

義臺屹立向千秋褒詔曾宣李鄴侯古蹟不教蒼蘚蝕高原惟見夕陽流耕夫勑自將芝護野客衣還伴鶴游一樣荒墳偏起敬孝思耿耿至今留

送麻仲德提點三茅觀　溧水 吳 鍈 子彥

麻姑連峯秀仙人昔游盤三子禀清淑皎然冰雪顏羈貫慕冲素從師造天關朝采碧珠華夕驂白雲鸞嘉命被恩寵飄飄暫南還七寶得眞境三茅領仙班送別相與期行當一登攀願乘冷風御翺翔五雲端

寄贈華陽洞隱者　江甯 李 棶 子才

句容郭裏望三峯綠翠芙蓉杳靄中安得與君騎兩鹿碧巖深

處聽松風

天上神仙白玉扉春雲誰繡六銖衣人間傳得新詩句爲有高僧到紫微

送王止善歸茅山　六合　成廷珪　原常

句曲仙人止善君亂離何處避塵氛獨乘一葦凌滄海誰共三茅管白雲丹井洗瓢分骨髓寶函封檢秘天文他年定有方壺約幾夜蘇臺候鶴羣

南華陽洞　建康　周文璞　晉僊

稽首遊名山駕言入華陽南洞檢秘怪松華泉水香曲几妙隸畫殘碣刊金章俛首試一闞冷風襲綃裳守菴敬愛客睽我紫朮湯遺我鵞眼錢云是洞所藏往有尋幽徒入見黃金牆侈念或已起幾受奇鬼戕身儻獲會遇敢恨飛蓬霜更丐一片土小

築安閒房朝披神芝圖暮試飢飯方

鶴廟松聞采茯苓者傷其根遂枯其半　邑人張　堅子固

誰種飛仙百尺梯風摧雨折昔人非憑誰寄語楊員外留取孫枝待令威

游茅山和諸姪　邑人陳　序彥育

山南細路半青霄人昔同遊非俗交浮玉故鄉驚上國埋丹淸夢記中茅峯頭仙客歸黃鵠石面靈根走翠蛟見說西園渾草莽手栽寸柏已勝巢

邑人張孝友親歿廬墓六年有五色鳥集墓隴邑大夫張公偘旌其廬名其鄉曰移風鄉　邑人徐　洪德遠

孝友聞張仲貽謀直到今六年枯血淚五色集祥禽表此勵頹俗來茲生孝心移風名不忝茂宰意良深

玉蝶泉　　邑人張　珪

仙人修煉地玉井著神功日月雙輪見陰陽兩竅通可堪清徹底那更施無窮尙冀丹砂力當澆塵念空

水亭　　邑人江萬里子遠

結亭臨水似舟中夜雨瀟瀟亂打篷荷葉曉看原不溼卻疑誤聽五更風

絕句　　江萬里

草際春回殘雪消強扶衰病傍溪橋東風不管閒花落自釀新黃染柳條

漁樵詩　　邑人侯　蕃仲宣

漁樵結伴住山谿蓑笠生涯路不迷洞口桃花春水滿峯頭槲葉夕陽低故人莫遣尋嚴瀨太守何須說會稽換得酒來歌得

曲大家不惜醉如泥

棲白庵　邑人　呂　江

門外竹千箇崖巔兩徑分奔泉流碎月高樹礙行雲游客倦欲臥道人言少文但言秦學士會此遇茅君

宗壇秋夕　方外　褚環中

疏綺平雲徹夜開月明峯頂見樓臺璚璈聲裏天燈近知是三真謁帝回

莫忘吟　元邑人　孔　杓　端卿

歲紀重光大荒落舟師東征赫且濯泊向竹島更月籥其日甲子仲秋朔夜未昏雨風色惡昧爽白浪摧山岳陽侯海若紛挐攫艨艟巨艦相躪轢檣摧纜斷如斧斫千生萬命魚爲槨百舟一二著山角跳躑爭岸折腰腳依然魂爽歸遼邈幸者登山走

如奚敕各切軀命雖存神已索有丹獨在冀可說傳令縛觽爲渡櫂海豈櫂渡眞戲詎大將爲誰何齷齪起篷自去爾爲樂忍聞孤嶼哭咿喔何辜烏鳶死者啄將軍歸來渾不作宴衎相處作音樂我獲生還莫忘卻

句容趙漢章松澗堂　方外張羽貞居

誰展虛空坐翠寒縱橫圖史有餘寬樹枝曾閱嘉平臘石蹬猶含抱樸丹靜士心源如白水老人年鬢比蒼官淸流蔭映芝蘭秀我欲相從賦考槃

遊茅山　盧摯

馬上微風散薄陰玉笙吹客過華林山中宰相杳何許日暮碧峯鷄犬音

題雙瑞圖錄雙岐麥一首　邑人樊淵浩翁

鯉湖蓮幹雙涵德芝莖九古來天地間嘉瑞亦云有芝連信異
美未必可糧糗何如貽麰麥行哺悅眾口不見春秋時筆削若
魯叟有瑞皆不書無麥乃深咨麥登已足喜何況兩歧秀富媼
出秘珍夫此事豈偶何來瑞漁陽歌詠鏗宇宙自從音響寂何
人繼其後句容本山邑田少草木茂去歲罹旱災民食炊釰首
冬雪兆宜麥大嚼睨田畝今年春雨多尙恐雷車驟豈意漁陽
歌復歌千載后此歌賢令尹彼歌賢太守固知天人應政出造
化手令尹不爲功益以謹自守但云麥雖瑞未必禾瑞否民間
病已多一瑞未足救願言推君仁溥作八荒壽舜風妙長養傅
霖澤枯朽豐年多黍稌三四錢米斗飽飯山中人黃雞酌白酒

哭錢浩翁句容人　樊淵

雲黯龍岡淚木枯孝心煉得鶴形臞青燈俎豆三生話淡墨衣

冠九老圖雷動花城閶薦牘月明蓬海憶還珠祇應身後香名
在好種梅花繞墓廬

花碌山村　邑人　夏　疇　君範

始信山居樂茅簷抱麓斜潺湲雙澗水窈窕一村花翁醉開顏
笑童歌拍手譁蘧然蕉鹿醒十畝足生涯

石澗吟　邑人　陰元圭　君錫

澗古絕人跡巖棲深復深牽牛時就飲逐鹿遠相尋世路有清
濁空山無古今涓涓流不斷漱石作高吟

贈茅山道士趙希微　邑人　趙　嘉　景先

葆眞養性懾天根魯國靈光喜獨存遥望三峯若圖畫蒼烟映
帶白雲根

姜石山　趙　嘉

花外提壺柳外鶯杖藜扶我向山行春風更助騷人興杜碧衡
紅一路生

歸隱　邑人王德甫體仁

挂冠匆促製荷衣回首浮雲始覺非昨日夢從今日醒出山心
與在山違百年眠食歸蓬顆萬里關河悵夕暉新署頭銜爲菊
叟青峯擁我讀書幃

夜宿茅山　邑人居仁仁恕

華陽一入遠塵氛便覺仙凡兩地分聚散烟雲隨處變疾徐鐘
磬隔林聞猿來洞口啼殘月鶴到松梢踏破雲掃石焚香尋羽
士夜深相伴禮茅君

登三峯　方外智圓金陵

茅氏初成子三分地肺顛丹芝光隱見石徑送盤旋墨虎嘯清

月班龍馭紫烟陶公如可作欲問普通年

初發金陵夜泊龍灣寄茅山道士李方外

方外大訢笑隱

人生不必行萬里亦不願讀萬卷書願爲茅山十日客山僧坐列羣仙圖大風揚旗出天闕小峯萬里爭奔趨俄傾波濤忽破碎木未飛上金碧逋青書畫持壇寶靜玉鞭夜擊閶傳呼去年獨宿丹井下天風拂地迎麻姑今年許入玉柱洞誰知旅食隨檣烏懷人弔古夜寂寞寒江落月號猩鼯祖龍埋金王氣歇梁宮晉苑沈烟蕪想見雲龍映朝日山中宰相非迂儒

陶隱居像　　大訢

元運撫八極萬化同其根委佩天池月晞髮扶桑暾仙佛皆幻跡著書亦寓言神交千載上一洗濁世昏

贈竹山句　　　　京口　俞希魯　用中

平生瀟灑候居止多在山以茲碧檀欒蔭彼青孱顏翩翩隱居子意趣相與閒永結歲寒交三徑常往還風聲靜肅肅月影清班班氛塵一點無自謂非人間下視名利場囂諠隘塵寰對面九嶷隔擬步蜀道難嗟予家近市清事分頗慳俗氣倘可醫願言相追攀

神鳳操　　　　明　高帝

鈞天奏兮列丹墀俄翩翩兮鳳凰儀歛翱翔兮棲梧枝欲觀德兮直爲我辭

迎日詞　　　　邑人　孫炎　伯融

鳳炙兮麟脯瑤席兮桂俎樂萬舞兮如雲吹笙竽兮龍女干子子兮載以輿馭蒼虬兮歷天衢雲霈霈兮夜未艾執長轡兮久

相待

龍灣城　孫炎

龍灣城壯如鐵城下是長江城頭有明月明月照人心不移江水長流無盡時

奉使還途中聞東征捷音　孫炎

聞來萬里淨邊塵銜璧歸朝盡大臣城上玉繩浮婺女帳前銀甲擁天人出師已略扶桑國奉使須通析木津遂有江黃慕中夏可無書檄諭全閩

哀孫炎　上元夏煜允仲

垂老戎馬間相知復何有幼與孫炎交于今俱白首炎也雅好詩落拓惟耽酒醉中有神助不放持杯手才豪不受羈高骨事田畝精勤脫穎出盤錯迎刃剖浪迹帝王州結交英俠藪喈喈

朝陽桐濯濯新春柳南北暗兵塵妖星下天狗我皇入金陵一見顔色厚高談天下計響若洪鐘叩卽拜丞相掾奉身事明后再分太守符兼綰都官綬括蒼實重地豺狼白日吼皇曰汝孫炎其往總制某再拜謝不敏寵命敢虚受一年風俗涓二年民物阜三年遠人歸上表請官守文章曹劉亞政事龔黄右舊遊過金華與炎適相偶寒燈半夜花春盤雪中酒終宴竟忘疲落月斜半卣臨别各上馬攬輿復立久爲言有小女離家方襁負今來已五周見父能認否未必到家期封書附姑舅置書篋笥閒纔隔二月後墨色尚未乾語音猶在口胡爲内變生失我平生友復恐是夢中仰天當戸牖斗柄昏建辰月魄夕在酉今知眞死矣慟哭吞聲嘔後聞遇害時扞刀落雙肘奮怒髮衝冠大駡血漂臼維時東南天彗出芒如帚淫淫苦雨愁煜煜驚雷走

魂兮早歸來空山不可狃我過孰與規我病誰云灸春酒釀薔薇奠子墳山缶西京七葉貂零落脫草莽既有千載名焉用百年壽峩峩馮公巖與子同不朽

水德婦季氏節行　　邑人　孔克讓

水家貞婦蕙蘭姿廿載孀居節自持陶女矢歌黃鵠操共姜誓死柏舟詩感時顧影臨鸞鏡舉案傷心對繐帷只恨同生未同穴九原無路不勝悲

山居和茅山張外史韵　　崑山　史謹

長松陰處蘚斑斑松下柴門晝不關一片山光來鳥背數聲漁唱隔溪灣洞天不雨雲常溼閬苑無書鶴自閒憶訪茅君騎虎去紫簫吹月過前山

句容同林景和縣尹子尙規登僧伽塔賦

古田張以甯志道

嵯峨崇明塔拔地一千丈我攀青雲梯倏到飛鳥上微風韻金鐸初日麗銀牓維時十月交葉脫天宇曠羣山東南奔平川疊波浪雲間三茅峯環立儼相向碧瓦浮鱗鱗茲邑亦云壯雞鳴四闢開攘攘異得喪塔中宴坐仙憐汝在塵坱古時登臨人今者亦何往俯觀世蜉蝣仰嘆彼龍象乃知崑崙巔可以小窮壤同遊皆俊英迢遙寄心賞霜飈天際來毛髮竦森爽太白去千年吾何獨惆悵

白華詩贈本邑張孝子　朱純邑人

白華如雪在林之樾彼貞者子守身以潔靡玷其行靡渝其節奉其親之悅匪肴羞之設

白華如玉在陵之麓有粹之子守身以肅出言舉足洞洞屬屬

不虧不辱以報其鞠育
皎皎白華于春載葩烝烝孝子其潔靡瑕白華芳止春日陽止
庭闈康止陟彼堂止
君子事親愛之敬之愛逾敬矣君子病之克敬克愛溫以凊之
凡百有親慎而聽之

白都山　　　朱　純子一

石壁青蒼削玉膚荒祠疊鼓醉村巫野籬編槿六七里古磴盤
松千百株落日飛鴻下平楚西風走馬踏殘蕪升沈莫問塵寰
事願訪仙人白仲都

訪陳澤瑜雪厓不遇因題其壁　　　邑人　湯景賢思齊

君已扶笻侵曉出我來結伴稍嫌遲案頭一紙淋漓墨讀是遊
山昨日詩

送王得齋　　邑人 曹 義 默庵

容山有高士術業岐黃技幾年客京師清名滿人耳賣藥不論錢宋清良可比于今謝老歸琴書足行李夜來宿雨餘綠漲官河水去去棹輕橈凌風勢如駛故鄉渺何方三茅白雲裏

題林堂書屋圖送王得安　　曹 義 子宜

君家住近三茅西書屋卜築臨黃陂黃陂岸上多佳木疏陰密密涵清漪地偏自喜景殊絕來往渾無車馬客先生樂此非逃名窮年兀兀探遺經紅塵一點飛不到白鷗數箇恆爲盟與來浪跡事登眺不跨蹇驢不乘轎獨攜白鶴杖藜筇行傍孤松發長嘯長嘯一聲山谷空琪花瑤草生香風仙家琳館白雲外棋枰茶竈丹霞中有時攜筐採芝朮煉藥燒丹療人疾已聞醫國稱妙手更說鍼龍試神術昔來薊北成壯遊於今華髮不勝秋

九重優洽許歸老一葉扁舟還故邱披圖題詩送君去思入華陽隔仙路紅亭綠酒對斜陽從此相思悵雲樹

山居十首之四　邑人　高　志味道

幽居日無事泉石自怡顔綠蟻甕頭酒白雲門外山鳥啼知夢醒花落報春閒撫景多清興詩成不用删

瀟洒衡門啟間中興味長棋敲松下石易點竹間房蜜熟黃蜂靜雛成紫燕忙南窗高臥久銷盡博山香

門掩千峯靜塵無半點侵菊繁金滿徑楓落錦翻林雲碓春香稻風松響玉琴鶴書應不到山似鹿門深

茆屋疏籬繞溪橋獨水横種松留仄徑剜竹引泉清採藥逢晴晒燒餘待暖耕安居貧亦足莫笑拙謀生

春江送别圖爲高郎中味道賦　湿水　許　聰邑令

玉壺酒盡徹驪歌匹馬朝天意若何萬里曉雲迷翠岫一江春水漾滄波論交每惜交情厚送別無如別恨多此去漫期他日會鳳凰臺上共鳴珂

前題　□□□

春滿龍潭宿雨收送君還上帝皇州慇懃別意知多少應似長江日夜流

鄉貢進士句曲高士傑偶不利於春闈還家率其同門友周得賢求言贈之賦此塞責　廣陽　趙　昂

碧桃紅杏自紛紛且向三茆臥白雲講席朋簪何日合郵亭客袂此時分東風有力終噓物北鴈無情亦叫羣大器晚成君莫嘆未應昭代有劉蕡

大茅峯看雪　邑人　笪　昕　撥雲山人

一夜高雲四幕凝西風吹雪雪如崩花飛福地三千里人在瑤峯十二層

下茅山　笪　昕

一峯回首一峯橫雪照疏林思更淸惆悵不堪歸路永碧桃花裏又吹笙

別茅山　笪　昕

回首華陽別隱君寒雲埜樹曉陰陰風塵此去情何限山路透迤春雪晴

重遊茅山　邑人張　銘士功

碧澗流通洗藥泉重來猶憶十年前自從茅許飛昇後笙鶴蕭條隔暮烟

春日同友人遊茅山　邑人朱　珉德潤

自別華陽三十載偶逢知己又登臨重尋路入仙源遠依舊雲封洞府深翠靄落花春寂寂綠陰啼鳥晝沈沈窮幽覽勝多清興一度停驂一度吟

陶貞白像　邑人張諫孟弼

不將圖讖博公卿樓上松風入耳清太息踏空兒作佛青絲白馬到臺城

遊茅山白雲觀　邑人張紳仲書

白雲終日覆茅山樓觀參差杳靄間知我老來無著處時來相伴道人閒

頌王侯祈雨有感長興王侯涖政時又有嘉禾五穗紅榴並蒂之瑞　邑人王韶思舜

聖皇御極文運開浙東自古多賢才況是三槐舊門第天私雨

露新栽培尊甫登科耀金紫政舉彰彰播人耳家學淵源信有才接武雲霄誇令子銅章榮綰來句容覃敷惠澤蘇疲癃愷悌慈祥政平易光明正大心謙沖承流宣化布君德奉法循理盡臣職愛人節用惠已周正本清源尤警惕四扁高題當縣門匪徒觀美誇吾民正欲常常接乎目此心此念恆操存撫字勤勞罔敢逸咸願羣黎安袵席何期旱魃苦經旬頓使琴堂勤憂戚三時正爾農務興田疇入望烟塵生老稚徬徨更何訴高低焦灼難爲耕躬禱雲壇瀝誠懇此心自許通幽隱阿香晴晝轟雷車頃刻烟雲迷遠近滂沱百里誰之休精虔一念侯之謀莫高匪天德可動既沃惟壤金何酬三農渴望頓蘇息四野呻吟轉怡懌桔槔戶戶獲潛蹤耒耜人人堪致力灑空素練水如川匝地綠茵秧滿田喜聽蛙聲卜喜兆毋勞雞骨占豐年老我歸閒

無負郭尙有塵襟貧澼濯追陪弗克效勤劬忻忭胡爲徒踴躍吾民欲報何所安多收田穀先輸官酒釀新芻祝侯福室家方慶無飢寒君不見唐有眞卿職風紀平原辨獄隆甘雨吾侯仁政格天心他日勳名堪並擬又不見晉有束晳通神明請天三日甘雨傾吾侯感應亦神速同期宇宙垂芳聲

竹里山　　邑人曹景廷璋

巉巖石筍怒如抽說到翻車我亦愁鮑照吟餘空峴晩寄奴戰罷野場秋北來山勢連京口西下潮聲到石頭羨煞龍潭垂釣客不關風雨住扁舟

秋江晩眺圖爲曹副憲廷璋題　　上元童軒士昂

金門畫史小李徒何年寫此秋江圖斜陽杳杳下林杪隔岸幾點青山孤時當深秋八九月紅葉似錦烟中鋪淸霜肅肅悴高

柳淺水獵獵涵疏蒲茅亭一個傍山麓人跡不到堆寒蕪就中豈無高尙者皓皓甘作林泉枯江頭二客久不去氣岸頗似黃與蘇抱琴何處覓知己矯首眺望何踟躇磯邊舴艋差可渡似欲放浪爲歡娛水清沙白秋正肅佳趣彷彿君山隅斷霞留影帶殘雨連雁欲下相驚呼前邨有酒可剩酤亦有巨口松江鱸江山若此不一醉歲月幾何空負吾望中疑是尙書宅青紅樓閣相縈紆書聲隱隱起林壑劍氣煜煜騰天衢年登百頃刈雲子歲晚千頭收木奴地靈豈徒富物產人才項背無時無鳳池烏府相照耀山川鍾秀信不誣君家世業有如此輞川赤壁焉能逾何時許我載輕舸與君汗漫登蓬壺

遊柳汧　　邑人　曹晃　廷瑞

山勢中茅接風光愛柳汧雲深難辨樹谷靜自鳴泉白鹿思閒

適蒼龍認蜿蜒拔沙吾未暇小飲藉莎眠

送道會經永常歸青元　　前　人

一尊相對酒頻賒疏柳長亭日易斜天上恩光新雨露山中風景舊烟霞去登白鷺洲邊棹歸看元都觀裏花我欲尋師問丹訣肯將消息說河車

輓葛節潤　　上元倪　謙靜存

予與句容葛節潤節文兄弟交非一日矣皆文雅篤行誼節文商於江湖客死陜右予哭之前年予過句容嘗主節潤今別甫二載其子來京始知其已於去歲卒矣又得不哭之慟乎故賦以寄予情之哀

君家兄弟玉連枝何事風霜數見欺客路舊憐歸櫬晚鄉關今病訃音遲一朝永訣成千古兩地相違僅二朞有酒莫澆原上

土鳳毛相對不勝悲

咏高節婦譚氏詩　錢溥

自恨良人沒嫠居五十年秋風孤塚上夜雨一燈前守死心如鐵褒生筆似椽名成身亦老無媿到重泉

前題　倪謙

嫠居當早歲辛苦閱春秋雨淚啼紅頰霜花暎白頭已成兒女計能慰舅姑憂千載共姜德何慚繼柏舟

登茅峰　上元邢一鳳羽伯

暮春三茅風日清飛飛白鶴天際鳴野人偶來得至道老翁何處鉏山精華陽洞口青松古錦石峰頭新月明仰天倚劍發長嘯不知身世發蓬瀛

龍池　上元顧璘東橋

蛟龍宅大海山湫非所藏吾疑蝘蜓種野語誰張皇禱祠興雲雷歷代紀禎祥神物變乃爾化理焉能詳

華陽洞　前人

窮厓積鐵古下嵌仙人宮流覩洞天記渺與林屋通把火驚石燕吹簫動潭龍微茫失歸路返照秋林紅

巧石　前人

三茅奠神皐靈槪萃茲谷恠石非一狀蛟虎爭起伏苔花爛如繡藤根走相束殘醉吾未醒曲肱枕雲宿

隱居墓　前人

薄俗昧上善高賢葆清眞圖牛憚爲犧古墓今猶珍松風有餘聽草露無長春徒使輕舉士依稀慕芳塵

鶴臺澗　邑人胡瑀廷珍

澗水潺湲響山花寂寞容茅君騎白鶴何日下三峰

達奚將軍廟　邑人胡　璇雲簾

懍懍宜當百萬雄江東黎庶藉神功草涵甲胄空階綠楓撼旌旗舊壘紅國史一峙遺武略居民千載酹英風賢侯獨秉春秋筆灑淚題詩意莫窮

青元丹井　邑人胡　漢朝宗

雲鎖瑤臺骨已仙千年靈跡世猶傳丹砂內養涵金潤石甃中虛抱玉圓洗藥不殊句漏水煮茶絕勝惠山泉何當釀作長生酒去獻君王玳瑁筵

江亭送別詩贈太常博士戴白軒　邑人張　恢志宏

有美人中彥金門著令譽風儀唐李白文采漢相如千里趨朝日三年讀禮餘到時應沐寵莫遣奏章疏

前題　　邑人許瀠

己山孕秀鍾豪傑濟濟羣英推卓越早登黃甲出太常修舉典禮無遺缺三年績最超等倫勅命褒封煥奎壁秋風忽殞北堂萱抱恨終天淚嗚咽以茲上表乞終喪歲月如流今服闋行當起復覲賢主重整鏘鏘雙珮玦斯文出餞向河梁我亦追陪苦留別念君與我舊同袍早歲儒林同筆札君今接武九天上我志未伸甘守拙升沈迥隔似雲泥始信才命有優劣酌酒勸君君莫辭有懷願言難結舌好將忠孝佐唐虞事業還期追稷契涼颸蕭颯柳條疏玉宇無塵雨初歇酒闌歌罷馬蹄輕萬里都門望中切悠悠此後日相思渭北江東共明月

前題　　邑人周祚白溪

君馬黃我馬白並轡嘶風出郊谷江亭祖道供張開停鞭暫駐

黃金勒慇懃盡我杯中酒漫折黃花當楊柳人生會少多別離無限情懷積山斗念君早歲官神京縉紳碩士皆知名雙親堂上椿萱秀龍章降勅來恩榮一朝霜重萱花老終喪懇上陳情表茲當服闋遠朝天忠孝兼能衆稱好君馬馳我馬緩千里飛騰似君罕功名他日銘鼎彝壯志男兒願方滿

榮壽詩爲戴雪溪先生作　鄞縣　楊守隨

雪溪老仙嗜文學才思沈雄氣涵朴遺經逸史細窮索霽月光風恣吟嘯浪游湖海聞見博不受人間利名縛靑囊秘術參互錯巧發奇中呼可愕義方敎子日磨琢大對彤庭敷禮樂太常列職膺峻擢龍誥褒封如子爵子持繡斧峩豸角威懾鬼神動山嶽激揚淸濁筆在握望望孤雲欲何若維時十月稻已穫釀成旨酒傾鑿落綵衣介壽舞綽約鐘鼓鏘鏘閒笙籥老仙矍鑠

談且酌綠鬢青瞳面丹渥自言平生甘澹泊年屆古稀無愧怍滿堂子姓相唯諾詩禮箕裘艮有託醉聽一曲南飛鶴掀髯大笑振寥廓人生如此胡不樂

前題　莆田陳音

天下洞天三十六華陽第八稱句曲分明異境隔人寰突起三峯高矗矗世傳昔日三茅君翩然鶴背乘白雲來占三峯最高頂至今草木留餘芬年來復有雪溪翁蒼眉蕭颯顏猶童扁舟獨把寒波釣江湖往往生清風手中善步羲和歷脉頭更貯歸藏易等閒占事便知來半仙雅號誰能得阿耶入侍玉皇家太常侍御稱才華雨露恩深頒錦勑滿簪華髮籠烏紗華誕知翁初度辰恰逢十月小陽春萱莢初舒十三葉滿堂冠珮來嘉賓阿耶千里馳遥賀雲駢忽訝羣仙過童子偷窺玉檢文天錫遐

齡匪人作羣仙共飛九霞觴靑天歌動聲琅琅爲翁載祝南山壽洞天福地同綿長

前題

崑山 秦　瓛

雪溪老人名半仙丹霞映臉霜垂肩閒居書史堆滿屋日夕展玩無餘編壯遊湖海博聞見塊視五嶽蠡百川淸風高義重天下遂令薄俗知變遷吉凶消長悟眞訣遺經遠續堯夫傳方塘半畝湛寒影草色滿庭含翠烟孕秀儲祥見雛鳳飛鳴直向扶桑顛頊啣靑詔出雙闕皇恩炫赫椿庭前維時十月慶初度瑞靄絪縕開壽筵天光日華照歌舞烏紗錦服何新鮮氷盤細擘玉麟脯銀箏謾鼓朱絲弦鳳毛大顯文明治孤雲回首徒拳拳願將長繩繫白日西馳請卻羲和鞭

歸山

邑人 戴　仁 白軒

吾家本自住臨泉更近華陽洞裏天九萬鵬程渾一夢采苓誤我劚松烟

利鏁名繮頓解休賜歸恩重復何求計程千里家非遠橋綠橙黃正暮秋

從今宦轍脫紅塵書劍還歸積慶門載酒題詩何處是桃花塢與杏花邨

歸休朱紫白雲端手拄青篠當笏看館閣山中有文伯甯無屈宋作衙官

崇明古塔　　戴　仁

盤旋石磴護雕闌七級巍巍力可攀西北仰瞻高九陛東南俯覩小諸山循環日月簷楹外縹緲烟雲窗戶間憶昔題名曾借此叫開閶闔叩天關

九曲清流　　邑人陳　鉞艮弼

淺碧沄沄遶綠楊也宜騷客此流觴惠風和暢春三月絕勝蘭亭與曲江

栢莊村南山處士張氏瞻墓　　邑人麥　傅汝弼

吁嗟張處士埋骨上容鄉逸趣留黃卷荒邱植白楊姓名終寂寞山水自悠長欲掬寒泉薦高風不可忘

遊茅山　　邑人湯　鼐鐵翁

坐看瀑布似垂虹洗盡塵心眼界空欲訪茅君問消息惟聞鐘磬出雲中

義臺秋月　　邑人張　懥志仁

句曲城南有遺跡張氏當年旌義德叢筠泣露秋草荒穹碑目雨苔痕蝕時聞灝氣散天香頃見冰輪輾空碧徘徊不覺夜已

闃遠樹啼烏聲正急

贈戎孝子名憲句容人　　邑人　徐　欽

去古日遠吾道日淪茫茫天地鮮篤天倫一臨利害輒私其身

卓哉孝子割股療親夙夜無忝取義存仁鄉里傳播風俗同醕

善橋　　邑人　華　昂

魯地曾聞說義姑阿姨千載行相符樹傍古碣新蕪暗惆悵寒

烟日已晡

九曲清流　　邑人　王　道

一泓如帶出岩阿九曲縈迴勝概多香泛落花浮素練影涵明

月漾金波武夷仙景應堪並沂水風光不啻過記得賞春遊玩

日羽觴飛遞謾謳歌

義臺秋月為西華李侯賦　　邑人　曹　洵文澤

臺空八往薜花殘惟有秋來月一般宛似君侯方寸地綺羅不照照饑寒

贈東泉別號俚句　餘姚俞文俊賓虞

句曲山形如迴抱南都之佳麗地也邑東北三十里許有𩦎山峯巒疊起盤薄如蛟龍狀而其下乃東泉翁卜居焉公句容之世家喬木森列林麓環拱匯陂塘開斥莽搆多景亭於山隰俯仰遠近引眺以自娛少補邑庠遊太學拜深州判未幾以養親歸朝夕定省外輒綸巾杖屨屏去囂鞅與造物者游此則淸時淵涵之趣獨得其眞殆克稱東泉別號者也余以孱菲承濫遇而挹公之逸韻不能揄揚謹成俚言用展區區之萬一云耳

𩦎山山勢伊嶙峋丹崖石竇藏霞氛洪源瀕洞吸崑崙漣漪一

派來何垠銀蟾綽約盪羣玉條風縈匯漾珠縠憑軒長嘯縱遐觀誰似胷中涵萬斛我公源流厚且深餘波濟濟承簪纓蜚英泮水邁芳躅聯名胄監人所欽授判深州沛膏澤清白家聲殫厥職仁恩灌洽無津涯百姓陶陶喜顏色有懷耿切在慈幃飄然解組言旋歸萱庭晝永春似海手持壽酒舞彩衣細縕瑞氣陽和早涓涓流出滋華藻隔溪爲報東泉翁剛道東泉泉正好濯纓拂袖身如仙試攜綠綺臨溪邊三弄清商落水底游魚出聽離潛淵有時趨步綠澗谷掃石徘徊話樵客有時忘機伴仙禽樂意相關語朝夕我歌東泉歌已長流雲染翰瓊葩香英發數派徹澄潔恩波浩浩來宸章

題多景亭贈東泉高公　　廣陵王鑛西齋

東泉先生宦遊京邸邀予寄題其故園之多京亭東泉

文雅出塵宦況甚薄時有歸隱之意固知斯亭之繫心耳余維揚人與亭相隔一江他日願尋盟亭上指點諸山相與高吟故作詩以訂之

亭題多景寄閒情白下三茅野望平一徑疊雲通後塢兩山飛翠落前楹樵人向晚長過嶺地主經旬不到城他日政成歸此地我應來結舊詩盟

燕洞宮　邑人李瑛璞菴

壺天曾是女仙家姊妹登眞歲月賒門外不多閒草木宮中空鏁舊烟霞泥融乳燕猶尋壘春老啼鶯自落花石室尚遺仙履迹阿誰辛苦鍊丹砂

下泊宮　李瑛

宮樹沈沈綠蔭門我來茶話午將分松壇日正龍蟠影竹圃風

淸鳳舞羣繞砌紫芝呈瑞景浮空丹氣結祥雲太元三素從迎後因甜棠陰憶隱君

陰晴石　李瑛

巨靈斧劈自鴻荒壁立巉巖鳥道傍晴雨古今分左右神仙造化合陰陽暖凝玉竇鍾奇乳潤發琪花吐異香想是補天遺煉濕游人到此說非常

飈輪峯天市壇　李瑛

壇高天市逼星辰面面窗虛瞰白雲異石飛來自安息奇峯接處即飈輪吟眸下視蟲沙境笑語上驚天界人萬國車書今混一八方無事沐恩綸

漫書華陽洞壁　邑人　江永年　柳汧

古洞陰陰晝亦寒巖花落落鳥關關飛泉噴壑珠零亂莫是神

龍作雨還

溧陽伯紀信順公墓名廣後軍右都督鎮守萬全景泰四年卒葬紀家邊　邑人　華　矩　君範

爵謚褒崇顯酬功歿後多一坏藏劍履百戰老山河慷慨胸中氣悲涼塞上歌御咀曹石輩跋扈竟如何

青元觀　邑人　柏　純　斯文

投書海島愬蘭風丹竈銷沈井水空信是谷神能不死墓碑猶署左仙公

玉蝶泉　邑人　王祚遠　賡明

飈輪峯上陰陽井冬夏涓涓不改清冷暖俱非塵世味幾人飲此悟長生

麻姑山祈雨麻姑在鬱岡山西　邑人　李　喬　松軒

祈雨祠前朝復朝喜逢今日雨初飄登豐好慰鄉農望應許維魚入夢招

仙韭山　　邑人　孔尙蒙　聖初

人生誰不死仙者託而逃或因功名盛或以亂世遭糠粃視富貴雲路思翔翱服食求翀舉毋乃太勞勞

游玉宸觀　　邑人　張　璡　世庸

雷平山北迣長春展上公曾此練眞始悟茅君猶近代山人傳自古高辛

茅山懷古　　邑人　笪金鏡　長人

春來崦裏落桃花流到羅浮路更賒桐柏先生留赤鼎玉清道士吸靑霞于今餉客芝爲饌自昔吹笙鶴是家早晚從君何所事蓬壺洞口說丹砂

元符宮　　笪金鏡

元松周上谷黃鳥咏中阿乍失鍾山雨微疑瀨水波雲餐分玉粒天翠濕衣羅方外吾將老翛然逸思多

守城作　　邑人李信吾斯

北山詩話李吾斯從桂王於粵東誓守和平兩月而破招其次子泓遠三子淑遠至營俱死署中一老諸生楊姓者見信死曰吾亦江東文學也忍獨生乎亦死時在順治丁亥年按李氏家乘信冢子澍遠早卒婦黃隨信任所城將陷攜二幼孤別信曰兒先死免大人憂信曰汝能如是不愧吾媳遂與二孤先信死次媳夏三媳高見翁夫俱殉國難遂各抱一子曰和曰平投水死

蹈海既未得洒血孤城中兵戈氣纏繞天地色溟濛志決無他策名完不辱躬男兒死報國南人是英雄

闕題　　邑人許士楷節齋

按乾隆志云士楷邑諸生明亡七日不食死

惆悵虞淵暗夕暉新亭風景淚沾衣桃源不是無舟到恥向春山抱蕨薇

咸康花磚歌

義臺張明弼琴牧

我祖壯武公典午著忠貞違時逢闇主天掩中台鉎子父三殉國靑編流殊香厥孫公安公從馬化龍驤襲祖舊封爵選地奉蒸嘗初棲句曲林旋卜戴亭鄉羣峯效靑色茅君薦玉光流泉紛上下阡陌橫莽蒼爰築爽塏宅近彼千秋塘埏埴以爲磚花紋組兩旁磚額勒四字四年丁咸康梁宇幾穨擯檽軒無復詳惟此鋟年甓零落百餘方子孫不珍惜雜砌墉與廊晉氣猶未沫祖恩烱相望我來展舊里猛然覯遺芳似開三千乘壁端覽縹緗又似太古色漂佚寄屋梁算共歷年所一千三百霜石馬久已泐犧牛亦遂荒赤烏屢化白蒼天數讓黃晉後復遇晉唐餘更値唐東岱失金雞西華走玉羊悠悠千祀外中原積夢場胡爲此一磚不改晉時裝不喜塼不改喜留我祖堂不喜塼不

改喜遺我孫房不喜磚不改見祖實在墻不喜塼不改寒宗誠永昌唐年推盧鄭晉代重裴王淮水有時竭王裔竟淪亡杜陵有時鑿杜姓亦彫傷誰家過千載能見舊宗祊誰家過千載能守鼻祖疆朝市從他變村居只似常軒蓋或時少詩書氣自薌只今一里人醕樸似上皇服屬雖已遠相見卽通腸我宗自雲公始徙金沙莊暨余纔十世族久稱冠裳此由吾祖築滋蔭原深麗兼之孝友篤受天氣正强始知泥土質載德亦能長江南求舊族疇似載亭張

浮山　　溧水楊公翰培庵

宦海歸來兩鬢霜浮山風景未荒涼春風自愛朝陽洞懶向仙翁覓禁方

萬卷山房放歌　　國朝邑人王士宏任甫

君不見男兒墮地七尺軀往往偃蓋一笠茅齋裏擁書萬卷輕百城如椽不數龍門史古天餘石琢金星日月之行出其底白蛟蜿蜿劃銀鉤天眼折花驚電起潑墨橫雲萬里雲吮毫半竭天河水仙掌熒熒五色珠茗華爛爛玻璃紫百神啾啾訴帝閽尼父刪餘毋太哆跌蕩乾坤醉不休帝遣蒼梧憑玉几失足傾翻東海波手掬鯤鯨看鱗尾小臣誕說非天紀五行生殺何時己貳負之山梏余手不知天酒零其口落筆如飛幾千首墨雨噀空噴一斗此才跳逸竟不收鈞天之奏今何有吁嗟乎奚有此崑崙首高五嶽趾神鍔莫施五丁死一筆輕移海天去拔山舉鼎毫芒爾醉來自詠無聲詩縹緲青空蔚藍紙

寄笪棠衍昌齡　　邑人　楊元勳聖謨

兵戈紛擾日撫字政爲先莫使拋妻子還教守井田琴堂勤決

獄講舍貴興賢寄遠非諛美循聲自必傳君宰萬年縣

甲子山中紀盛　邑人　笪童光在辛

湖平風正日初升寶級　宸遊最上層南北六師同虎伏江天一覽見龍騰味餘泉脈須羣從書就心經賜老僧更道　皇情懽未已　恩波浩浩動漁罾

華山　笪重光江上

江島無多地平開選佛場寶坊標紺宇翠柏隱雲堂慧日朝迎海晨鐘夜渡霜應知雙大士常傍法中王

宿白水驛　邑人李　淦季子

烟雨迷離白水河三年來往此經過溪聲帶月催漁舫嵐氣侵窗濕薜蘿飛瀑層層垂碧磴寒雲片片落青波韶華客路驚新眼夢入春風故里多

讀幼蓁遺草寄季子詩李季子淦妻徐氏字幼蓁能詩早逝　新城　王士禛漁洋

自來學得謝公碁博士風流幼婦辭未免有情看不得渭南荀令斷腸詩七歲能與父對奕

早春山行　邑人　江　秖秋水

出山入山轉山隙一蹇從容懶鞭策將開未開烟杳紅欲遍不遍芳草碧荒陂野水流成溪深谷長松化爲石村老途紆客到稀驚人小犬吠柴扉世間甲子不足記但見春來蝶便飛

玦山庵題壁　江　秖

一庵帀象山到來不忍去坐久未見僧松篁作人語

過筤江上松子閣　邑人　戎正中應侯

巒岡風景尚依然手種盆松過屋椽谿水烟巒留畫稿閣中人

己作遊仙

紀思遠墓　　邑人　經大經　立誠

王敦煽亂兵京師危莫保維公護六軍力疾申天討茂宏持兩端首鼠何足道仗茲忠亮心天步回再造丹陽古治村按籍猶可考豐碑尋已蕪蘋蘩薦行潦

竹溪書屋　　邑人　經大綬　北溪

清齋息耳目對竹常閉關何必五車富聊成一日閒江聲環几席鳥語萃溪山喜有同心侶都忘生計艱

訪掃葉樓懷笪江上先生　　邑人　王輅　大席

道士住幽谷欣然汗漫遊陡巖懸老樹橫水障虛舟細草分殘照孤松立素秋桂花香冷處知是讀書樓

乙卯薦饑　　前人

不見饑寒子焉知天地恩茅簷槐葉麪金屋乳花豚愧我一匙飯招他半菽魂流離如可繪還想鄭監門

義臺中秋夜吟　邑人張琳玉林

小集中庭共舉觴滿筵飛度木樨香不堪回首居廬日一片清光照墓涼

芝草凋殘鶴影無空廊還剩栢千株卽今能屈使君貴來拜蓬頭孝子圖

讀罷花磚一曲歌咸康故物重摩挲誰教銅雀無餘瓦百刧恆河照淚多

南郭宵登酒半醺一天風靜碧無雲遙知百萬人家月猶是容山頂上分

宿句容　上元方文爾止

茅店將歸客思鄉夢不成候雞窺曙色飼馬辨人聲微雨路邊滑殘星天外明江城嚴啟閉況復未休兵

寶華山游　上元黄琮元質

竭來登寶華迢遞涉澗水長風溯迴岡瘴雨迷荒壘山腰帶一徑去去如盤蟻天低雲綴衣路阻石礙趾俛懷僕夫勤棕笠壓雙耳懼此遊豫會而悖清淨地山門候雙旌茗果助歡喜蕭條鐘磬存剝落丹青毀神僧去何之白鹿空巖死惟餘千尺松日暮風雷起石爐柏子烟金竈松花泚解衣坐狼藉拚取一醉已歸旆指闉闍前驅戒弧矢聊將方寸心志此億萬里

華山　鄧旭

入谷不知暑松風生晝涼雨先銅殿綠花擁石牀香龍櫃前朝賜鷹巢古德藏此中嚴戒律不敢蹈清狂

過寶華山　周邦光

向晚寺門寂到來一徑斜亭空含暝色松老抱藤花短策迴秋草疏鐘散夕鴉山僧因語舊隨意具茶瓜

寶華山寺　上元李　磊　三石

不憚崎嶇路來參楮樹林寶公常現化梁帝每招尋桂月輝金殿松風調玉琴直須頻到此靜沼滌煩襟

春日龍潭庵對雨　檡如　愚　蘊璞

苔蘚空門外烟蘿夾徑陰春流一徑急寒雨數峯深鳥倦還山翼雲遲過客心望中燈火起人語出遙岑

再過茅山　邑人王　董　少由

松篁夾澗水如琴樹底晴光蕩素襟荒草蛩聲斜日路舊詩渾似夢中吟

訪笪在莘夜話松子閣　邑人駱維持盤如

老去知交剩有君評詩把酒坐宵分松風四響月如晝驚起華陽鸞鶴羣

築隄謠　邑人李勅天敘

歲築隄築隄苦止二更作五更十人饘粥一人賚刻期會食時用午河凍冰冽鑿冰行取泥賤命而貴土寒雲漠漠天雨霜督工長官髭鬚黃烹羊宰牛持大觴威如狠

履冰行　李勅

履冰行墮冰死前人雖墮後不止嗟彼小民愍不畏死匪不畏死家有婦子

葛稚川墓　邑人趙昌祚孚蒼

荒草蔓平原森森露石筍叢墓亂無名春雨犁作畛或云稚川

翁古蘢迹未泯公少志功名一戰破陳敏侯印棄不顧霞舉思遠引句漏覔丹砂富貴慨朝菌九轉絳雪靈至道契元牝拔宅未飛昇尸解神不隕抱樸內外篇精液當研吮低徊觸我懷天外斜陽盡

白石山尋潘處士　　邑人　紀嘉孚尹口

白石山翁白髮披白雲深處結茅茨村前蔬圃兩三畝門外梅花四五枝性懶不攖當世事身閒惟樂太平時韋編閉戶經年久滴露研朱更有詩

赤山湖玩月　　上元　王孟瑛吉修

涼風吹菰蒲月出赤山頂一水白到天不見全湖影上下混相連淸光搖萬頃老漁靜不眠孤雁終宵警茅屋幽人吟證入空明境

赤山湖櫂歌　　邑人李　扶 枝大

蒼厓忽裂石門通日日魚蝦鷺短篷湖熟市頭煙火密居人鱗次似城中

前題　　邑人巫　拱 价人

綠水春來似掌鋪三茅西望雨模糊年年打槳潮迎送一曲神絃湖孰姑 樂府神絃有湖孰姑或作湖龍或作湖孰以形近而異

前題　　邑人孫　遠 無近

儂家生長在湖邊食計全憑一畝烟曉起絳巖山戴帽今朝有雨灑秧田

前題　　邑人徐　楷 聖木

新蒲初長筍芽抽春水桃花渺十洲爲想當年狂太白振衣瓦屋豁吟眸

前題　邑人　許　遴　次宮

江南烟水望迢迢瓦屋浮山百里遥但得此中常住世菱租魚税十分饒

前題　邑人　姚孔鑑　落如

丹陽鄉裏鷺鷥飛白米圍田稻穟肥下葛庵喧秋賽鼓豚蹏分胙醉人歸

前題　邑人　戴元鑣　霖生

葛邨茅屋接金邨夕霧朝烟鎖石門羨殺漁家終歲樂不須更覓武陵源

前題　邑人　張廷超　文躍

簇簇新秧繡野栽石門中劈訝天開赤山頂上濃雲起湖熟鎮頭飛雨來

家大人生壙之傍有隙地一畦樊爲小圃栽梧種竹莆田余曼翁首倡二律賢竊不自揣效顰其後

邑人 胡其賢斌庵

梧桐小圃綠溪邊兩岸菰蘆隱釣船雲去月來閒散地鳥啼花落艷陽天萍生池面晴還雨竹亂茶烟斷復連卻喜老親能矍鑠逍遥杖履每忘眠

鳳羽叔父桐圃

邑人 胡其性秉功

閒心已被白雲留爲愛名山足暢遊桐圃花香當盛夏晃溪水碧向高秋半窗蕉雨宵吟靜滿榻松風午夢幽鼓腹掀髯多逸興常隨杖履上高邱

桐圃

邑人 胡 諤邁千

爲耽林壑勝卜築任棲遲樹密深垂蔭溪流曲抱奇石門康樂

屐輞水右丞詩不謂千年事清幽併在茲

胡鳳羽先生桐圃壽藏　　邑人仲　藝敘公

卜築臨溪水居然小洞天竹看三徑翠花愛四時妍挈伴常攜酒徵詩屢擘箋繭窩相傍置達吏並前賢

過張橋　　邑人王朝艮瞿士

風起蕭蕭槲葉鳴雨來活活澗泉聲溼雲忽漏殘陽影驢背青山穩載行

駒驪山弔諸葛恪恪獵此山見一小兒衆莫識恪引白澤圖曰兩山間其精如小兒名曰傒囊山在句容東北三十五里　　邑人周　楨鹿厓

兩山間辨傒囊趨博物才高曠代無亮弱未能成夾輔竣姦翻使累刑誅曾聞老樹烹元緒終見追兵躡白都我到駒驪游獵處不勝懷古發長吁

唐岑君德政碑　邑人葛　震星岩

菱津桃逕徧謳歌禱雨興苗惠愛多千古岑君名在耳祇緣撫字不催科

仙韭山　邑人潘遂先景初

聞說仙人姜叔茂曾將辛茱換丹砂至今坡上多遺種幾畝葱花雜韭花

張子駒自粵東迎其母陳恭人柩及其配胡孺人柩同里

恭人陳氏吾鄉太僕張公明熙妻孺人胡氏乃其子士驪婦也太僕官粵東後移閩留家於廣遭兵亂姑媳投井中死事最烈　邑人朱　埱芝山

烽烟迷粵嶠消息隔閩關古井沉雙魄清風振百蠻姑嫜泉下侍兒女夢中還萬里扶歸櫬亘常淚共潸

東田遠眺　邑人李東櫰芷林

隱侯厭華簪睠此山林樂青松冠層巔流雲挂高閣解帶賦希夷披襟詠沖漠朝飧石髓滋夕漱靈泉落安知徵粟餘隱几投東郭

題贈書巢學長先生　有序　　會稽　周長發

句曲望族首推駱氏書巢先生胚胎前緒仰紹弓裘孝友睦婣績學敦品里黨咸奉爲祭酒雍正乙卯家葆山師由庶常出宰是邑余適應詞科北上來謁吾師遂造訪焉接其言論丰采更知先生爲光明磊落君子也乾隆丁卯余典試江南繕疏省母道經容山復主其家癸酉甲戌余主教鍾山又命子從遊統計已二十年矣交最久情日益篤瀕行出清照索題不敢以不文辭因書拙句以誌不忘云

三茅訪異蹟迢遞入名山爲聽琴聲暇因尋處士閒孝廉船未遠中散調難攀人在羲皇上家居廉讓閒亭臺何窈窱溪磵更潺湲朗抱多清嘯忘機對老顏圖書緗帙滿子姓竹梧斑得句追黃鶴垂綸友白鷴百年春酒熟三徑藿蓬刪他日來西爽丹爐煉九還

玉碁洞　邑人　潘應龍雲公

洞府玲瓏小有天石牀容我枕肱眠等閒了卻神仙夢塵世誰爭一著先

品洞　邑人　李嘉賓

何代神人府裁成品字形三台星上映留取驗鍾靈

懸纛橋　邑人　汪　沂紹周

江左英姿人寂寥野風吹葦響蕭蕭酯醪猶醉周公瑾山店新

開懸蠹橋

崙山　邑人王弼 熙亮

奇峯聳入天白雲幕其半乖龍怒不飛化石如虹斷噴薄作泉吼稻田資溉灌流入絳巖湖復起望洋歎我來登其巔夕照鴉飛亂仙人伍達靈相期遊汗漫

遣興和俞挹林　邑人王道復 御冬

春風入窮巷節候一番更硯暖書尤潤琴溫調易成山嵐當戶溼野薺上階生觸目皆欣賞怡然百慮清

登烏翅岡　邑人王吉士 藹廷

春盡餘寒峭窗開積雪收竹長時入戶花發欲明樓望遠懷今雨披緘感昔游華陽山色好偏映小池頭

芝山　邑人張天鴻

窔兀嶙峋造化工洞分七十路潛通丹湖西漾橫飛白旭日東曛直染紅望去游龍如破浪飛來石燕不因風仙家未識今何往棋局空留幻境中

倩山閣即事　　邑人駱　琚徵懷

梅雨初晴日淸風拂面來一簾依綠水半榻上蒼苔舊業殊堪憶新詩正可裁退休因老病撫景獨徘徊

飲駱徵懷園花下　　邑人葛丹孫笏書

夙昔耽幽趣因過小隱家童除三徑草客玩四時花閣道飛明月紗窗射晚霞每來留一醉歸路不嫌賒

廿四叔秋捷　　邑人笪會芳

科第綿延緣世澤吾家四世冠裳集一經垂訓啟後人第宅蕭蕭書萬帙丙辰　恩詔下求賢東省賢書薦弟弼叔氏三載滯

都門際會風雲思獻策連篇累牘一萬言果爾高科中甲乙郵書遠自日邊來一時歡聲動鄉國童稚階前笑語喧雙親堂上怡顏色賓朋執斝開賀筵咨嗟嘆慕聲嘖嘖燕山五桂由義方王氏三槐實陰隲司馬家聲六十年忠厚相傳今如昔我聞此語心惕然碌碌無能誰之責析薪負荷古有訓長歌一闋思祖德

題朱闇齋集雁圖

長洲　沈德潛　歸愚

下士競聲華哲人敦孝友門內行苟虧勳業復何有卓哉闇齋君天性稟醕厚旅館聞親疾昏夜脫騎走匍匐抵里門含涕執父手承訓篤天親斯干誦在口式好無相尤自幼至白首出入必與偕硯磨常相守疴癢情劇關存沒心無負夜雨感對牀矜恤及子婦推恩遍本支敦睦期永久誰歟繪此圖至行一一剖

青詹一展玩悲風起戶牖如讀蓼莪篇哀哀思父母如對鶺鴒原急難惟恐後緊余鮮兄弟久作獨行叟披圖慕高義點筆類俲帚表微舉數端大書銘座右

前題　錢唐袁枚簡齋

驅車向金陵薄暮宿華陽聞有朱季子風義重一方叜停僕夫駕言升君子堂主人貌何古兩鬢垂秋霜爲我置酒宴握手談家常大兒肯堂構二兒列膠庠三珠及四鳳各各耀琳琅感此積慶流早知善者昌果然出圖畫寶氣騰金箱寫君事親誠嚙指趨匡牀寫君愛兄志雝雝鳴雁行或自潔滫瀡長跽奉烝嘗或課藐諸孤詩禮繼芸香百行都已備十幅詎能詳今夕復何夕寒燈明書窗如登高陽里如入鄭公鄉特取白華篇爲君歌侑觴更取角弓詩爲君歌數行感人以天性耿耿難具忘起視

屋角外星月來爭光

辛卯先太史偕門人王民表會試都中今捐館已三載民表復於明春北上感而作此　邑人吳祖新翹西

聞君復向長安道匹馬隻輪料慨然獨看渡江楊柳色共誰居邸杏花天欲歌梁木空彈淚且步青雲穩著鞭憶友我愁兼憶父常將魂夢繞燕然

閱姪孫女佩香四十感懷詩　邑人駱石雲

長把詩書教子孫劇憐弱女傲諸昆才華詠絮天生早喜向風詩論法門

甘苦年來已備嘗可憐夫婿似中郎好將獨斷頻頻語季女蘋蘩詠未央

長相思　邑人笪立樞繩齊

長相思在塞北朔風凛凛寒徹骨深閨戶不開寒風透骨來況在陰山外紅旗半夜催夢魂搖搖向君去江水浩蕩不知處縱君有夢欲還家積雪塞斷夢中路

贈朱君彦孝子詩　陽湖　洪亮吉　稚存

塵勞十年三駐車華陽岡南孝子家伊誰孝子家松蒼柏尤古茅堂敞三間全家讀書處我識孝子昆孝子事父兄事事求諸身欽其善氣蒸一門百鳥就樹欣春温妻孥不憂僕夫樂雞犬未識君家貧東門柳條三易春我重來遊送廣文是時孝子憂父病對我戚戚忘朝昏俄焉一刻驚死生骨肉至痛肌膚輕抽刀揮股股肉零何言孝子非好名諱此一割如諱刑創鉅至死無呻吟茫茫華陽岡哭聲一何苦麻衣唁君憶三度我歸哭母君哭父我猶能生君竟死嗚呼朱孝子

兩世節孝建坊歌西城族祖母趙太孺人暨媳許孺人

邑人　張道正

吾家淑氣錫蒼穹盤結鬱積江之東誕生純孝撐唐室旌義臺高寰海中嘉祥疊發延皇宋累累世孝移鄉風瑞徵奇應動天地黃綸丹誥恩何隆此氣盈溢鶩旁達奔放支流不可遏閨中名教振綱維金堅石確天難奪兩世孀居數亦奇一懷遺腹一嬰兒孀姑曲折千迴苦孤鴻雛鳳命如絲鞠育辛勤淚未乾有子成人意稍安奠夫醮子悲交喜盼望百年枝連理何期甫及十餘年少婦又復喪所天堂上膝下痛欲絕四壁無依眞可憐卓哉樹立千秋志願補吾夫未了事養親育子十指間聲聲緯絡淚斑斑華髮紅顏破鏡餘二人相弔影俱孱矢志終身茹水蘗五十春秋各甘節惟節孝成通神明閶闔騰光光烈烈欣逢

盛世發幽光潛德人間盡表揚　特錫溫綸趨日下巍峩高建瑾瑜坊精誠感格亦奇確星寒月冷彌芬芳一家至性乾坤固後先輝映殊煌煌

潘烈婦詩　程仕

藐爾王家婦綱常身獨仔九年蝴蝶夢一首栢舟詩冰雪心逾淨山陵志不移祇因親已老此意重遲遲

不道而今決情餘酒一甌翁姑慚久侍夫子喜同遊名在月還皎骨香風自流鬢眉多少士得似阿娘不

題贈周樸齋聘妻何貞女詩　高郵　孫祖詒

三茅鬱嵯峨浩氣滌渣滓遙遙數千年靈毓在女子女子生誰家名門有何氏許字屬何人劉巷周郎是少小聯葭莩世親結桑梓如何生不辰未嫁良人死一痛摧心肝靡他行自矢勸者

莫置辭悲者無盡期妾心古井水視死甘如飴空房燈寂寂簾幙風颸颸素絲二三尺是妾畢命資翁姥覺有異倉猝驚相持兒固未成婦兒意何太癡兒如三春花含苞正及時阿女謂阿父兒豈徒自苦人生天地閒失足詎堪補憶昔兒垂髫側聞大人語納粟龍潭倉虛堂避風雨爭傳貞女祠廟貌越千古彼亦猶人耳綱常獨扶樹磐石已動搖兒心已塵土阿父聞女言唯諾心悲憐旁觀競稱異彼心何貞堅諄諄一相試試言某某賢家貧累巨萬玉斗釆藍田周家事中落憺泊非所便慷慨在旦夕歲月艮緜緜女聞長歎息多謝君殷拳周家豐裕日猶望終始全況今已寒薄奈何將棄損世無再婚女家法已同然冬〻夜及夏日百歲同黃泉翁姥不我強我心殊自廣我有紅羅襦豔冶明珠幌我有凌波襪鴛鴦繡其上我有金雀翹雙雙弄嚬吭

姊娣任取攜從此事傋佬十月天氣涼素車停東廂長跪謝翁姥鞠育恩難償兒又逢百憂縈回斷親腸兒今決意去願親無相望翁姥執手送歌泣感道旁嘖嘖問姓字齒頰流馨香梅蕊綻寒雪菊英開繁霜磨笄與斷臂久已相頡頏阿女得聞之撫懷增悽愴我行心所安猶愧身未亡入門謁靈座不見夫容光含淚欲痛哭還恐舅姑傷舅姑感婦意從容謀續嗣嗣以甯馨兒崢嶸大成器於今四五春恩養極周至妯娌無反脣操作不少避始知松柏心終古無改翠吾聞節孝裔厥後必昌熾況此貞涼風彤管仰高誼可以恥無艮可以羞變志可以光門閭可以垂載記吁嗟川岳英篤生艮不易寄語諸名公潛德一標誌

茅山道中

邑人　裴　鑑　靜涵

欲踏茅峰去先過折柳岡寺孤僧亦古村小樹能藏殘雪猶堆

瓦寒冰正滿塘梅花尋不見風送幾回香

乾元觀　邑人裴　鐄竹腊

四圍竹樹綠周遭滿耳泉聲滿目蒿萬壑號風山寺古一峯聳翠石門高雲垂洞口晨飛雨月挂松梢夜作濤欲叩隱居何處是三層閣上想雲璈

浮山　裴　鐄

山色晚烟痕柴扉半掩門小橋橫古澗紅樹隱孤村

華陽洞　邑閨秀駱綺蘭佩香

地僻紅塵遠窗虛白晝閒寒松深磵月芳草夕陽山採藥雲披袖焚香鶴閉關桃花與流水一路送人還

玉宸觀　前人

地肺開金闕天文應玉宸靈風宵步斗旭日曉朝眞階淨松能

掃門閒鶴自巡碑應鐫碧落路已隔紅塵紫誥雲邊下黄庭案上陳山中陶宰相世外魏夫人果熟猿知采丹成虎亦馴華陽仙洞裏好領四時春

遊茅山宿元符宫　陽湖　孫星衍淵如

琳宫鎮山坳高下飛軒櫺征鞍上盤盤日暝客始停遵途百勞忘尋異千念盈徑微已三折屋暗仍重扃獨上怯曳衣孤行危建瓴道士然炬來開門遵前行靜覺鼠齧松微聞鳥梳翎林空虎氣逼草滑蛇涎腥山頭白濛濛寒氣生夜明猶被露華涼遠聽風笛橫悄然步初還遊侶見自驚幽房感仙蹤客夢冷易醒

上大茅峰　孫星衍

晨策登危峯峯危屛鞍騎巖阿氣候變僕從神色異目流衣邊雲足滑厓上翠陷知仙蹤深斷若鬼斧利回巒隱泉響暗谷聚

風勢蟻行信委蛇猿升亦凌厲倒視白日懸仰干黃雲薇寒空四垂光積氣浮厚地惟聞天雞鳴不見井蛙沸靜懷鴻荒始遠覺身世細誰能逐輕塵擾擾此中寄

入蓬壺洞　孫星衍

一途走山腰一徑入地腹華陽已參阻玉柱復洞狀茲遊稍通人所歷亦娛目奇峰訝孤竪密理看斜矗冬溫蒸厚地溜響滴虛谷初驚石粼粼始見沙漉漉捫蹤走妖怪穴竅散蝙蝠垂乳甘可餐流膏滑難觸心疑轉仙徑曠蕩見平陸居氓雜羲皇村舍散花竹道人見纔訝謂此足蛇腹微微溼氛腥慘慘毒霧蓄朋行勇蹴蹋我心恥瑟縮惜哉萬丈窟不斷一寸燭山靈厭搜覽居客怪劉劚莫附杞人憂將貽謝公辱

入茅山　孫星衍

松梢浮烟暮霞薄槲葉無人自相逐山根草死聞枯香碎石馬
蹄聲促促回匡千盤失徒侶日入山空響樵斧雙谿石髮伏暗
泉十月山禽作春語

偕句容朱文學鏞及王公子出遊得梁井闌題字作

孫星衍

出門一鍤隨一丁錯認乘醉埋劉伶井牀古字待我發城根徒
步來岭岈誅鉏草土辨摹刻如讀怪牒搜仙經文云天監丙申
歲作亭與井因書銘蕭梁天子初佞佛冀以方便延千齡是年
淮堰起復壞飢鴻四野哀飄零豈知皇帝慇渴乏欲借一勺詒
生靈周田入家共一井漢制十里置一亭濟人興廢有司事何
用天語煩丁甯黄河之潤泰山雨澤及天下由朝廷楊枝甘露
詎足恃金仙入夢呼不醒異時臨渴更誰慇荷荷口苦無人聽

悲歌弔古亦多事但愛照影波清泠千年萬口汲不竭知有地脈通滄溟摩挲苔蘚剔圭角急印墨本懸中庭此文埋沒分終古日近汲綆堆長瓶其前牧馬肆蹴蹋行客縱至誰留停欷歔然遇我自天幸若獲知己雙眸青王郎朱子好風調予見是井文以王蔭可言見葛府君碑以朱筠谷言告我如試終軍飈歸途把臂又欲醉便恐一別如晨星

紀事詩四十韻　震澤　張　履　邑教諭

去秋蝗過境遺種盈千塍賢侯割廉俸捘拍如邱陵惜以賊名起時有東鄉民滋事之案未使餘孽清今夏適傷旱蠢爾遂相乘初生僅似蠕稍長乃若蠅未可辨王字陸佃云蝗首腹尾皆有王字已自得橫名演春秋繁露云俗呼橫蟲從類齊趯趯詩喓喓草蟲趯趯阜螽鄭云鳴躍之相應其天性也阜螽即蝗爲姦異冥冥爾雅食苗心螟李巡云言其姦冥冥難知也余豈捕蝗使代侯一郊行盥沐假

田舍焚撲勸耕氓竭日冀少殺越宿又繁興侯謂人力屈應乞雨師靈結壇集法侶齋心諷道經拂拂旛影動靄靄香煙凝徒步同僚屬拜跪肅階庭雨未下涓滴蝗已將飛騰蔽天勢可慮害稼甿不勝急擬召糧長非錢難使令捐廉更首倡樂輸賴眾擎論斤先給價每斤十錢計畝還責成區晝計已定籲禱心仍傾我觀魯麟史紀螽及蝝生貪虐洵所戒乞貸亦非應漢書五行志劉歆以爲貪虐取民則螽劉向以爲哀用田賦比三螽虐取於民之效也師古注螽即阜螽又董仲舒劉向以爲蝝蝗始生也宣初稅畝亂先王制而爲貪利故應是而蝝生爾雅食苗葉蟘蟘通作螣蝗也許慎云吏乞貸則生螣又攷漢循吏卓卓著奇徵中牟既不入密縣界獨甯昔侯官山左治與恭茂衡今侯來句曲重得仁廉稱蝗豈隨旆至或譏王荊公詩云惟有飛蝗感盛德又隨鈞旆過江東患適下車丁蒼昊鑒匪爽感格理可憑始覺炎曜隱旋見陰雲升池波亂激午檐溜直縣繩蝗性聞屬火乃本陽氣贏鄭康成云

蟆螣之屬盛陽氣贏則生既伏晨露重尤畏暑雨零潰腹有同病爛翅無羣蓊四野盡盪滌百物方滋榮猶念旬日來待澤各屏營俟固焦勞至余亦憂悶弁求潤礎屢驗望氣臺常登中夜或起視似聞風雨聲余有耳鳴疾或如風雨天災幸既弭人禍亘當平聊成五字詠喜志一時情

悼石子厓名泉句容廩生癸丑三月病卒於家　江甯　端木埰子疇

罡風獵獵滿春城吹去人間老曼卿生有同心慕忠武死猶遺憾為編氓常因謾罵知腸熱不免饑寒信骨清地下高陽呼欲起好為厲鬼逐梟鳴

夢石子厓時泊舟三江營　端木埰

荒江獨夜泊風濤撼天地忽夢同心人眷眷復相值死別三四年未嘗入夢寐九地不可呼自謂永余棄安知魂魄通宛若平

生意豈翳新鬼多泉下復悲恚又將游人間落拓訪同志不然憫窮途謂余極憔悴揭來相勞苦箴言遠相遺憶昨癸丑春鄉閭賊氛熾君如稍綏死唱和共聲氣東鄙十萬家守望飭戒備聲威互相藉可以佐將帥今已失良時師老財亦匱四鄉多創夷田閭半破碎夢中互扼腕咨嗟掩涕淚痛深倏復覺孤檠冷布被春星浴寒流斜月耿欲墜惆悵仰天宇傷哉身世事

題李步墀守戎殉節事　端木埰

太白星沈海波黑天雺地霿士氣熄五百年來復有人一姓崢嶸更生色將軍拔創髮指冠梅溪夜渡秋風酸援桴并轡向死所誓豔賊腦傳朝餐孤軍援絕鬭彌健下馬步戰一敵萬杖節掀髯死若飴員酬馬革生平願功雖未就氣已吞蚍蜉咋舌員將軍歸元赫赫有生氣想見血戰排妖氛吁嗟人生誰不死將

軍得死千秋矣世上英雄好自爲莫須詫作奇男子吁嗟乎莫
教獨作奇男子

前題　謝鉞

妖星一夜掃攙槍玁狁旌旗早列營馬上幾人能殺賊心期報
國竟捐生雲屯黑月魂爲厲血化青燐死有名依舊戍樓烽火
熄尙留忠節壯邊城
鐵衣寒染桂林霜塞黑林青夜設防敢戰幾曾輕小寇善終畢
竟是沙場靈旗風閃魂如在大樹秋高色正蒼北望梅溪天不
遠將星一點吐雄芒

前題　鄒裔淑

山連楚粵聚么魔獨領偏師險峻過督戰先登親矢石竟將熱
血飽長戈

如公眞不愧鬚眉肝腦何曾報國私獨惜大材供小用傷心李
廣未封時

前題　　　　　　　　　　　　　　　　　　　邑人　孔毓汸

提刀怒髮便衝冠不滅紅巾死不安竹徑斜通山勢險梅溪酣
戰水聲寒氣吞餘賊生擒易身入重圍殺退難莫以英雄成敗
論須知鐵膽與忠肝

前題　　　　　　　　　　　　　　　　　　　邑人　孔毓瀛

英姿颯爽氣如雷生不爲榮死不哀仗有龍泉摧敵去拚將馬
革裹屍回未殲厥首成遺恨小試其端識將才讀史嘗懷忠烈
志此番應覺笑顔開

前題　　　　　　　　　　　　　　　　　　　　李思霖

將星睒睒半空落陰雲暗淡日色薄瘴霧蠻煙捲不開泉咽寒

聲生巨壑峩峩西延山轟轟響戰鼓泯泯梅溪水碧血濺如雨桓桓李將軍射虎石沒羽神勇向無前獨騎衝賊壘手刃十餘人餘勇猶可賈將軍氣概一何豪腰腳頑鐵鑄肝膽忠義包一朝夭亡救不得裹創猶自整戈矛懸崖勒馬勒不住匹馬和人墜將去魄兮歸地魂上天浩氣沖霄薄雲霧自古精忠日月光長俾勳名留竹素

題李步墀守戎梅溪殉節圖　邑人紀叢筠竹伍

李君廷揚字步墀句容人負奇氣喜讀史慷慨好義以武科由京提塘出爲廣西桂林守備會楚匪雷再浩煽亂竄入延西撫軍檄廷揚率三百兵往偵禦與賊遇於梅溪奮擊之身被重創力盡無援投溪厓死事平䘏世職

誰能不死誰能得死惟我李君是奇男子解一糾糾武夫而善讀書觀史鑒事識忠義字解二守備桂林伍律嚴森恩威互用感士卒心解三西延亂作賊氛劇惡大府檄君慷慨踴躍解四不知有身只知有國卒三百人滅此朝食解五梅溪茫茫地險賊狂力盡身創創重身亡丈夫願償梅溪水香解六事定入告飛來鳳詔不替恩榮九原含笑解七我臚君狀告世戰將我亦有光與君同鄉解八

瑞瓜圖歌

宋寶慶丙戌邢城張君令句容其時麥雙歧荷連理竹同苞芝兩莖瓜並蒂五瑞並見紹定己丑漫唐劉公繪圖題句刻石於學宮戟門外紀盛事也道光年間震澤張淵甫先生任學博丁未歲篚室有孿生之喜先生取圖中並蒂瓜倩畫家寫爲瑞瓜圖徵詩屬余作歌

磨礲五瑞宮牆碑中有瓜瓞青離離人瑞應運兩朝後絳帷鍾毓生英奇句容學博張夫子文章道德今宗師滿庭佳氣鬱玉樹餘慶喜更盈金閨歲在丁未月建戊寢脉忽報雙麟兒在昔蘭陵作先達鼎元預兆宮衣緋陽湖孫淵如觀察舊誕此署發甲後尊人書屏先生以鼎元先路四字牓於堂横舍發祥舊傳說茲復一乳徵熊羆陸氏機雲陳元季蘇之軾轍宋郊祁欣看二難并挺秀翩翩棣蕚聯光輝一時歌詠遍文苑繪手更用丹青揮兩瓜寫寄綿綿意莖葉茂密交葳蕤我知此瓜種有法心田藝圃勤鉏犁鬚荄滋潤時雨渥藤蔓委迤春風吹得天獨厚發自異唪唪糾結連理枝夙聞哈密歲充貢上薦　陵廟同馨粢此瓜逈殊東陵隱必承筐篚登　楓墀他日書名紀事更泐一片石會與五瑞貞珉永永千禩垂

次舒伯魯元韻　邑人唐　治魯泉

浮生大半醒槐安欲話升沈與己闌乞米何須充佛衲讀書祇合老儒冠青衫有淚酬知己白髮無方避長官已是此身難報稱羲娥勤與弄雙丸

楮冠蔡杖不嫌貧苦爲浮名繫此身衣缽未能傳古佛堂皇何以對斯人明知害馬除宜亟卻恐靈犀照未眞噓拂春風今廿載敢忘前哲釜生塵 伯魯尊人蘇樵太守予壬午鄉薦房師也

題唐魯泉明府墨蹟并序 桐城 朱道文魯岑

明府名治句容人宰桐城有惠政待予最厚其後殉節祁門先是明府有贈其門人甘愚亭 紹盤 詩云一望江頭百尺濤與誰揮手策靈鼇君鄉忠毅墳前木好作人間上水篙愚亭屬題其手墨因書其後

曉日紅翻碧海濤煙波獨釣戴山鼇乘槎直上歸何處雲漢迢

迢不用篙

昔唐明府魯泉送其門人甘愚亭返桐城贈詩曰一望江頭百尺濤與誰揮手策靈鼉君鄉忠毅墳前木好作人間上水篙愚亭示我感而賦之　桐城　方　潛

上水篙撐鐵骨請看一世文字雄短衣擊柝甘被役甘被役羞文章何如唐君廿八字字字能爭日月光

上水篙撐鐵背請看巍巍大搢紳蠖屈窮鄉白髮被白髮被辱堂皇何如唐君七品耳慷慨成仁姓字香

上水篙撐鐵腳請看諸將擁雄兵倉皇一退驚風鶴驚風鶴棄疆場何如唐君死片土八字立跟擔綱常

題唐魯泉明府遺稿　王治覃

孤臣力竭勢艱辛浩氣凌虛歎絶倫斷舌幾人能罵賊殺身一

念爲戌仁循良異代推翁邑壯烈同時泣遠巡最怪浮言紛起
處尸還馬革凜凜如神

前題　桐城　徐宗亮　椒岑

仗節如公古所欽至今遺烈溯江潯早知尙論推前輩不待臨
危見此心萬里中流思砥柱百年後死感人琴尋仇我更傷懷
切把卷相看涕淚深

憶唐魯泉治明府　江甯　汪士鐸　梅邨

從容駡賊山城外一紙家書竝就焚幸有韓階營毅魄君殉難祁門河中亂定尸多不可辨君客錢唐許益齋以君元綴襌辨之更逢李漢甘君愚亭錄遺文催科撫字
無全考易義元言識舊聞大鳥臨危輸小雀申屠慷慨定呼君

過華陽山中　江甯　楊長年　樸庵

山深路古亂雲堆寂寂僧扉晝不開哨壁摩天松拔地四圍青

壓佛頭來

徐烈婦行 曹茂材政修妻 咸豐十年殉難　　邑人 駱崇禧 雨香

金沙動地來鼙鼓大茅山前遍豺虎多少男兒就義難蛾眉一死眞千古卓哉余鄉徐孺人誓志願死不願生求生匪難死不易求死不得生非貞故攖其怒殺其身厲聲罵賊動賊嗔果然有志事竟成求仁畢竟能得仁刀光飛紅血噴碧爲報良人從此別殉母有兒腹中絕再拜慈姑妾命畢妾命畢妾心一死不辱身完妾節花月消殘珠玉沉巾幗英雄閨閣傑或謂孺人計何迂以身易名徒捐軀山中當時賊未犯死可不死毋乃愚我聞斯語發狂叫是何言也眞庸奴綱常名敎若輩壞天下坐是少完儒人生幸值承平世捨生就死胡爲乎不幸流離遇寇變草間苟活非丈夫守貞況復女子分此時榮辱爭須臾若待賊

犯死已晚萬金白璧瑕掩瑜獨得死法逢彼怒不特勇絕智亦
殊千載凜凜有生氣貴兒朱氏無時無傷心觸我思嚋昔山妻
亦號閨中烈往歲沈淵縱再生今年苦海成長訣鏡破釵分少
信音香消玉碎誰傳說拈毫附載孺人詩悲風落紙聲嗚咽曹
君曹君爾莫悲虎淚勿爲兒女垂加餐努力且自愛有妻如此
光門楣嗚呼上壽不過百年止死苟得所死不死彰彰大節榮
桑梓乃出金閨一女子

登寶華山歌　駱崇禧

寶華山高高插天近天笑拍洪崖肩登山一覽衆山小齊州九
點如浮煙石蓮擁地開勝蹟巍峩銅殿輝金碧説法壇高天雨
花拜經臺古雲垂石黃葉灣繞禪關蒼蒼撲面蔣王山烏龍洞
漆如甕當年曾記宫中夢相傳下葬古諸侯蘄王墳墓西風愁

老鸛河邊嗚咽水至今猶作怒濤頭松柏千章四圍綠淨土空王眞樂國水月澄淸印月池煙雲深鎖留雲閣箭機不解證菩提扶節直上聞天雞罡風吹衣不敢立碧落倒影斜陽低吁嗟乎靑山依舊靑如許佞佛蕭梁無寸土四百八十南朝寺多少樓臺護煙雨

紀事二首　駱崇禧

男兒重任寄封疆欲報君恩爲國殤節鉞一朝無地建東南半壁是誰亡緩刑豈貸熊文燦敗績終誅馬幼常泉下有知應亦悔何如早日死沙場

高牙大纛位崇班仗爾西甌靖百蠻辱國哥舒甘虜屈負恩均垍愧生還漢家自有三章約唐法難寬六等姦地下若逢張許在只愁相對亦羞顏

百培山弔李小平鴻勳都督山在邑東南二十里　曹政修梅生邑人

匹馬經過五丈原書生有淚哭忠魂悲生甲帳三軍淚血漬靴刀一死尊遺恨黑山猶有賊傷心白狄不歸元東南保障功非細多少蒼生感舊恩

茅山曉行　曹政修

仙境眞淸絕全無鳥雀譁山鋪雲作海車碾石成砂濕霧千峯暝疏林一徑斜何時三畝宅此地竟移家

句曲雜感　曹政修

嚴城日暮起悲笳往事淒凉足歎嗟楡柳洲邊新鬼火蒿萊徑裏舊人家琱戈阻滯懷鄉里銅狄摩挲感物華重過昔時游宴地只餘枯樹鬧棲鴉

人事升沈幾變遷此心總被利名牽可憐滄海橫流日仍是邯

鄲夢裡天起陸龍蛇開刼運舐鐺雞犬盡神仙書生痛哭原多事不獨長沙一少年

一經冀野馬羣空伯樂於今未易逢不舞幾同羊氏鶴有人雅好葉公龍處堂誰識傾巢禍調鼎終虞覆餗凶別有十洲三島客可憐塵世轉難容

衝繁小縣歎彫殘底事醫瘡肉竟剜鑒物可知焚象齒累人何苦戀猪肝亦知鳳泊鸞飄苦其奈雞羣鶴立難太息家山留不得天涯回首路漫漫

王介亭封股歌 名履信 邑人　　南昌 唐夢庚

咸豐初元遘陽九妖星夜出射南斗金田賊氛從此興大者封狠小臊狗是時宇內久無事將士逍遙甲兵朽蔓延數省如無人金城湯池不能守匪徒未滅鹽梟張長蛇睒眒踵其後生靈

肝腦塗中原下民脂膏竭荒藪介亭先生本儒裔天性純孝古希有三齡失怙稱孤兒育子恩勤賴賢母爰在弱歲復遭亂負母流離四方走可憐滿地皆干戈投筆從戎符許剖身居帳下心高堂甘旨時時供左右悍酋來逼東陽鎮覆軍戮將肆哮吼母被掠散情孔棘突圍救親甘獲咎東陽出後新豐困再接再厲勢雄趨惡氛暫熄幸無恙毋子生還脫虎口後來戰功更奇偉楚吳齊魯滌腥垢敘功奏上 帝恩渥 賞以翎枝加緣綬功成身退爲孝養歸去來兮官不受母疾刲股至再三竊冀萱花百年壽奈何八旬竟長別泣血椎胸勢俱殆緬維兒女尙孱弱身後無依勢難久嗣續若斬先人恫九泉相見亦慚忸勉節哀痛襄大事孺慕情長要白首先生舊研紫書奧海上仙方懸在肘活人多矣囊無錢非道非義不輕取賤子南宮報罷回

奇行傳來由我友乍驚珠玉輝山川又訝麟鳳遊郊棷邇來習俗日偷薄孝子仁人見非偶愧無杜陵詩史筆大發幽潛抉蒙蔀且書盛事誌欽仰副以長歌忘拙醜壽昌棄官通乎神蔡順遇賊援以手古來孝感都如此史籍彰彰未辜負安得輶軒達

九重　特恩旌表示倪耇聞風興起千萬人民德從今必歸厚

喜官軍收復句容　石埭徐士怡棣友

聽說貪狼滅孤城建節旄將軍天上下螻蟻穴中逃喜色分明鏡歸心指大刀諸君須努力羣盜何如毛

自東溝還句容　徐士怡

盼到歸期急束裝扁舟風送返華陽漫云建德非吾土直把弁州作故鄉逆旅三年增感慨孤城百戰閱滄桑憑將飄泊重回

首只算春宵夢一場

句曲雜感　徐士怡

風送蒲帆掛雨歸滄桑變後悵何依三間老屋迷衰草一種閒愁弔夕暉門外黃蒿攔徑入年來紫燕傍誰飛不須化作丁仙鶴城郭人民已半非

遙指臨溪有數椽此中儘可枕書眠便教我借橋西宅猶勝人牽岸上船瓜蔓日生春雨後秧鍼風送夕陽天是鄉畢竟非吾土纔賦歸來便惘然

送曹梅生回茅山　徐士怡

送子茀峯去還家上翠微門當青嶂啟風送白雲歸想像棲遲味清閒與俗違只憐予寂寞獨自掩荆扉

無計留君住離亭一黯然那堪分手際偏在早春天草色遮官

道鶯聲送祖筵知君離別我且爲駐吟鞭

才名誇七步瀟灑況多姿亂後離羣苦歸來見面遲琴樽朝把酒風雨夜談詩此境休回首依依繫夢思

句容復失夜避兵余家山　徐士怡

幾年勞戰伐變起又匆匆烽火驚相逼干戈刼未終車行殘月裏人在亂山中回首華陽路宵飛一炬紅

癸酉暮秋自京南旋山行卽景　邑人李　蕚花樓

四時風景最宜秋況是齊烟九點浮楓葉滿林天欲暮夕陽紅上酒家樓

盤盤曲曲路崎嶇行盡崎嶇四日餘最苦五更眠未足緜衣扶夢上征車

不辨仙源何處尋遙聽飛瀑響涔涔在山泉已淸如許流到人

間便作霖
手把芙蓉欲自裁罡風幾度阻瑤臺行蹤應被山靈笑又向長
安道上來

續纂句容縣志卷十八中終

續纂句容縣志卷十八下

邑人張　瀛分纂

藝文　文

解官表

梁　陶宏景　通明

臣聞堯風冲天穎陽振飲河之談漢德括地商陰峻餐芝之氣臣棲遲早日簪帶久年仕豈留榮學非待祿恆思縣纓象闕孤耕壟下席月澗阿横琴雲際始奉中恩得遂邱壑今便滅影桂庭神交松友一出東闗故鄉就望睠言興念臨歧濕淚臣舟棹已遄無緣躬詣不任攀戀之誠謹奉表以聞

授門弟子陸敬游十賚文

陶宏景

隱居先生遺總事弟子戴垣秉策執簡膝授前學弟子吳郡陸敬游建連石之邑爲棲静處士策文曰咨爾敬游昔我紆紱帝闈持笏梁席雖迹混教塗而心標逸境芝田之想無忘曉夜濠

顛之志歲月已深至德有鄰風雲相會爾之來也爰移兩春於是褫帶青墀掛冠朱闕攜手東驅創居茲嶺疏澗通水徙石開基登崖斷幹越壟負卉筋力盡於登築氣血疲乎趨[illegible]肌色憔悴不以暴露爲苦心魂空慊竈顧飢寒之弊棟宇既立載罹霜暑於時七稔經始甫訖今日之安爾有勤焉君子不獨居其榮仁人必與物同泰是用邑爾長阿比阪積金山連石之鄉方七十步澗水屬焉茂爾嘉業永爲華陽上賓爾其蒞之 其一 爾以誠慤爲性恬澹爲情質直居本沈重樹志不邀世才高謝接俗權謀詭誦非意所欲今故賚爾爲棲靜處士可謂因德立號克終斯美 其二 爾基架館境營劃援域堂壇宏敞棲路通嚴官私行止並有棲憩繕築之勞莫匪爾力今故賚爾四雷飛軒廂廊側屋可以安身靜臥顯祇遐福 其三 爾奉上惟勤接下以惠稼

穡艱難備嘗勞苦貨殖之宜允贍糧服手足胼胝未獲告休櫛風沐雨於焉尤切今故賫爾蒼頭一人厥名多益可以傳代薪水省息劬劇　其四　爾族惟舊緒身乃邦聞道雖一貫事望宜分今故賫爾鋼鐵如意可以揮對賓僚即名立事　其五　爾崇教惟善法無偏執器服表用爰寄玩習今故賫爾筇竹錫杖可以振動三界精祇憚讋　其六　爾期誠元契遐想靈風至懷所詣因心則通今故賫爾香爐一枚熏陸副之可以騰煙紫閣昭感上司

其七　爾澡形潔臟肴糧既去宣導松术實資芳醑今故賫爾杯盤一具可以夕挹桂槳朝承菊露　其八　爾敬事經誥遵尙楷模翰墨之用於是乎在今故賫爾大硯一面紙筆副之可以臨文寫字對眞受言　其九　爾貞心內固清行外彰滌蕩紛穢表裏雪霜今故賫爾鍮石澡灌手巾爲副可以登齋朝拜出入盥漱　其

十今賚爾十事事準前史可以對揚嘉策循言求理無或驕惰以鶩斯旨援筆申懷敢告處士

上隱居書　沈約休文

先生糠粃流俗超然獨遠領袖霓羽總轡雲霞方當名書絳闕身游元闕憑星夕臥望日朝餐而至理深微曖然難覩雖欲下風問道未知厥路若夫棲遲閒遠咀噏璚芝出入清都師友靈聖循崖返跡無缺惟心

謝隱居賚朮煎啟　庾肩吾

竊以綠葉抽條生於首峯之側紫花縹色出自鄭岩之下山精見書華神在籙朮榮人謝盡採擷之難啟旦移申窮的瀝之劑故能競爽雲珠爭奇水玉百邪外禦六府內充自非身疲掌硯役倦攀桃豈可立致遐年坐生羽翼臨沅丹井方覺可捐酈縣

菊泉無勞復汲庶得遨游海岸追涓子之塵馳騖霍山共陳王爲侶淫俗輕施佝日難酬出世鴻恩甯知上報

寶公贊　　唐李白太白

水中之月了不可取虛空其心寥廓無主錦幪鳥爪獨行絕侶刀齊尺梁扇迷陳語丹青聖容何住何所

寶公贊　　僧皎然

大地之動我安其中高景無氛靈鶴在空出生死海隨物有終勞形駭俗借繪開蒙嘗擕刀尺精意誰通

生芝草表　　李含光元靜

臣含光言竊見紫陽觀東隱居先生舊合丹所忽生芝草八十一莖形狀瓌奇光采秀麗根憑松石氣鬱蘭荃斯實曠代希有當今罕見伏惟陛下推誠洞府展敬無虧睠言紫陽載興修葺

是以神物繁殖用表吉祥凡與知聞僉云聖德所感莫不喜悅臣不勝欣躍之至謹遣楊愼脅先奉表以聞今圖寫芝形委曲詳辨事畢之日別差使上聞天寶七載五月二十日

降甘露表　前人

前所奏請紫陽觀東鬱岡山右奉修齊醮自六月二十七日起首行道至今月七日冬至日初出時緣是齋人及中使齊令詵等咸見齋壇四遠松樹悉有甘露其色白其氣香其味甘其松去壇漸遠者而甘露亦漸少計今凡降甘露松樹都有二百三十株謹按道德經稱天地相合以降甘露人莫之令而自均焉元聖著經以爲嘉瑞齋醮遇此又爲吉祥敢不以聞謹奉表供進甘露二合天寶十一載十一月

絳巖湖記　邑人樊珣縣令

句容西南三十三里曰赤山天寶中改爲絳巖山以文變質也山外周流厥有湖塘舊址考於前志則曰吳人創之梁人通之矣洎金火有變積爲習坎灌莽之所我唐麟德歲邑宰楊嘉延亦纂前服利農爲名雖迹於傳聞而事斯茫昧楊氏之後今餘百年實滋菰蒲莫植粳稻剝極則賁俟能而伸大歷十二祀縣大夫兼大理司直太原王公昕能蘇罷勞一作人且易弊俗臨湖而歎以欲從人吟使臣之清風酌良牧之高誼將圖永逸匪顧暫勞因察其地形訪以輿誦謀始作則庀徒撰工月在休農雲其荷鍤周匝百頃一作里蓄爲湖塘置兩斗門用以爲節旱暵則決而全注霖潦則瀦而不流收功濟時道甚明遠開田萬頃贍戶九鄉洎成奧區頗無凶歲魚稻之盛公實爲之昔叔敖芍陂能張楚國史起漳水竟富魏邦秦稱鄭白漢歌邵杜皆謂是也

每商羊起舞龍見而雩比屋有憂於銷鑠連阡莫覩於耘耔我則黛波瀰淪白鳥飛滅下洞庭之鳧雁泳中流之鱸魴橫壙之右構爲新亭芬其芰荷樹以杞柳楊楚江嶺憧憧是途行李實獲於蔭庥詠歌或藉於觀覽懿乎哉君子之用心也孰愈崇其島榭侈以林堂此而莫文翰墨奚述大歷十二年十月三日記

建康實錄序

邑人許嵩

司馬子長善敘事古稱良史然班固嫌其疏略是非頗謬於聖人言論數篇以爲所蔽嵩述而不作竊思好古今質正傳旁採遺文始自吳起漢興平元年終於陳末禎明三年而吳黃龍以前雖引漢歷二十餘年其實吳之首事及晉平吳太康之後三十餘載復涉西晉之年洎瑯琊東遷太興即位元年始爲東晉首年東晉一十一帝一百二年而禪於宋宋八帝六十年而禪

於齊齊七帝二十四年而禪於梁梁五帝五十六年而入於陳陳五帝三十三年止隋開皇元年陳建首號梁之末年梁稱元年齊之季年齊初卽位宋之餘年則四家終始共用三年而吳四帝五十九年南朝六代四十帝三百三十一年并吳首事之年總四百年間著東夏之事勒成二十卷名曰建康實錄具六朝君臣行事事有詳簡文有機要不必備舉若土地山川城池宮苑當時制置或互興毁各明處所用存古蹟其有異事別聞辭不相屬則皆注記以益見知使周覽而不煩約而無失者也

虞部員外郎史館修撰張緯可句容令　南唐廣陵徐鉉鼎臣

勑爲政之要在乎安民長人之吏在乎愼選故吾用古道擇佝書郎而命之某官張緯學問該通辭藝精絕自東朝載筆石室抽文朝論藹然以爲名士矧又洞識理體周知物情是爲通才

何適不可王畿大邑既庶而富藉爾敏惠爲吾教之仍假臺郎以申朝獎苟聞報政豈悋加恩可

送張偘郭賁二先輩序　徐鉉

君子所以章灼當時焜燿來裔者必曰進士擢第畿尉釋褐斯道也中朝令法雖百王不移者也自聖歷中興百度漸貞能興此美者今始見張郭二生矣則知九仞之勢千里之行凝雲逐日未可量也鉉也不佞生於先賢之後進在二子之前此美不兼可以歎息然有事同而時異請試論之噫詞場隳廢五十年矣故老之言議殆絕後生之視聽懵然今百辟有司達於郡國吏徒見趨走公府中一尉耳焉知其餘哉而二君子調高才逸年少氣盛將以俊造之業自重責人以既廢之禮又將以堯舜之道爲用議政於俗吏之閒如是將與時大乖矣嗚呼彼衆我

寡難以勝乎君子之道無施不可舒之彌四海卷之在掌握日
礴見奇於牧馬元揚知名於水磑彼二人即公輔大器也豈以
耻辱爲累哉愚願二君子反己正身開懷戢耀無望人以不知
無強人以不能如斯而已矣今天子重文好古諸生懷才待用
所以蒼生未蒙福者上下之勢殊中有閒爾大易之義物不終
否否極必泰泰之時在上者其道下降在下者其道上行君臣
相合然後事業遠矣吾以爲斯道之復不遠吾子其勉之句曲
仙鄉廣陵勝地多難將弭春物將華琴棊詩酒足以爲適贈言
之旨盡於斯焉

進茅山元符觀頌表　宋　艷愼辭　邑令

右臣所領邑居茅山之下元符觀實隸焉經營之際得以職事
自效於斤築之末因獲究見朝廷所以製作之本意臣愚不佞

恭惟皇帝陛下天神天明經緯萬事文德既暢武功亦昭上自京師下逮海表勝衣之子知研經術絃誦之音如昔鄒魯偏師西指闢國萬里名王貴人俘獻兩觀治功巍巍曠代未有至於懷柔百神盡誠備物靈貺昭答臣庶頌歎維元符之建實紹先志不惑於飛舉靈化之說無取於黃冶變幻之事清靜無爲深達道妙載營齋館以格眞馭尊異高行風厲四方歷選列辟孰如今茲固宜仙聖睠懷蒙福無極瑞鶴翔集以示民信聞之邑人華陽自崇甯以來慶雲醴泉紫芝瑤草蓋多有之然可聞而不可見可見而不可致惟是瑞鶴之應上薄九霄萬目所瞻不得而掩臣前與部使者已具列上景命之符莫此驗白竊意羣公庶尹禮官博士因符瑞之既富則六藝之可攷抗章而請有事於泰山梁父以繼七十二君之絕業以揚我祖宗之休功則

茲山之靈實兆厥祥臣觀古帝王既有殊尤特絶之績必有非常能言之士鋪張本末比次律呂勒之金石著在簡冊以光明於本朝臣遊泳太平拭目盛事而惜未聞聲詩流播乃擇日齋戒沐浴撰成茅山元符觀頌一首詞義鄙淺無足簡録而臣之區區厥有攸在倘蒙萬幾之暇俯賜乙覽以狂斐誅死臣所榮幸所有元符觀一本謹隨狀上進干冒宸嚴臣無任隕越兢慚踊躍俟命之至謹録聞伏候勅旨

巫伋進講尙書制　　王洋東牟

某官某講筵高三侍之選藏壁出四代之文堯舜之治垂衣裳宣其稽古文武之政在方策可以驗今厥維儒宗宜備延訪以爾多見守約資深逢源憲臺持糾察之公諫省有彌縫之益入侍經幄詳問起辭諒學術之該通尤典謨之淹貫於五十八篇

之定舉大義以敷陳若十餘萬言之繁鹽空文之無補庶裨聖治日盼英猷

送衞汝積歸句曲詩序　金壇劉宰平國

汝積歸路過獨樓岡入亭子谷二處相去里許而下瞰數百里邱陵川澤如錯繡然谷中縈紆峭險下有流泉疑有幽人勝士嘗建樓岡上以極臨眺著亭谷中以貯幽勝以其亭多而樓獨故曰獨樓柳子厚所謂游之道二曠如也奥如也此蓋兩得之歲久樓傾亭廢而名尚傳若鐵壚步然山居皆樵蘇之人無能解其義者遂意獨樓爲髑髏而以谷爲孔是又與小姑嫁彭郎同義吁可歎也因汝積路出其閒爲辨證以刷是岡之恥

茅山志自序　元劉大彬元應

句曲有記尙矣宋紹興二十年南豐曾恂孚仲昭臺道士傅霄

子昂修山記四卷所書山水祠宇粗錄名號而已考古述事則猶略焉大彬登壇一紀始克修證傳宗經籙又五載而成是書凡十二篇十五卷題曰茅山志載惟茲山稟靈異於開闢之初應帝王於虛无之表夏禹巡幸秦始登崇漢元壽二年太帝九錫茅君白日神仙其名益大顯於天下及晉宋經道之興梁唐尊尚之篤眞人道士代爲帝者師龍文鳳札積如雲霞慨乎年世曠邈璽書罕存追錄見聞百餘一二暨我皇元混一區宇世祖聖德神功文武帝首降明詔召嗣師蔣君宗瑛詣闕繇是累朝大護其教迺延祐三載加號三君改觀三峯光掩前古聖人以神道設教有自來矣作誥副墨第一加封明詔若曰茲山之靈以氏爲號茅君眞蹟盍先傳焉按登眞隱訣眞傳例列聖道君稱紀餘眞稱傳夫以三茅秦漢道君今日下士仰述聖蹟何

得稱傳作三神紀第二金壇華陽洞天金陵地肺福地桐柏眞人所謂養眞之福境成神之靈墟雖百世可知也集諸山水洞穴作括神區第三觀方平海中揚塵之論令威華表去家之語是知仙聖按行民閒亦嘗咄咄古今之異元蹤所在不與陵谷遷變者幾希作稽古蹟第四上清經法下教出世始晉興甯二年紫虛魏元君降神瑯琊王公府舍人楊君作隷字寫出以傳護軍長史許君父子其圖籙秘奧非盟跪不傳今疏篇目使學眞之子略見曉焉書論附名其左作道山冊第五初元始七傳而至紫虛自紫虛積於今四十五代苟非其人道不虛行河東柳識故云道門華陽亦儒門洙泗作上清品第六劉向云天有神司仙人充之洞宮官僚自眞誥元通記傳出時運變易應有遷補譬如周禮漢儀不復相同神道幽遠非世所知作仙曹署

第七山勢曲而有容高尚求志之士栖遁其間不可殫紀所采古今卓行之著明者若夫深晦無爲潛升晨景則曷得而名作采眞游第八魏晉六朝館宇散居林麓唐宋始勅改宮觀之盛奉祠祝釐此其地也作數觀部第九丹砂寶氣金玉華津人服之而引年易質其漬潤積久發於芝英草木神異而靈長信物理之固然作靈檢第十碑銘書刻載道之舟車也眞人手澤猶得模楷而立德立功立言者文亦在茲乎作錄金石第十一古人采詩蓋有關名教山中賦詠散逸旣多此皆絕妙好辭足麗於飛空謠歌之末作金薤編第十二終焉是志之作不問今昔一行一言錄其至善其或傳事譌謬撰辭蕪惡如指柤記之屬一無所取非脫遺也於戲太史公稱天下名山南華稱博大眞人若句曲兼二者蓋千數百年纂懿流光未有若斯之盛者也後之學

士無狹其所居無厭其所生無小無大壹是皆以清淨爲本尙有徵於斯文哉大元天曆元年歲在戊辰十二月二日嗣上清經籙四十五代宗師洞觀微妙元應眞人序

朱竹山卷序　成都青陽翼君輔

竹之有聞於古尙矣軒轅氏始製律夏后氏作貢象於易歌於詩記於經史傳記製器比德於斯爲盛後世司馬遷東方朔班固蔣詡王徽之暨晉七賢唐六逸輩資焉以豐其業玩焉以適其趣其所稱道或異於古惟反諸身而喻之德士君子觀物知要斯當務所急也淇澳之詩卽其始生柔弱美盛而稱之曰猗猗其堅剛茂盛而稱之曰青青及其盛極而比密也則曰如簀由柔而剛以及其至其盛有漸其美無斁實有進德之象於是繼之以切嗟琢磨學問自修之功喻之以金錫圭璧精純溫潤

之美以免夫人之進而要之成象德之義於是爲備傳曰竹箭之有筠也貫四時而不改柯易葉人之有德也釋回增美質措則正而施則行古君子之才取於竹若是容山朱俊民氏其有志於是者乎夫俊民甫以竹自命而係之以山竹固君子之所比德而山亦仁者之所樂好事者圖焉而咏歌之其有得於俊民甫之志哉嗚呼山之竹秀如封愈崇竹之山茂如植愈盛交相爲益有其象焉德以是立器以是成古道其有在矣敢序其端以諗執事

從事錢塘贈行序　　青陽翼

儒吏之選嚴矣昔周人建官必有史掌官書以贊治而後世因之以刀筆筐篋從事未必以儒舉也延祐中仁皇帝詔天下諸邑吏儒生以簿書期會一切趨辦吏無所不可者何乃以儒生

為蓋將以古之儒術正今之吏習以去其弊於以修政圖治加惠斯民甚厚聖謨明遠甚至夫何有司所舉用名實行能足以仰副明詔者蓋鮮而或者以儒相訴病儒之用誠有待其人哉容山朱昇可以儒吏舉錢塘以贈言請余觀昇可以弓冶名族才識峻茂試吏部府集慶路而隨牒從事錢塘其必有異於眾者亦惟本之詩書禮樂行之法制禁令如斯而已耳錢塘繁會要衝丞相廉使治所百司交政煩劇宛然米鹽根節治絲而棼仕者多言其難然相府政法之本廉使憲法之守幸獲朝夕趨走於下執事仰瞻光儀俯聽命式豈不有以繼長增高而玉汝於成者乎且政務吾有請也而無所於沮謀猷吾有陳也而無所於儆仕焉者誠能廉勤公正明慎無闕以獲乎上則舉夫人之所難而吾有以圖其易矣上以報稱乎聖天子用儒之盛意

下以奉承平賢公卿大夫政化之所成異日蜚聲揚光階序通顯榮繡衣之歸盛綵服之樂其有在於斯乎生行矣其勉之哉

黦醭文稿跋

明　趙　權　邑人 仲衡

右訓子黦醭詩外大父東溪朱翁之所作也朱氏繇潤州徙句容因家焉世業儒至公學益邃行益篤補太學弟子員孝於親友於昆弟待鄉黨有義周其匱乏而恤其患難焉宋亡兵亂公被執兵士以公儒者也不忍害而舍之事既定遂隱於田園日以樹畜爲樂卒以完富甲鄉里然恂恂退讓未嘗以氣加於人人信其言若衡石服其訓如父師則以其眞知實踐有以孚於人也平居書卷不釋手尤以延師訓子爲先務兄弟三人同居食指數百庭不聞閒言享年七十有三公之歿金壇王公直溪誌其墓吳興集賢趙公實書在石是詩之作自敘其建樹之難

經涉之險如此豈非欲其子孫知其成之之不易而保之之不可忽歟於乎遠矣蓋不特其子若孫之龜鑑舉夫人皆足法也公娶曾氏亦詩書家曾夫人之兄貫道善戰場屋詩賦有聲六子長曰榮祖善作賦自幼已然人以爲似舅惜蚤世仲曰善翁歷長甯稅務使叔號玉山歷宣政院使公二女長適張氏次則先母氏也長甯公生曲峰敦重有文好從儒先長者遊如菊存張先生山邨仇先生皆嘗以詩相贈答公府辟焉調天台儒學教諭二子曰持敬曰克裕皆讀書能纘其家學宣使公別居元林仲明季明其子也孝友睦姻無愧於古延名師訓二幼弟尤篤至權所辱以中表故與授教者也非公之貽訓而能然乎公平生有詩一卷京口鬱林陳先生序其端而先輩題識稱贊者唯是篇蓋所言規儆尤諄切云克裕一出其卷俾贊其末權竊

念生晚不逮事公親炙訓誨然幸霑被遺澤而又獲誦公之詩
妄意比擬前代眉山蘇內翰新安朱夫子記其外大父遺事遂
考其家傳徵諸所聞竊附末簡以見公之所言皆實行所行皆
實學而非空言之託而已因并及其子孫之賢又以見靈承先
訓爲無愧而垂後昆者爲有本也於乎朱氏之子孫世世其毋
忘之哉

前題　　盧陵　康　縉

予嘗讀宋史至呂氏家傳未嘗不廢書而起敬起慕也呂氏自
文穆公四世而至滎公自滎公五世而至東萊先生其閒以相
業文學名於世者累累若焉是皆由祖父訓導之嚴篤子孫服
行之謹恪爾故觀呂氏雜訓童蒙訓家塾記等書猶可想其家
法宜其照耀後世赫赫若當日事吁盛哉予宦遊平陰四年矣

句容朱克裕亦捧檄判簿於茲邑相與者凡三年克裕力學而善詩律己以守職與朋友恂恂然敦於信義知克裕必有賢祖父之教也暇日克裕出一編示予乃其曾大父東溪公訓子詩其告誡訓誨之辭丁甯懇至纖悉備具無非切於世用者向之所觀呂氏家乘吾何先後焉予然後知克裕之學其來遠矣予雖不及識東溪翁然詠其詩友其孫子則東溪公之賢不言可知也善乎呂滎公之言曰人內無賢父兄外無良師友而能成其德者蓋鮮予於朱克裕氏益信克裕勉之行見朱氏之盛不專美於宋矣

代送許德甫序

邑人朱純于一

亦嘗觀夫舟楫之濟大川乎舟楫者取材以時既堅既良斤削之工既準既繩剞焉劂焉完且固焉樹焉者檣懸焉者帆進以

檝奮以櫂擊以榜纚以綍百用咸具乃凌大河涉長江泛溟渤出入溢突乎洶湧澎湃之中超越軒輊乎蛟螭黿鼉之域騰趠飄揚乎迅飈驚波之內坦然若履康莊傲几席以恬以愉是固由乎材良工美而用備然尤係乎篙師之儆戒烝徒之協心左顧右視前瞻後矚兢惕勤勩瞬息不怠濡衂致戒思患預防夫然後可以踰絕險而登於岸也今夫世之抱儁才負奇能膺煩劇米鹽之職雖所優爲然必晝戒宵儆恪恭厥心懼以臨事絜以持己居安思危繫亡苞桑長慮卻顧思免於愆夫然後可樹勳績著名譽致遠大亦猶濟大川之舟雖材良工美用備不可不致愼於操維之功也予與曲沃許德甫來京師同受命筦征商於句曲予以不敏忝居其長德甫辱爲之佐事集賦充會計維當德甫功也今以秩滿代去入覲京邑振策言邁予與同署

而仕於是蓋期月而嬴矣是同舟而濟者也烏得無情哉德甫才優而有爲智優而有慮其釋錢穀而躋膴仕是猶長風駕巨浪順滔滔之安流直進而無阻也然尤必述所喻諄諄告者送人以言僚友之義也

題張氏所藏祖宗墨蹟　朱純

張克禋瓚嘗從予學縣庠既中第春官登辟雍後辭歸鄉里洪武辛酉夏持其先世手澤來學中示予予究厥源委則其八世祖之墨蹟其孫東谷公得之祖妣王氏家歸室藏之且別紙爲訓語示後嗣迨五世孫明善甫復飾新之爲卷軸諸公爲跋語其後予覽之有以見吾鄉先輩故老儀型焉張氏自宋慶歷居西城迄今蓋三百四十載族既蕃衍又克世其先業觀此帖之能保守可以知其奕葉子孫之有人矣昔晉末易姓而欒郤胥

原己降在皂隸今張氏自宋迄元而明歷代且三時異事殊子孫相繼不墜前人遺蹟保守百數十年若新其視無恤袖簡殆過之誠可嘉已雖然張氏子孫克保其前人墨蹟可不思其前人訓誡之語而遵之哉有前人訓誡之語可不思益慎守其持心操己之術以緜其澤於無窮哉

奉大父竝父親書

邑人　高　志　味道

大父暨父親並闔家尊長前近聞人自鄉里來者皆云自我爲官後屢於家中取討盤纏家中早晚甚不樂詢問其故皆云人家爲官者常送錢物於家我家爲官者年年要送盤纏以此之故親戚鄉里聞之莫不掩口而笑愚孫不敏閒嘗讀古聖賢之書粗知禮義心竊恠之反覆沈潛第恐傳之者之誤也且孫聞唐崔元暐母盧氏嘗戒元暐曰吾見姨兄屯田郎中辛元馭曰

兒子從宦者有人來云貧乏不能存此是好消息若聞貲貨充足衣馬輕肥此是惡消息吾嘗以爲確論比見親表中仕宦者將錢物上其父母但知喜悅竟不問此物從何而來必是奉祿餘資誠亦善事如其非禮所得此與盜賊何別縱無大咎獨不內愧於心元暐遠奉教戒以清謹見稱此事載之小學人皆得誦眾人雖不知大父必知此也又安有此事歟其亦傳之者之誤乎使其苟欲吾之取財利也則幼當命吾爲商賈不當命我以讀書也古人云士農工商各一其業吾自幼讀書乃士也爲士者但知讀書談道致君澤民以垂功名於不朽耳財利非其所知也況吾以十一入邑庠二十領薦楷書二十三膺鄉貢入太學二十七射策金門登名黃榜三十爲部官通籍清班其用心非一朝其積累非一日也范文正公云祖宗積德百年而始

發於吾吾豈可以不自重以忘祖宗積累之難哉彼區區小人者一旦起於閭閻僥倖一官肆然自以爲足其於禮義廉恥固無所知唯務貪圖賄賂以肥身家故雖受人唾駡佯爲不知被人凌辱佯爲不覺甚至於殺身亡家有所不顧豈仁人君子之所爲哉范魯公云雖得市童憐還爲識者鄙豈不然歟抑吾聞刻衆成家豈有久長富貴彼爲官者之財利皆下民之脂膏也小民典兒賣女以供官府爲官者枉法害民以取財利財利未得而嗟怨之聲滿野欲無敗露豈可得乎故往往家破身亡妻妾財物盡爲他人所有無足怪也下爲小民唾駡上受朝廷誅戮父母兄弟悲啼滿道妻妾財物爲人所有臨此之時悔何及哉然則賄賂之無益於身家昭然可知矣孔子云人無遠慮必有近憂故楊震之畏四知劉寵之受一錢羊續之懸魚時苗之

留犢彼數君子者豈無所見而然哉關西夫子云使後世稱爲清白吏子孫其所遺不亦厚乎疏太傅云顧吾家自有舊田廬令子孫勤力其中足以供衣食與凡人齊古人之所慮此者深矣故吾所以甯受淡泊而甘心於清苦者其志固將上不負朝廷下不負所學而期以顯親揚名以張大高氏之門也豈若彼區區賤大夫得之易失之易者之所爲哉古人云朝華之草夕而零落松柏之茂隆冬不衰又云灼灼園中花早發還先萎遲遲澗畔松鬱鬱含晚翠朝華之與松柏小人之與君子豈可同日而語哉有識者必有見於此且人家之生子者其本分而務生理者莫不以爲家門之慶也其奸盜而詐僞者莫不以爲家門之不幸也爲官而守法奉公者猶子孫之務本分生理也爲官而貪贓壞德者猶子孫之爲奸盜詐僞也況事一敗露至於

殺身亡家其禍尤有甚於奸盜詐僞者乎家有賢父兄而使子弟爲奸盜詐僞者吾未之信也方其幼時恐其不能成人及其成人也恐其不得爲官今既成人矣爲官矣光顯門閭矣乃欲望其貪圖賄賂而爲殺身亡家之計是何不思之甚也且孫嘗幼時聞大父云你若做得八句詩衣服盤纏便有當此之時以文章勸我是欲使我爲善也今既試三場以文章成名則非特八句詩之比矣乃欲以財利誘我而使我爲惡乎始也恐其不爲善今也恐其不爲惡想必無是理也不然是何曩時愛之之切而今乃惡之之深歟骨肉至親不敢避悖逆之嫌謹頓首百拜奉狀伏乞尊照不宣永樂十八年月日孫志載拜

送高郎中省親序

安成　李時勉

嘗繕郎中句容高君味道其有勞於國也久遂獲膺受保寵之

榮又推恩封其父母如其秩今年夏得告歸省吾友翰林編修曹子宜徵予文贈之營繕冬官之劇司也自國朝建立北京是司之務爲尤劇苟非宏通清愼而有才者居之往往慢政而廢事故常精擇其人不輕任也若味道者豈非其人歟味道穎敏有學問年少爲名進士初授營繕主事及滿陞今職在官以廉能稱人多重之尤好吟詩雖煩劇不廢是以聲聞益張嗟夫今之舉進士者其始也莫不極意於詩書文章之務及其授以一官任之以事則拘拘於簿書期會而翰墨文辭斬焉不以經慮其學之不足者無足怪也英偉秀特之士亦委靡而不振者何哉由其心汨於利欲膠擾蔽錮汲汲焉不少置是所謂屈於萬物之下者烏能有所爲耶味道獨不以煩擾混其意滯其志而從容於應變酬酢之閒以其餘力發爲歌吟詠歎有足觀者豈

有他道哉其中無所慕而其外無能誘若澄潭止水撓之而不混故能爾也然則味道之取重於人也豈無所自哉凡士而仕者將以盡心於報國而志於祿養者每以得及其親存之日以爲幸然不獲遂其志者多矣味道仕爲大夫當聖朝大施恩誥之日而二親在堂康强無恙得以享夫安榮之福其慶幸爲何如味道之歸吾知鄉鄰子弟爭相迎候慕想其丰裁以爲孝子事親之法則味道之所爲非惟有益於國家將所以感於人者尤衆也豈不賢乎哉且吾聞味道之所居得山川之勝處而其先世多讀書爲宦今又有如味道之賢能繼承厥後其有光於先世而增輝於山川也甚矣因其行並序以贈之宣德三年四月十二日

贈郎中高君歸省詩序　豫章　周忱

永樂乙未太宗文皇帝初於北京臨軒策士當時對大廷登黃甲者三百五十人以爲北京之初科也榮賚特加於常例進士得人是科爲最盛士之出於其間者文學治能皆表表異常豈非人才之出有關於國家氣運之盛者乎若今工部郎中高君味道蓋是科之表表者也高君聰明特達早遊於鄉校歌鹿鳴而來既登第即拜工部主事時方營建北京宮宇取石材於范陽之懷玉山往來之衆以數十萬計內外文武之職董工於此者獨以高君一人總之高君能廉以守己公以率人得勞徠撫綏之道事集而民不知勤廉能之譽遂由此而彰矣聖天子嗣位紀元宣德之初超拜今職膺受封誥二親俱得襃封如其所秩今年春以親老陳乞歸省詔許其去復給道里之費人咸以爲榮而同寅郎中莫公子朴實能詩者賦以送屬予爲序昔鄭

喬以進士及第譬之登雲梯倪若水以班生入京爲無意登仙以此知古之仕者以發身科甲爲貴而尤以內任爲喜且嘗聞趙康靖遇郊祀嘗進階乞褒封於其親王逢原居官作思歸賦以寓意以此又知古之爲人子者以顯於親存日爲幸尤必以及時歸省爲榮也是四者蓋難得而兼焉高君既爲名進士而又得爲京朝清望之官且褒封之榮得及二親康强之日而又得歸故鄉以展其覲省之誠四者可謂兼得之矣其榮幸爲何如哉高君尙當自思曰凡所以得此者皆聖天子仁恩厚德之所錫也盍圖報稱於萬一哉經曰立身行道以顯父母孝之終也此固高君之所自能亦其所當勉者高君愼毋久戀桑梓焉

宣德三年歲在戊申四月甲子

僉憲高君挽詩序　錢塘于謙忠肅

山西僉憲高君以疾卒於官同寅暨藩闔諸公與晉陽士大夫咸爲詩以哀挽之屬予序其首余惟高君行純才贍外圓內方操履設施有大過人者文章特餘事耳初以名進士起家授冬官主事轉郎中居官以廉能稱尋以疾請退休於家聖天子嗣大服歷詔求學行純備之士授以僉憲俾提督海內學校遂用少保大司空吳公薦起授今職下車伊始即以敦厚風俗作興人才爲己任巡行郡邑雖隆寒盛暑有所不憚與師儒講論經史諄諄不倦或至廢寢食勤勞積久而故疾復作遂以弗起訃聞遠邇哀之初君之來晉陽也廨舍與余行部相邇過從甚密遇事輒相與籌度益予爲多暇則倡和文辭以爲樂或一日不聚首則悵然無以爲樂既而余以議事還朝復至晉陽惟恐見君之晚而君已長往矣嗚呼思談論而言猶在耳覩詞翰而遺

墨如新茫茫九原斯人莫作其哀傷甯有既耶因書此以識意

正統二年臘月八日

此君亭記

邑人戴　仁以德

成化庚子夏四月四日余陛辭領勅往巡浙省督理鹽榷六月十一日至杭以事於杭日多故寓於杭日久而杭之行臺久不葺理堂屋廊廡俱敝漏而堂之東西廂各兩廈不支風雨益甚寖歸於陵夷腐朽矣而堂之左後有園一所有竹數百竿伍於荆棘之叢然處於蒿萊之雜然爲凡卉之汩没而無所區別久矣余乃相彼園所而可以翦其繁蕪瞻彼綠竹而可以培其瀟灑爰命園丁斬其荆棘芟其蒿萊庶幾斯竹可以少伸其直遂之氣矣視彼東西二廂雖將朽腐而置之無用之地猶可材也其棟宇榱桷猶可存也九月朔旦余因出巡遂案令有司葺爾

行臺補爾敝漏因之俾毀爾二廂移置竹所少假木工斵而新之段而小之爲軒三間於其後爲亭一區於其中復置小門於其前迨十月既望余返杭而此亭落成矣原堂之西南有芭蕉數本僻處牆一隅若遺佚之狀又堂之正南有木樨二本壓於喬木之下若屈下之狀亦命園丁移置於軒之前亭之後左右各兩兩相對而植其亭之左方竹過而前右方竹不及而後於是舉左方之過補右方之不及欲相稱而適均時園丁亦樂爲之赴工攜其家所種葵數十本有野人芹獻之誠彼雖不知葵之取向傾陽之義余實陰喜其有助於斯竹而爲類亦命植於亭階之兩傍園中空隙地疏而爲畦種以嘉蔬亭外舊有桃數株置而勿問任彼自繁華爾夫然有斯竹得此亭以爲倚憑而凡植物之移置於其間者各以奇卉爲類相得而有合也閱明

年辛丑春二月余乃名其亭曰此君軒曰清風勁節門曰行臺清趣曰軒曰門皆爲斯亭而設而皆爲此君之閑衛也余然後暇則日一至焉又暇則時一至焉或坐於軒或立於亭或憑闌久之或直造此君深處或共吾儕小酌於其間對境忘心怡神悦目可以解吾案牘之勞可以息吾繡斧之倦虚白其心足以養吾仁勁直其節足以養吾義低昂揖遜足以敘吾禮金聲玉振足以和吾樂清風不污足以介吾廉冰霜凜冽足以肅吾憲其利濟於人器周於用足以擴吾政事之材而不匱其翠雪蒼雲龍吟鳳舞又足以啟吾詩文之光華聲響以自娛樂也雖然此亭之成也隨事而處事因物而付物弗損而有益不費而成功抑又有數存焉其始之翦繁蕪以培瀟灑也吾於是而得去小人安君子之義焉移腐朽以就有用吾於是而得天下無棄

材之義焉移芭蕉得舉拔遺逸之義移木稺得引伸屈下之義舉過補不及又得裒多益寡之義他若植葵若種蔬卽義之類聚而得朋也若桃之任彼自繁華又何莫非義之有容而得衆也耶噫一亭之小成而義理無窮若是則此君之助益於吾也多矣此亭之所以名也此亭之所以誌之以示不忘此君也誌之且以告將來者之登此亭對此君而知此亭之所由成非敢爲妄費設也凡吾儕來游者尙亦留題詠以永此亭之增光此君之不磨者乎

恩榮重慶堂記　湻安　商輅文毅

堂以恩榮重慶名者紀盛也恩榮君所賜也重慶天所畀也二者在人豈易致哉有能得其一已爲幸矣矧有兼得之者則仲書以英妙之年登名甲第而大父母父母俱在於是以恩榮重

慶名其堂一以侈君上之恩一以昭慶澤之遠而樂夫已之所遇者盛也以予同年聞請記之竊惟國家以進士爲取士第一途故當春官貢舉之日天子親被衮冕設鹵簿列百郡而進之錫之以冠帶宴之以瓊林鐫名有石登科有録其慎重之意何其至哉然得預是選者一科僅百五十人而百五十人之中具慶者纔三四十人而重慶者不過數人而已是能顯揚其親於生前者恆少而追思感慕於既往者甚多也張君以甲第之榮爲重闈之喜其所得之於君與天者何獨盛耶堂以恩榮重慶名得非有所感激而云耶由是而躋美官享厚祿尙竭忠效誠圖惟報稱建功立業以底遠大則推恩之典將指日而及於重慶而龍章煥耀益足爲是堂之光矣請以是爲記而俟之

增太常博士戴白軒江亭送別詩序

三山徐彰教諭

太常博士戴公白軒以文章起家登甲第歷官考滿克恭厥事上沐褒寵及於其親既而以内艱家居服終三載官以制斷時當趨朝且南戀松楸北瞻辰極不能已夫哀戚之懷乃言曰儒者之行莫要於忠孝而文章政事特其所施耳昔權德輿李吉甫輩俱以博士登相位今公以忠孝爲心遭際承平文章政事爲時推重此心此政推之行之終始弗渝則大用有日使夫道德愈彰名聞洋溢人將指而言曰父某母某所生之子不亦忠孝之大者乎和其言者同出一致公嘿然以思若有所得遂涓日戒行事告行於斯文所常往來者季秋之望予偕同寅萃諸生餞於江滸時致政太僕丞潘公大參張公上舍張宗美陳艮弼張志宏與焉酒行觥籌交錯絲竹並奏有倡斯和適有以岑嘉州所作送鄭侍御詩而歌者歌既太僕公起而言曰今者新

酒正熟博士公文旌北上此日時令之正人事之美景物之狀與岑鄭二公之事之時之作得無似之乎人有古今事同一軌況斯文離索義不容嘿以是詩爲韻分諸同事者歌以爲贈可乎予應之曰可僉謂予輩忝司邑教以前三韻讓焉予因得江字次司訓方得亭字潘得酒字又次太僕大參得囊字香字上舍則於諸生以長幼爲序共分四十韻或詩或歌以次而成及巳大參公起而執爵請於予曰詩不已就乎吾黨今日繼岑鄭二公之事之盛又詎知後人不以今日爲盛事而繼之如我之於二公者乎予當序以繼之予謂博士公之忠孝養於內也有素形於外也可驗況今日之作景物之摹寫離別之情思頌禱之切期望之殷咸可諷咏足以繼二公之盛而傳之於後耳予又何言遂不辭執筆錄前後之言爲序工書者作江亭送別圖

於前而諸作則次第錄之於後集爲一冊以爲博士公行贈而拙作僭於前時成化十二年歲次丙申秋九月中澣之吉

此君卷敘

仁和　夏時正　餘留

昔王猷之愛竹而尊稱之曰君愛而親之則曰何可一日而無此君猷亡千載孤風遐邈繼者誰哉巡按浙江御史句容戴公之愛竹不減猷也其視政之堂之後有竹百竿伍羣草木久矣公來謂不可使終汨焉不爲之所也乃爲拔荆棘闢草萊發其藏焉而復構亭於其中公暇輒坐亭上相與咏清風延皓月消滌煩濊而發揮其高明也若清嚴畏慎之中獲此三益其亦奇也旣而喟曰古諸侯有分國國人得君稱之卿大夫有分邑邑人亦稱之爲君竹以草木之植者挺其特立不附也蒼其抱素含貞也凝其一節靡移也諸侯卿大夫以爵竹以德德何歉乎

爵哉猷既君之吾固不能易而他有所稱己自是有稱動曰此君此君云焉他日顧其亭曰由有君而後有亭君其亭亭其君乎是用大書此君二字揭之亭眉而爲文以記記成示余因獲卒業焉爛然吐其腴敷也翹然揭其菁華也釐然明其義類也信乎其能言矣閒又過余屬書其卷之端余老矣不能文曷贊一辭哉惟君始也挺乎特立而不附蒼乎抱素以含貞凝乎一節而靡移其本然也然自其始以迄今茲不知幾經歲矣自其始之者以至公不知歷幾人矣中之汨於荆棘而翳草萊過之者曾若不之見也而其挺然蒼然凝然者如一日曾不以人之不見而加少也逮今獲所遇矣其挺然蒼然凝然者曷加多乎猷在當時以介稱也乃獨於君諧合有所孚契者焉是亦所云聲應氣求者乎惟公抱有通經學古之高據有雄俊顯榮之地

猷其異矣猷於君也愛而尊之親之公於猷也實同之焉君之本然挺乎特立而不附也蒼乎抱素以含貞也凝乎一節而靡移也遇不加多而違不加少也既以之而得猷無所異於得公則公之於君獨非如彼聲應氣求者耶比皆贅言庸申以告來者亦惟所以同於猷而無所異於公焉是必宜於君宜於君則君與亭也庶幾其永永如今日哉是爲序時成化辛丑端陽日

雪溪公榮壽詩序

新安　程政敏

雪溪公榮壽詩若干篇縉紳大夫所作以壽雪溪先生戴公汝明者也先生家世句容之臨泉別號雪溪性澹雅喜學問涉獵經史百家而尤邃於易占事知來人或以爲神用是其子仁奉庭訓力學舉進士歷監察御史先受勅封先生爲文林郎太常博士烏帽白首于于徐徐日徜徉乎句曲山水之間其榮如此

先生素充養有道而又與物無競發粟賑饑詔旌爲義門同堂
合爨者七世子姓二千百餘指無閒言老而彌樂以故踰七十
春秋而神觀不衰飲食加健若古僊人之流其壽如此且榮出
於君壽出於天皆人所願欲而不可必或幸其一獲而不可兼
者也非德則何以致之而先生有焉是豈可無頌禱之什哉夫
發粟活民可以知先生之仁睦族同居可以知先生之義窮經
教子可以知先生之慈善積於躬而持之不矜理明於心而養
之不昧比榮壽之得於天與庸衆人不同而縉紳大夫之言不
容已也鄒孟氏以爵齒德三者具而後稱天下之達尊求其人
於一鄉若先生是已矧御史君存心制行一以先生爲法清才
雅望籍籍動人其名位益升則先生之壽益隆而齒益尊德益
邵諸君子之言益有徵矣先生始生之辰在歲之十月望前二

日高堂綺筵風日清美佳賓在坐珠玉燦然畀舞童調而歌之以侑梅花之觴使仁人長者有樂乎其子之養不亦快哉由是觀之歲一爲之可也余不佞與御史君同榜友善又同出於南畿輒序其詩以致嚮往之意成化十五年歲次己亥秋八月上澣

重修茅山志自序　邑人江永年壽卿

吾容居萬山中三茅爲之冠昔爲神仙所都漢齊梁唐宋元之君璽書寵臨天光下燭靈貺畢臻以永釐運以福生民水旱災祥有禱斯應名人碩士棲遯吟眺樾增厥勝古山經地志曰洞天曰福地曰金陵地肺良有以也矧靈氣滃鬱拱揖留都啟佑我明肇基王迹衍慶無疆雖古漆沮亦不是過舊志編自前元宗師劉大彬傳於翰林承旨趙孟頫贊於大學士虞集書於華

陽外史張伯雨世稱四絶元季板燬兵燹我朝三刻三燬漫無紀載今眞人府贊教玉晨張全恩得舊本募工重刻本山靈官戴紹賁任紹績金厷禮贊教元符袁繼禮陳應符請余詮次并書國朝懿典於前修建諸文及羣公登覽詩作於後計不可無述僭著其槩於首簡尙圖改證以成全志茲弗贅云嘉靖辛亥端陽日

遊寶華小記

上元盛時泰仲交

萬歷戊寅三月前靳水令倪公甫邀予及歸安吳元兆爲棲霞之遊信信宿宿而講師徵節盛稱華山邀同淸柏往觀其孫新創圓通精舍山在句容縣自棲霞可三十餘里卽至所謂精舍者舍之上不數十步有庵曰白石僧聞予來具浴請宿夜寒多風幾雨而霽曉起與淸柏望山巓而步未數里至一庵曰囘龍

其地多流水新篁蒙密又饒藥草僧煮筍啜茶同行至出水庵由出水而上曰葡萄葡萄者蒲塘之訛也僧方寫經補衲築園伐樹以自給而坡傍一石特方正可坐予乃題三大字曰葡萄巖幷紀歲月姓名以出自此登巔路曲折可數百級方至有庵曰誌公其下里許大小洞六七處曰黃花僧言山之得名以此乃誌公悟道之處按傳誌公生東陽去此山不甚遠然洞地卑隘似不足以棲僧又言山前東謝西謝者乃誌公受記之家其族猶盛所生女多不茹葷則其或在此抑又有不可知者庵之上有茅茨僧古清居之清亦講師之孫設午飯爲供飯畢復之精舍薄暮同還棲霞再宿於寺而二十七日乃始還家嗚呼予嘉靖丁未始遊攝山聞人談華山之邃即有志遊之不果後買山大城大城二十里至湯水湯水即近華山謂可一遊也而不

知山之勢甚大湯水特山之西南隅爾由湯水入山由山至精舍各且十又餘里則是山誠不易遊而遊亦難遍今之遊止在山之西其他未至者尚多但山中可遊者雖多而其巔則以誌公菴爲勝巔又以洞爲勝洞之外長江在目煙樹杳靄望之令人有褰裳之想則是遊雖未至者三而所得亦已多矣

千家詩和引　　邑人　曹孝柔坤凝

張先生思灝公爲造化小兒所牢絡一觴一咏睥睨千古郎貌不踰中人而叩其藏蓄蓋錚錚有聲者不佞柔從先生後有日矣每望先生怡怡于于矢口下筆數千言立就吾容以詩名家者遇先生面赭汗流湧退三舍至千家詩和則猶在人口吻間不佞柔盥手披誦如登明堂入清廟聽黃鍾大雅之奏蛙吹蛩韻固宜失響乃千家詩各出一奇先生則如大將登壇虛虛實

實正正奇奇談笑指揮均之可以弭敵人之鋒而奪之氣良工眞苦心哉帷有青皇忘貴賤磁甌瓦鉢一般春何等識見也色即是空花上露無中生有耳邊風何等胸襟也生平自有看花者不在吾人夢想中何等安閒也便是草疏堪飽煖不須求馬自輕肥何等素位也雪裏漫論調鼎事暫於茆舍共芳樽何等抱負也封事一函無剩語章中字字盡葵花何等忠烈也隋珠和璧爛熳寸衷蜀錦越羅笥箱滿目不佞柔蹢躅愁城中詩魔未煉不識雞壇左右能餘一丸地令鯫生置足否嗟嗟不佞柔懦矣是何足以云先生哉尼父轍跡遍天下不獲一售始退刪詩書定禮訂樂贊周易修春秋萬古不長夜而萬世且爲宗矣先生學仲尼者也大抱宏積止欠蜚聲肉眼林林誰稱知己先生不得已而洩之吟弄倘所謂調羹未論暫共芳樽者耶不佞

柔質之先生先生啞然笑曰有是哉豐干饒舌旣而曰丈夫相知貴相知心子其引之不佞柔踧踖曰唯先生命萬歷庚寅孟秋吉日

文林郎雲南臨安府推官許公敏所行狀 元上許天敘

公諱堯咨字君疇別號敏所先世自大理公而下數傳至海一公海一生鎮二公鎮二生東三公東山生蓋齋公成進士歷官至少參卒祀鄉賢以戸部員外郎滿考贈父如其官蓋齋生蛟湖公積學弗仕拜儒官配夏氏孺人生二子伯毅所公先卒公其仲也初孺人妊公將娩若有雀鳴於牀下者三夕而公生舉家以爲異公生而穎秀不凡三四歲卽解句讀少參公見而奇之日書種子在是異日紹箕裘者必此兒也幼時多病少參公每與共飲食公舉止端重類老成人絕不好戲弄五歲出就外

傳日授數百言過目成誦方十齡時蛟湖暨毅所公同試南都公即能走筆作家報成尺牘十五出試補博士弟子員與毅所公共筆研攻文史夜以繼日祁寒暑而無閒丙子食廩餼是時陽山宋公撫江南駐句曲雅負文望搆華陽書院擇博士弟子有聲譽者肄業其中公之伯仲與焉大司空改亭丁公令句曲亦相器重是歲秋試不第二公深惜之己卯年甫二十一遂領鄉薦兩上春官乙酉冬居蛟湖公喪柴毀骨立悲號徹中外絕而復甦者數四丁亥少參公壽終繼襄大事復有婚嫁之累家日增落雖屢困公車志不稍衰戊戌夏孺人繼逝公哀毀一如喪蛟湖公讀禮之餘日下帷功苦作濟河焚舟計辛丑服闋赴京入闈試文宏博粹美咸期公大魁乃亦竟不售公投筆起曰與吾白首窮經何如宰一方得自監乎遂謁選得星子令星子

爲江右最瘠邑民貧訟減公行其所無事適有編審之役秉公稽覆清查田糧之詭寄丁夫之隱匿爲貧民開豁不失原額而戶口均吏胥不得上下其手星民大稱便謂二百年來未有者鄰邑之都昌咸願借公往會有二守署事遂不果嘗亢旱徒行烈日中禱畢甘雨如注一夕民舍火延及倉廒公具衣冠往拜未畢風忽旋賴以亡恙人謂至誠格天有劉江陵風他如革白役以清衙蠹慎徵收以省民財裁總書以防奸弊禁差票以除驛騷勤考課以勵士林飭鄉約以振風化寬積逋以蘇民困平衡量以袪宿弊諸所規畫鑿鑿可爲星子百世利者甚夥凡治星兩載撫字積勞道府皆署上考顧性木强不能曲事上官竟掛吏議識者皆爲稱屈比不及例鐫級降補公內自省無愆後直指史公按江右追論方伯某某子經南康公不爲禮因而中

傷事始得白云公不欲爲五斗折腰卽欲拂衣歸會鄉人之任都門者力爲勸止復需次燕台得補蜀幕以道遠不便攜家單車往焉至則不欲爲人代庖委署郡邑不就力請於堂乞一差歸乃檄治辦科場一切瑣務公必殫力以經營之觸暑往來心身勞瘁夙夜匪懈寢食俱忘行至夷陵遘疾幾死亟請骸骨會得轉臨安司理報而尋亦病愈遂從蜀至滇公理郡讞獄多所平反有疑獄久不能決者輒以片言折之靡不心服所伸理寃抑最多其大者如論沭揮使乳婦如法白李明經通夷寃獄滇人稱神明焉會阿克之亂全省震動當道以議勦飛檄召之星馳詣省至則檄公從軍紀功僅提兵六十名往時武定新破衙舍灰燼人煙幾絕公駐一古廟中風雨不蔽躬自臨戎督率驗首級戒毋妄殺遇虜掠婦女者立寘諸法卽召其家人歸之室

家相保者甚衆一夕方偕某州佐議事賊忽薄城火光燭天報賊且至軍中洶洶州佐逡巡欲遁去公正色斥之曰吾儕食君之祿當爲國討賊不則死而已將安之且賊之來爲子女金帛今空城彼何所利但爲我固守保無虞遂解衣酣寢達旦賊果不至人謂公不惟大節凜然卽膽識亦過人遠矣會有獻僞阿克首者公方持疑不決司道參兵俱趣公申報時督撫方涉議懼罪急欲奏功遂以大捷疏入而眞克固在也尋復猖獗直指以勘首虜功不實論司道暨公以脫已衆咸爲公危之乃聖天子仁明僅奪公三職報聞臨安士民倉皇如失慈母欷歔泣下者載道公怡然曰居官如傀儡場甯有不了之局無論奉先人遺體投荒萬里外今得返初服足矣惟是服官以來兢兢不失尺寸竟未得滿一考徼恩綸以光泉壤爲恨耳歸途賦詩有青

眼幾人憐失路黑頭此日遂懸車之句比抵家行李蕭然居鄉絶口不談時事偕髫年友六七人爲眞率會登山臨水日與盡歡於吳越諸名勝遊覽殆遍興至則爲詩歌紀之奚囊幾滿或請付剞劂則笑曰聊寄吾興耳何災木爲其謙退若此詩文清遠韶秀有陶韋風生平不知樗蒲無益之戲惟喜讀書晚年彌篤遇會心語輒錄出粘壁間四壁皆滿居恆清白自處不言阿堵里中有牙角者求爲居閒輒峻拒之無片刺入公府有司亦雅重敦請鄉飲者屢矣卒謝不往自公謁外罕識其面公本無疾丙辰夏忽患中滯歷四月愈而復作雖久病未嘗廢盥櫛易簀之際舉止無異平時疾革無一語及家事翛然而逝距生嘉靖戊午十二月二十二日卒於萬歷丙辰十二月十八日閱歲五十有九公配王氏大司徒克齋公子饒州別駕澤山公女生

子四長兆麒國子生室武叅軍横野公女繼室陳氏次兆麟邑庠生室武方伯秦川公女繼室王太保襄敏公子順州守懷公女次兆熊邑庠生室李太師文定公子山東運長納齋公女次兆羆邑庠生出嗣毅所公室某太學生玉壺公女女一適溧水庠生武光彝孫男九嶽甫嶽申嶽亂麒出嶽林嶽麓麟出林聘府學嵦巖趙君女嶽申聘溧水庠生調卿武君女嶽嵩嶽衡熊出嶽華嶽英羆出孫女四長字董方伯里蒙公孫某餘幼未字俱熊出公孝友仁厚本自天性事蛟湖公終身若孺子慕其事兄毅所公若父毅所公性剛直公每柔和下之事無鉅細悉聽兄爲政毫不敢自私至終身未嘗萌析箸之念尤所難也處室家相敬如賓白頭舉案撫諸子慈有義方居恆語子輩云若等功名富貴自有定數吾了無妄冀但敦睦不異前人即吾目可

瞑矣與人無疏戚少長悉輸誠相接人有緩急輒損貲賑之貸而不能償卽爲折劵好施之心自少至老無倦詩文若干卷未行於世可謂彬彬古之君子矣余與公弱冠同舉於鄉同薦上公車不售先後謁選先後謝病歸居則接壤旅則同舍四十年昆弟之誼稱篤至公今已矣不覺雪涕潸然其伯子以狀見屬某奚敢以不文辭因述其生平實行而詮次之以竢立言君子採擇焉奉直大夫知河南南陽府裕州事年宗弟天敘頓首謹狀

容山張君瑞鞠敘　　上元　朱之蕃　蘭嵎

水陸草木之花如芝房萁莢異於凡卉者多爲人瑞有開必先微直謝庭然也句曲高皇帝先湯沐間氣鬱勃當有畸人元輔石麓公以相業特聞其潛德未燿無如思冶張先生先生嗜古

篤行君子也長公充吾文學繼武膠序先生每讀書暇輒抱甕荷鋤翛然世外永矢弗諼尤好蒔𦺇每秋晚恍若身遊陶圃也壬寅九月有白本紫花之異詩詞以紀其事者甚繁余嘗按月令菊獨言黃者謂其金方仍土九月斗柄在戌又爲中央花得金土之正故百卉俱腓凌霜特秀較春和蘭蕙韻節更饒白本紫花稽之五行方色白則金之正色紫則劑南北而兼之和氣致祥其爲人瑞固矣先生以是年再舉一孫今年且十九矣亭亭秀出無遜謝家玉樹博學強記落筆驚人拾青紫應如拾芥異日和不流如菊之敷榮中不倚如菊之耐歲翊我明中興之運意斯人與意斯人與張氏之家瑞行爲國瑞菊實爲之兆云友生范光宸語余甚詳先生飡菊實已仙逝余不及一睹其爲人高山景行秉彝是好因述其概如此

坐月樓記

國朝張　元義臺

月則人所同有之月則坐亦人所同得之坐於以名斯樓不亦疏乎而是樓之月惟吾先人所獨有之月是樓之坐非吾後人所獨得之月矣月則是而人則非有感於中是以名斯樓爲月樓也況吾先人所有之月實秋之月吾後人所得坐之月遂并春與夏與冬之月人已非而月亦非愈有感於中是以名斯樓爲坐月樓也吾向者往來義臺未得久居是樓今以譜事與族兄質人朝斯夕斯歲且再更矣考孝祖之傳曰唐司戶公旣没塋於容山孝祖巨川廬墓近三十六年中秋夕陰晦惟墓道月色皎如兼以白鶴紫芝之祥當事疏聞勅旌義臺及今卽於樹義臺碑處立爲公祠而以孝祖爲主凡各支之共祖咸附焉故後人名其左側爲秋月館而是樓實當其後云樓之地稍平東

不懸窻三面山峯回環兆文赤甲諸山出西南隅隱隱有茅氏隱君子駕鶴參鸞於東南之側洮湖瀨陽諸水約可指其處惟山月之出入必經是樓而吾與質兄坐焉與諸尊俗坐焉春夏之月雍和秋冬之月嚴肅上弦下弦不勝圓缺之感天象有升沈人事有聚散惟吾先人之月獨有千古不與天道爲屈伸不因人事爲離合豈不偉歟先人往矣吾願後之登是樓者共慨然於先人之所以獨有是月卽憬然於後人所以不獨有是月且奮然於後人之亦可獨有是月焉知月無私照先人旣私之於己往後人不私之於將來也人與月常懸孫與祖常在則幸甚於是乎書

重修順治志序

邑人胡　岳五公

順治十有二年歲在乙未督學李公較士江左而修輯郡縣志

之儌下焉蓋統一區夏經紀輿圖紹周官外史掌四方之志小史掌邦國之志正經界徵文獻稽吏治觀民風務成一代信史以備萬禩監觀用副　新天子經紀睿慮加惠南國甚盛心也因首以其事屬之縣縣以其事屬之學學以其事屬之岳與同事江子五岳爰稽其時句容縣志修於先朝萬歷初年僂數之蓋六十年於兹矣是役也宗師敘首簡兩父師副之兩庠師又副之而岳謬膺編輯之任採摭經營幾一載餘幸成全書應以數言續貂儻所謂附驥尾而行益顯者耶竊惟句容在先朝稱漆沮舊地明太祖於此開天焉比　興朝而豫王之下江南也首取道句曲前歌後舞而入建康是句容又我　朝開天之邑且爲南省首邑甯可以無志又甯可以不首爲之志夫志者志也志若事也自班孟堅變司馬子長八書爲十志而志乃屬

史之列顧志不可以槩史而實備史之一端世或不乏史才而牽病於用才之過博而靡當藻而不情不足備監觀於來禩則用才者之過耳孔子曰質勝文則野文勝質則史又曰吾猶及史之闕文春秋之書夏五闕文也設文不闕而勝乎質則用才者烏得不任其過其甚焉者在援引先進往蹟若江左子弟矜門望則其過在牽飾若齊諧洞冥十洲則其過在譎詭若胡人見布而疑麻越人見罽而駭毳則其過在固陋若春秋事關門戶子弟私改則其過在畏嫌若千金市駿骨請從隗始則其過在標榜若二王當國羊公無悳則其過在私憾若司馬德操每言輒佳則其過在務爲渾厚若直不疑盜嫂第五倫撾婦翁則其過在聞聲吠影若諸葛豐之於堪猛前譽後毀則其過在中苦而言甘洵若是斯亦無庸貴志矣竊稽先代所傳身爲史官

具良史才而爲志其州若縣者若康悳涵之武功童士疇之沔陽郭美命之江夏允稱鼎足然武功沔陽非都會地自無庸它有所攀附江夏則自漢爲郡入明爲都會聲名文物千餘年不可勝紀而美命曰吾志縣耳縣之外吾弗志焉故甯任寂寥而不任廣肆若表傳之併爲志山川勝蹟之併爲方域秩官宦績之併爲官師世代沿革城隍公署坊里津梁壇宇寺觀之併爲營建侯王先民薦辟選舉潛德女貞藝事僊釋之不爲虛美洵卓有定識第藝文之槩不收也當不無遺議焉者從來忠孝不泯節義常新率藉紀傳以垂不朽萬世之倫常風化賴焉卽騷人墨客借景矢韻劖石流聲亦多令山川生色潛德發光類有禪巡方採風者之掇拾而固可槪抹不錄乎句容故南省首邑洵當以邑志之而不必溢於邑之外若郭美命之於江夏無事

比擬而攀飾焉斯得之矣於是詳核舊載而刪其緐蕪密訂今裁而補其缺略總其大凡計十有三而隨類分目之一切天文分野疆域形勝山川古蹟名宦鄉賢邱墓戶口賦役兵防其已經紀載已經品隲者或誇浮而靡當則務實或疏漏而遺佚則務詳或信耳而失真則務核或徇意而鮮公則務確諸凡昔缺而今補昔逸而今收昔無而今增設者罔不矢慎矢公咸正無缺焉用仰副宗師加惠地方之至意因以副　天子經紀輿圖之睿思縣學主者咸一乃心力共期成一代之書以俟異時編大一統志者之採摭天道六十年而一轉容志六十年而一修即今待後庶乎其無所苟焉亶識今時開天之邑與先朝若符節劵帝從此出王從此經可以一邑而首乎方域可以方域而從乎一邑所謂外史掌四方之志小史掌邦國之志正經界

徵文獻稽吏治觀民風務成一代信史以備萬禩監觀者意在斯乎意在斯乎因濡筆而識諸首簡之末至長男虞胥亦相與拮据從事者一載例得并書

重編茅山志序

邑人　笪重光　江上

或異余之山栖十載而誌是山也曰心之所之而結言焉之謂誌（誌字从㞢从心从言㞢古之字）子之先祖治鉛則誌鉛治汀則誌汀蓋心之其土地人民則不禁於其古今巨細咸結言而垂之也今吾子而誌茅山是心之於山林謂先人何余曰竊受於先祖而心之焉者易也廊廟山林其可典要耶向筮仕得噬嗑心之於爰書未當也迨觀民於豫章心庶幾獲所之已而大過遂歸憬然見艮止之象心乃之於山山之余近而可宗者莫如茅茅之山初名句曲靜鎮而有容曲折而空洞宣氣東南散生靈格非虛寂

而無用者可埒也昔茅三君得是山之理靜鎮以適身心有容以畜民物曲折以致精義空洞以妙衆籟變通幽贊煇光遐邇而山遂以茅名矣人鍾厥靈而安宅仁壽者有焉休休大度者有焉委蛇育德者有焉虛受敵應者有焉物感其精可服以繕性頤年者有焉是以心之於靜適之情者居之心之於容畜之德者往之心之於曲致之用者遊之心之於空妙之應者企之心之於服養之資者求之於是有福地洞天之謂矣古之君子先得我心者散誌於羣書其言雖略而句曲之形三茅之勝可循而考也寖假而滯乎物逐乎名競取人與境之浮華而詹詹是心之所之漸遠於山雖弋羣書之言而結之顧倫義支離錯雜衍複或後本而先末或漁僞而混眞或無涉形理而漫載或不殊名實而夈編記勝概若市儈之簿敘高眞及掛籍之流甚

且自躋於上清之品是心之於妄而言結於誣矣嗣是瑣委弇鄙日增弋於羣書者日譌舛剝落俾廣袤經距之形且不可問況成言之理哉竊爲山靈憾焉於是遐考遺文周陟山徑寫其靜鎮有容曲折空洞之形旣儼然若峙乃於配是山而贊其神者鍾是山而呈其才者景是山而脩其業者殖是山而結其靈者凡得是山一宗之理而可施於日用動靜者兼采而彙列焉若夫文繪乎是山偶寄乎是山者亦臚而附焉誣者鄙者刪焉秩之以倫而不收辨之以義而不協者正焉此余言山之略也而心之於山亦寓是已雖不能玩艮之占盡山之理動靜不失其時然心不敢妄有所之言不敢妄有所結聊因人境之偏而昭時止之義庶幾無軼於先世之易學也豈心之於虛寂而結無用之言也哉

祀田記

邑人張　芳鹿牀

華陽東郊四十里有獨行君子和宇朱公少馳神譽能貫百氏言既且不得志乃出其素所蘊積綜理家人業以故殖產稍裕生七子皆克自卓立諸孫并嶷然可觀而子若孫之列於黌宮者若干人食餼爲弟子之冠者二人公教子若孫以孝行爲本既析所植之產授其子而常以祖宗勞苦涕泣諄諭欲存祀田若干以祭於寢廟次嗣元祉君體公遺命勿敢忘擇田之美者二十畝地四畝奉春秋歲時之享而以俎豆之餘爲子孫膏火助元祉君之弟亮工從余遊及其姪第來雲章以其事祈予作記余嘗攷古者量民授田而報本反始之教卽寓乎其中故諸侯有藉田大夫有圭田皆在常祿之外而士無祭田則君子傷其卑賤至於民家夫授百畝計其所入必先享祀安侑而後及

於婦子饔飧賓朋牢醴之用余誦楚茨大田諸篇必於祭祀詳言之不誠重祭哉古人於田有定限其於祭田不得以意爲之而重祭如此今人於田無限其於祭田得以意爲之矣而余未見祭之重也拮据作家者田連阡陌以貽其後而不肖者或以爲畫船寶馬曼聲冶色之資閒有能者不過爲强豪併兼之業以誇大得志而或且侮及祖父爲無聞知嗚呼古今之盛衰夫人之賢不肖相去亦大槪可觀矣若和宇公之貽後元祉君之承先豈不進乎古哉祀田之設使其子若孫念田所由來而思祖父勤勞之苦使其子若孫念祭所由重而爲後人光大之漸書曰若稽田既勤敷菑惟其陳修爲厥疆畝和宇公教子若孫以孝行爲本宜其有元祉亮工爲之子而且有第來雲章爲之孫矣哉

南華經解序

張　芳　菊人

蓋自孔子没而微言絶七十子喪而大義乖堯桀之誹譽與儒墨之是非至今而未有以明也堯之譽以便愉人桀之誹以驕處士儒之是變而爲墨墨之是寖附於孔是四者以眩瞀天下之聰明與其議論雖有命世聖哲迭宣六經語孟以統一道術莫之能定孟子之世有蒙莊者獨著一書其言曰知止其所不知言止其所不言至矣苟爲明於不知之知不言之言而當世誹譽是非之情斯有所止吾獨惜莊與孟同時而不相知也當是時儒之嫡傳有子思子夏周之傳出於子夏之門人軻之傳出於子思之門人孟猶之嫡傳而莊其別傳也莊之書言孔氏七十子盛矣而不及孟孟辯楊墨未之及莊毋乃子輿率其徒以遊諸侯行類墨翟而莊周未嘗持其說以干列國守似楊朱

斯二子之所以不相知歟顧吾嘗平衡而論天下之言儒者衆矣儒以仁義正天下俗儒徒名其仁義而行之僞儒且利其仁義而竊之吾安知儒者之果不爲世禍也是故舜禹以後譽堯者非不衆也有所矯而爲伊周即有所竊而爲之噲爲莽操最下爲馮道而憸人之術工矣幽厲以降是儒者非不衆也有所持而爲孔孟即有所竊而爲楊墨爲荀韓最下爲殷浩王安石而處士之勢横矣至於處士勢横人心流極由是後世一變而競趨於空無之學空無曷可爲久道也惟蒙莊者獨與天地精神往來而不傲睨於萬物有以見儒者一宗蕭遠希微常行於人倫物則之際而孔孟之嫡傳宛然其未亡然則莊子之傳非別子固大宗也今所定著二十九篇非内非外非醨非雜亦有言亦無言亦可以有知知亦可以無知知注莊子者苟知無言

之言無知之知斯得之濠上矣而晉宋以來注家粘縛空有徒遠求之老釋而近失之漆園不亦悲乎茂公宣子好學深思探賾是書有年折衷諸家爲之箋解剗其蕭穊發其清微是書那復須注既妙悟於象先而得其解者旦暮遇之又豁如於言下譬則畫史盤礴庖丁奏刀又譬則龍宮寶網光界重重一爲無量無量爲一快矣哉不可以文句窮不可以智意盡也世之學者讀六經語孟深思而有得焉然後從而讀莊子之書苟讀莊子深思而有得焉然後從而讀宣子之解我知渙然冰釋怡然理順彼堯桀之誹譽儒墨之是非斯默然其自止矣是書之行其有功於孔孟甚大曷可少哉時康熙六十年歲次辛丑長至日書於青元觀

唐幼公玉屏戴先生詩序

邑人謝甯求泰

古人有以詩傳有不僅以詩傳者閒讀唐詩選輯諸本載㓜公遺編坊肆流傳歷久類多殘缺探其一二竊謂此仙品非食煙火人能道隻字復私恨未窺全豹心志殊不滿足會與先生後裔贊皇子善文禮諸君等往來勤懇因見譜其尊親重纂世系凡先生蘊其所有而吐之於中者多喜自放於山顛水涯愛蟲魚草木風雲鳥獸之狀類往往探其奇怪內有天機游衍自在之趣詩以傳神神以傳詩非雕琢金玉太璞不完其詞之發露也先生豈以詩傳耶先生通六經仁義之說精天人性命之奧舉貞元進士官撫州刺史多惠政作均水法民便之尋授容管經略使聲振夷落休兵革養天下以無事者益久遠德威之政並勒爵祿之報兩崇功業著竹帛而後超然於流俗塵埃之外既不肯酣豢於富貴而又詎蹈磊落不羈者之轍耶然而天性

高曠豁如也飲酒贈答嘗與孟冬野耿少府並李杜萬丈光焰高下其手以此盡其餘年及卒葬金沙南門外閱五百歲遭水衝決其墓值巡檢得其石碣自題摩崖其文記其身後遇災有歸我河東之語先生於數百年前早知數定於先不爽毫髮至今編入譜牒奇人奇事相傳於口者益熟先生固詩伯也而實詩仙也今若先生後裔濟濟多賢指不勝屈如余所素契贊皇等鄉黨所稱豪俊覩其筆墨馳騁文章贍逸之能類皆道揚祖德顯微闡幽不滅蘇氏之族譜引歐陽公之瀧岡阡表也而先生全集其精氣光怪陸離業已常自發見爲天下後世人文學士家主焉余媿一辭莫贊幸先生神游無極在天之靈爽悉收而寶之家乘不致棄擲埋没而有遺失之憾且得備悉其生平先生不以詩傳可先生卽以詩傳可時康熙五十三年歲次甲

午嘉平月

孝廉勉齋駱先生傳

溧陽狄　億立人

勉齋先生者唐初賓王後裔句邑鄉飲賓磐如駱公季子也其先世自義烏遷吳復自吳遷句曲數傳至鄉飲公行義文章稱善鄉國勉齋生而岐嶷得所學於張公鹿牀名冠諸生右居嘗悒悒同列多怪之勉齋喟然歎曰先天下之憂而憂後天下之樂而樂文正公為秀才時志此士既讀書懷古奈何猥瑣齷齪徒事呫嗶之末務乎因屏絕世事鍵闢長千半峯僧舍取古今聖賢之富寢食之學成應丁卯鄉試受知於侍講米紫來師同列者六十三人億亦與焉遂得晤於金陵邸舍其雄俊閎辨之槩迄今數十餘年猶栩栩在目也戊辰春公車北上時過寓舍為歡極厚當是時　文華殿學士太倉王公為侍講　太和殿

學士華亭王公爲司徒　武英殿學士崑山徐公爲中丞三公者當世偉人徐公尤擎知人鑑海内名士無不趨走其左右一經品題遂足摩九霄俯四海誇耀於後人余與勉齋以通家子弟例得進謁勉齋極蒙賞識退就子弟列處之淡如也蓋其學問之所從來遠矣就試歸益勵志經世之學陶情詩賦與余酬答往來者有年歲辛未余與王蒼石王徽士獲售勉齋以限於額數未第繼甲戌繼丁丑繼庚辰徐師魯徐道積張天門俱先後成進士勉齋屢以同考爭魁終遭點額至癸未公車已五試矣於是喟然歎曰大丈夫居仁由義不得行於國獨不可措之家乎且孔子不嘗稱曰惟孝友于兄弟施于有政也而又奚自僕僕者爲乃屏迹家居偕伯兄右赤仲兄子上叔兄子羽承歡磐如公側睦嫺任卹親黨咸被其德後十有餘年余黜而歸里

過句邑訪之見容庠奎閣高峙鄉之人曰勉齋修葺也試院門戶聿新鄉之人曰勉齋助貲也入其家規矩肅然而童僕稚子俱有自得之樂然後知其刑于之化果深且遠也　先皇帝臨御之五十六年　詔搜天下奇士未赴選者兩以才能徵未及應年六十有五以疾卒其四上公車也歲在庚辰山左旱民大饑男婦狼藉道路勉齋聞而憫之豫挾重貲往隨地捐輸活其饑餓之將斃者完其夫婦之散離者賑其幼穉之無告者比至都囊具蕭然而途路仳離遂賴以濟先是丙子秋大司馬張公試士句邑邑多山數有暴水患其年尤甚蛟起張公院署後漂没者數十里衆紳士悚慴會議倉皇無計勉齋毅然曰救災卹鄰在此時也何議乎捐重貲募救試士居民全活無算其屍無主者悉買棺殮是二事者人尤樂道之太史氏曰余讀洪範

傳曰人之有猷有爲有守皇則念之勉齋非其人乎當其年少登科淡於干進可謂有守矣及觀其救災拯難猷爲亦時見焉向使勉齋與世委蛇豈不足以早見於天下乃義不苟就甫膺
帝念遽爾疾攖才不見於世道不行於時也豈非命乎然回念六十三人中其幸而見知知而不適於用以故落落如余輩者則又何說而勉齋修於家貽於孫子行誼文章裕如也然則人欲急於仕進覆其餗而以負乘稱者以視勉齋其得失又當何如也

庶侯駱公暨德配王如人合傳　丹徒　歐陽荔

庶侯駱公諱思錫號天予聖友公冢子也生而簡重比長知書益以古人自期許步履端嚴言笑不苟人望而敬畏之抑抑威儀維德之隅公其庶幾乎爲舉子業吮毫濡墨皆循循有法度

又以餘力學爲詩歌裁僞體而規風雅同時唱和者罕能造其藩籬顧數奇不偶頻困於有司且以兩弟向在冲年不忍獨以家事貽父母憂遂棄舉業督童僕治田園爲孝養之需王孺人亦中饋修潔克相夫子得舅姑之歡心公方謂天倫之樂事無涯矣何圖行年三十有六遽嬰疾長逝聖友公亦以是鬱鬱成疾閱四月遂卽世自春徂夏孺人再遭大故亦至不幸矣當庶侯公將易簀時長君甫十二仲氏甫七齡俱侍側公指而謂孺人曰吾季弟乾行賢且智必能撫吾兒使成立但須卿善視之毋俾失所恃耳孺人泣對曰夫子卽不言妾得謝其責耶適乾行翁至公切囑之乾行翁敬諾孺人卽命二子泥首謝焉天予公既歿孺人事姑一如庶侯公事母端居閨閤嚬笑不苟未嘗有一疾言謔語待娣姒以和御侍婢以寬凡有家事及延師課

子成以諮於乾行翁外人亦以乾行翁故無敢蔑視孤兒寡婦者二子內則賴孺人之恩外則藉叔父之力砥行學文日見竿頭進步待調君屢躓童子試無怨色授徒鄉里閒敦紫君早游邑庠荔嘗與劇談者浹旬其於古今成敗得失瞭如指掌足徵夙學此皆孺人曁乾行翁有以成就之也乾行翁撫其猶子如已子誼甚高而孺人孀居幾五十年貞明執操卒能庇厥藐孤尤爲恆情所難古詩云瑤臺古冰雪爲妾作心肝死者儻復生剖與良人看若孺人者眞能冰霜其心死者復生生者不愧其言矣先是孺人年七十蒙　仁皇帝恩賜帛米邑令復旌以匾而顏之曰栢操松齡孺人之節雖未揚於史館而匾額煌煌已堪不朽茲歲乙卯敦素君佐其叔父纂修家乘余忘其固陋而爲之傳聊以申欽仰之忱且令駱氏後世子孫有所考焉

南華經解自序

邑人宣　穎茂公

嗚呼天地開闢以來世愈積而事愈增至於綢繆繁飾而無遺者皆非人之所能爲也大道之精蘊不至於暢發不止者也譬之果木由一仁而發兩荄由兩荄上達而千枝萬葉生焉此千枝萬葉豈非皆一仁之中之所全蘊而不發不止者乎特寓之於無而見之於有人自不克知耳夫世自鴻蒙以迄周盛則由根荄而枝葉畢具者也枝葉蔽芾不可復翦人胥悅其燦然其有世道之責者亦就燦然者相爲維持此聖人之不得已也夫聖人欲盡以精蘊示人勢必有所不能而先翦其枝葉則是率天下而獸也心尤有所不忍故姑就燦然者爲維持而以其精蘊俟之上智一貫之才而不敢輕爲示此聖人之體大而思深爲愛天下之至也後有上智之才出焉能自窺乎其精蘊窺之

而學未及聖人之大且深也則不復能有所俟於是日取而津津道之道之不已而筆爲之書而反側摹畫之此莊子所爲作也向使以莊子之才而得親炙孔子其領悟當不在顏子下而磨礲浸潤以渾融其筆鋒舌巧又惡知其出不違如愚之下哉不幸而聖人没微言絶百家並噪無異禽鳥鬬鳴莊子於是不能自禁而發爲高論綺言以删葉尋本披枝見心此又莊子之不得已也後人讀之乃得倘佯其駘蕩之姿浩瀚之勢空靈幻化殊詭清越之趣此則莊子之不幸而後人之幸也嗚呼莊子之文眞千古一人也少時讀史記謂其言汪洋自恣以適已及覽李太白集稱之曰南華老仙發天機於漆園予私心嚮往取而讀之茫然不測其端倪也乃旁搜名公宿儒之評註不下數十家而未嘗不茫然也即郭子元以此擅勝名家又未嘗不茫

然也則意子長太白所稱卽此茫然無端任意滑稽者是乎竊疑其必不然也吟諷之下漸有所解屛去諸本獨與相對則渙然釋然衆妙畢出尋之有故而瀉之無垠眞自恣也眞仙才也眞一派天機也乃知古今能讀莊子者惟子長太白耳諸家但摘其數句之工一字之巧遂謂能讀莊子甚且字句之閒大半强作解事譬之主人覿面而旁猜張李其支離可笑有不勝言者噫莊子之難讀如是乎予此本不敢於莊子有加但循其窾會細爲標解而不以我與焉庶幾莊子本來面目復見於天下不致覿面旁猜而已若其元風妙旨則鹿門茅氏嘗曰太史公於莊子之學未必知夫以太史公能賞其文尚未必知其學況於予乎然每一披卷文理旣暢神怡意適之際躍如有見則夫去聖旣遠而爲學人津筏有不可誣者夫莊子旣不避聖人罕

言之戒而於聖人之不欲𧶘者𧶘之聖人之不輕示者示之此莊子所以維末流之窮而一出於忍俊不禁一出於苦心致覺者也後世分別九流乃以異端目之予謂莊子之書與中庸相表裏特其言用處少而又多過於取快之文固所謂養之未至鋒芒透露惜不及親炙乎聖人者若具區馮氏謂爲佛氏之先驅嗚呼莊子豈佛氏之先驅哉康熙六十年仲秋月

朱亮工文稿敘　　宣　潁懋功

處邑里而欲郵致四方之業既有山川阻修之感而志行與文章又未必其遠近齊軌也曲山杭大江通吳會其爲聲氣所奔走者輶軒相屬而余邑諸子皆晏處環堵論交結契不越數十里而衿珮相接質難朝夕間至其敦尚古誼風雨不渝則余輩所盟之此心者也余與家昆季暨嚴子用求戴子霖生輩皆環

已山而處行相隨倡相和數十里之外不過數人自朱子亮工以經學倡始而同人翕然從之析疑賞奇抽思揣志以馳騁於古今之間師資一室有餘樂焉然當其空山寂寥寄興杯酒致慨於懷才未究而騷首問天不禁於邑唯亮工宕往不羈卓然以學行自信稍爲起色今亮工果首捷而余輩抑可用以相慰矣西漢兩夏侯治尚書兩疏治詩在沛兩唐在楚兩龔其講肄之處未嘗越鄉國而名動於天子公卿亦云盛哉迨其季三君之流聲名傾四海郭有道尤擅人倫之譽而黨錮之患不旋踵以是知舍鄉國而奔走天下者未必盡獲聲氣之益也亮工猶子第來雲章聲譽藉藉而志念自下同余輩於寒溪瘦石間抱遺經究終始斯其淵源遠矣獨亮工先得氣去可謂稽古之報而亮工猶爲諸子抱不遇之憾然亮工遲遲猶余輩遇今梓其藏

稿從諸子朝夕質難中發筐篋之書爲國門之字沈苦蒼深飛動渾脫搆體不一至其支蔓畢刪根極性命好道不倦素心永矢蓋亦有可接於篇章之外者余輩期亮工豈獨科名之冠哉

孔懷記

金壇　李　玉

人謂古今人不相及當其有之今亦不異於古所云以句曲朱泗山之與余爲師弟交也在年未及冠時凡四載復爲諸姪延致者五年後雖辭去然經歲雅相過從未甚至契闊也迄今囘首几席倏二十餘稔余既年老疲癃不堪指數泗山曩日年少亦絲絲兩鬢然不意此二十餘稔之中泗山遂歷盡艱辛備嘗荼苦至今責愈重而心彌瘁也泗山之見背於尊府君也年十九終天抱恨諸兄所同而泗山以方肄業別墅不及視湯藥尤痛是年爲乙酉鄉試解元公命垣隨諸兄肄別墅距家四十里公以六月下痢病劇兩腕殭戰猶手書誡諸子勿省視更囑

日斷勿令垣來我不日當强起迨泗山心動亟歸而公已不復語言矣踰年而靜山抱不起症養疴遷厲無常所泗山百事屏棄匍匐隨之每內熱腹痛躬承拊摩日夜不息長辭絕筆泗山寶而藏之每展卷輒慟壬辰何太君辭世哀毀彌至凡所以遵母命事諸兄者纖悉靡遺泗山乙未舉一子自以諸兄弟皆有子矣獨長兄未也堪寂寂以久待耶又不忍明言乃密勸余太君以景兄幼子鎰爲嗣體會入微類如此丁酉秀山取高魁芝山已先得背疾初發便有不可爲之象泗山曰吾長兄性情體格無不壽法患吾心有不盡耳遠近延醫百方圖救參藥必親煮洗濯必親勞每劑費十數金不顧泗山又素不信禱賽至此則茹素禮斗每夜衣冠拜祝似竟可以身代者病者痛苦不能進食泗山遍求珍異監視精造之預憂其不能食也含淚不可禁及承奉時則又歡顏可掬芝山覺其情亦强食之無何而兩人忽執

手涕泣泗山復强忍以勸進一日夜閒顏面都不知凡幾更也至十月廿五芝山卒不起泗山之目不交睫衣不解帶者已越四旬乃一慟幾絕焉既勉治喪事以每夜號泣披衣起坐家人驚覺當風凄月冷佳節良辰則設遺衣於坐悲號呼叫若顛若狂堂兄儀二知之深夜拉高年諸姪相勸諫曰情迫矣如弟之任大何且積勞之後而酸楚至此恐非所以善承先業也先是芝山病篤時秀山既以新舉孝廉事奔走不暇景山又適爲人許告羈省中故賓客填門而泗山辛苦更萬倍也喪畢卽治二兄北上事雖悲哀之中實發安妥故諸老實憐愛之已乃出兄窗藝與余商榷擇百篇付梓庶幾死而不死云余既習泗山久知其至性過人然亦不知其顛倒淋漓一至此也此阨既過秀山望再捷景山善理財泗山又每拔幟文壇吾方幸其意氣復

鼓舞也乃於甲辰遷居入城甫踰年而又罹景山之變時景山病以腹中氣痛初若迂緩旁人未之危也泗山遂若臨不測擠欲墜晝夜調護辛苦不異於前而危懼又過之矣且曰曩昔事或悮在任醫未當今則吾必不使有萬一之失也而終亦無救嗟乎泗山至此甯不悲哉前此儀二兄固曰弟任重宜自愛矣維泗山亦曰嫂之寡姪之孤身命兩集於我矣時鎰有小疾雖夜半常起視數四或勸使人往而益展轉臥不安今則環視周廬之內寡者孤者寡而病者孤而未立者幼未聘者將授室者當延師授業者姪女待嫁者僕婢傭作當譏察警策者無不舉而歸諸一人之身吾但約指其凡頭已岑岑痛也身其任者何以堪之泗山則一片精神所歸注者在勤於教姪雖百冗日必檢視其窗課一動靜一交接必防其流失而制以常規有不率

教者委曲開導之咨嗟聳動之至再至三不喻則垂涕撻之曰吾他日得見先人及汝父於地下者總視汝輩之成敗也可但已乎其懇惻如此故諸孤皆無父而有父茲吾聞其大嫂又下世焉鎰向以叔氏爲父今并以嬸氏爲母矣婦人能視姪爲子視側室子如已出內助趙女亦賢乎哉蓋泗山乙未所生子早逝今側室管氏乃舉丈夫子而樛屈下逮彌爲歡舞其他佐夫子以推恩廣愛者皆此類云泗山四十初度在丙午冬願以優人佐觴祝者徧姻婭也泗山曰是何言哉吾鮮民而既痛矣鶺鴒之慘連遭今又亡我景兄彼則偃臥棺中而吾笙歌是樂苟有人心當不出此聞者慘然後不得已爲清宴答賓然猶見其終席皆淚眼盈盈與燈光映也新例舉優行吾謂泗山其選也俄而邑令學博果交口推之將具文申送矣泗山蹙然曰此學

行兼優之選也吾何敢當且予上有寡嫂下有孤姪若以此北上將何所託不但已也吾前以諸先人喪未舉臥不安食不咽經營有年所乃使吾府君何太君大三兩兄獲一坏之安而桑太君余太君仍未有定所今景兄又在殯矣皆吾竭蹶不遑事也吾其能遠行乎哉遂力辭之知者謂其行益高而時會亦可惜云治家於田山典務四戶所需米鹽淩雜日用酬酢輕重皆簿記之清晰曰非好勞也不如此子孫無所考據為法守其御物寬惠而精神復能糾察故知人善任家衆無不凜凜而經紀任事人無不守法如初每事甯先時毋失時當行未行者皆筆之已行者削之故事無遺忽得古人粉盤圓木意也生平見義必爲聞善樂赴如直陳余學院誤召幕客興理明倫堂辛丑壬寅歲祲出所儲穀分給族黨爲本族高節婦吳節婦請邑主立

傳製額爲王門潘節婦請表建坊皆能獨舉其大卓然可紀玆又與族人纂修家乘承先啟後備極苦心葢又一盛舉焉吾固不難泗山之能爲諸事而難於當泗山之門戶冗應蝟毛而又肯爲諸事也然泗山靜如止水動若發機精敏自沈靜中出故遊刃有餘戊戌春忽訛傳寇至鄉城驚竄下隍居無人矣泗山恬不動祇令家人斂戶守次日晏然歸者見之有慚色有三儀二諸長者咸服焉謂有唐李石陳君賞之識度也年來煩且劇矣隙則一編在手故試則伸紙捷書無不前列人咸駭其繁冗之不退才思而不知其讀書無閒時也又虛懷好集益得一艮友輒傾倒見一佳文輒莊寫愛玩嘗自言好精潔愛整齊尋常入其書室中卷帙無一倒置戶牖皆無點塵也然與諸兄及余同試入寓所則讓高明爽塏處不居而自擇偏側卑陋之地去

之日必整齊其器皿拂拭几席如始至焉此又叔孫昭子之風亦世君子百行之一也泗山平生閱歷之大概如此吾之所見聞於泗山者如此嘗欲於古人中求之且擇善書者製一聯以犿其壁曰與兒孫好㨾留天地眞情作平等語耳至爲頌禱稱述之詞非吾所加於泗山也然吾有所惜於泗山者泗山具清曠絕俗之姿超妙入神之筆嘯歌觴咏是其素志今乃使之屑屑於持籌握算酬應凌雜雖撓之不濁超曠自存顧二三知己花辰月夕把臂賞心而隱隱眉睫閒別見一種傷人懷抱處此何爲者也然而泗山宜自愛也憶其先君曾告予曰是兒體弱多恙十一歲甫就塾仍伴余寢不甚望以讀書也然觀其作事頗有經緯成始終稍與講解古聖賢行事輒通曉大義則又不能不作遠大期矣故以垣名噫垣之爲垣所爲周廬環衞者其

責固如是乎抑大邦大師倚以爲維屏維翰者尙有在乎是爲
撮其大略曰孔懷記以見其滿腹精神八面受敵者皆自至性
中來也書二冊一以付吾子存觀摩一以貽其諸姪誌辛苦云
時雍正戊申之八月也

曹集芬贊　　　　　　　　　　　　　　　　邑人　王康佐安亭

曹以昇字其音號集芬邑廩膳生膺雍正乙卯正貢丙辰　恩
貢例選儒學教諭娶狄氏柔順節儉勤事舅姑赴湯蹈火所弗
辭嘗穢滌污所弗恤邑太史王康佐爲之贊曰集芬先生古貌
古心嗜欲則淺天機乃深出門同人不設城府傾吐肺肝足蹈
手舞家庭宗黨和煦爲春篤於孝友切於睦婣家無餘財告急
則應豈曰裒多惟意之稱不露圭角與物油油威利所在介不
與謀行任其天學探乎賾矻矻劬書劇於嗜炙文規先正詩寫

性情不雕不飾時俊知名賦詩課文死而後已易簀之晨輿不自止積學種德竟老其材明經皓首此志不灰緜緜繩繩後賢克類培之逾長俾昌而熾

高節婦傳

閩縣　施廷瓚　邑令

節婦高氏年十七適儒童朱之騮爲妻翁姑早逝氏二十二歲而夫遂亡生一子名兆瓚始三歲生女方週夫亡僅遺田四畝屋數椽家計蕭條零仃孤苦氏清心守節百折不回享年六十七歲以壽終其後瓚生一子不數年父子相繼而殂節婦竟至無後嗚呼天之報施節婦者將何在也恨不飛步太虛而問之雖然凡事必欲責報於天天固冥冥不可得而詰自古至今修身潔行之士宜膺厚眷享多福而窮餓以死子孫不獲蒙其庇者何可勝道士之爲善於鄉者亦卒不以禍福貳其心然則有

後與無後雖不爲節婦計焉可也惟是民不興行久矣　聖
天子更化維風命有司急求優異卓越一切義夫貞婦之行而
表彰之今是婦生死於窮山僻壤而又無後人以爲之請其不
至窮於天而復没於人者有幾乎是則可悼也然氏歸於朱朱
固大族其族孝廉公埴其弟垣皆端方正直樂善不倦士也每
述其事爲予言予欲轉請於　朝而未能姑爲之傳而旌以額
曰寒山片石使爲風敎準焉

贈華禮存往盱眙序　　袁延吉

余有華陽客有言華子禮存賢者曰華子少孤鞠於母氏華子
之事母也孝其爲人慷慨磊落喜與士君子遊客於盱眙時之
人莫不知有華子也余心識之辛已秋相遇於居停主人處道
殷勤通欵曲如舊相識既又邀余飲於其家至則賓朋濟濟列

座俱滿華子周旋揖讓惟恐不逮已而觥籌交錯座客皆靡華子油然灑然不僭儀度其言論丰采信有如曩所聞者華子之言曰吾少失怙賴有偏親奔走四方以奉晨夕數十年來閱人多幸不爲諸君子所棄其有懷才藝負幹濟者吾得而交之其有般拳周至和光拂塵者吾得而交之其有質直而任事患難不避者吾得而交之其有砥志廉隅然諾必信取與不苟者吾得而交之其有抱道德慕仁義急人之急賑人之窮者吾得而交之若夫脂韋淟涊標榜排擠此所謂齷齪之士非吾所敢知也余聞而異之嗟呼交道之敝也久矣今華子所交皆吾所傾慕而不可得者也所不欲交皆吾所去之若浼者也華子其信然乎持此術以往雖交滿天下可也然則曩者所聞猶未足以盡華子也會華子復遊盱眙將行屬余爲文以送之余聞古之

賢士行役於外作歌來諗不忘其親他日過都梁瞻大別登高望遠涉屺之思得毋悄然而生乎昔廬江毛義以孝行著於漢時而太和范滂以名節顯於世識者推論其母之賢今其故里猶在皆華子遊跡之所經也爲問其地有若義與滂其人者乎苟能得之則華子之交且自此益進矣遂書以贈其行

文學尙星瞻誄辭 有序

常州 楊偉

句曲文學尙祚奎字星瞻世居邑南之西地村幼勤於學渠尊人繡書公敎以舉業卽蔚然可觀然非志之所嗜兀坐一齋博參經史謂人當以實學爲重也識者知爲遠到之器弱冠而孤居喪葬祭無不如禮以哀毀過甚竟成積疴年十八而歿舉丈夫子一卒後甫生其夫人周氏奉姑敎子猶君志也以節孝聞乾隆四十二年旌表建坊懋錕周君佩豐其內弟也余與友善

嘗爲余言因私爲之誄辭曰伊君之生異質天挺維君之死情殷定省克纘前修愼而思永孝乎維孝百行斯整於戲哀哉人孰無生生無足幸人孰無死死無足歆婦也而節子也而孝其生固榮死尤罔罔於戲哀哉矧惟夫子深心名敎幼而岐嶷天資穎妙洽見博聞登堂入奥謂宜子孫永錫難老於戲哀哉川迅東流景遭北陸白楊蕭蕭青松鬱鬱穹昊難湛碑銘易剝藉此光塵載揚芳躅於戲哀哉

恆齋像贊　　邑人　駱存智介亭

恆齋二弟生平爲人精明渾厚予與諸昆季中素所推重其綜理家政井井有條而敎養諸姪俱各成立有非末俗所能及者猶憶三十年前予館紅薇閣時方其二兒亦爲恆齋弟訓誨諸姪每於課誦餘暇時相過從弟必爲設酒饌談笑竟夕如是者

三載後方其兄以病返攝山其身後事皆弟爲經理嗚呼亦足見敦睦之誼厚矣自是以往予旅食京口不獲常謀聚首然每念弟目疾家居猶辛勤教育心竊韙之今年夏因有潛山之行特來容城與諸弟別方冀握手言歡而恆齋弟已下世爲嗚咽者久之適見遺像宛然如睹生面因述其略而爲之贊曰古稱不朽立德立功克孝克友睦族敦宗矜孤恤寡施惠困窮予弟之德弈禩所崇子姪一視惟秉至公以育以教中養厥中如蘭之殖如玉之攻箕裘克紹爲冶爲弓予弟之功孰與比隆自我不見倏焉以終瞻言遺像實愴予衷爰述其概爲斯世風

乾隆戊申清和月中澣

中翰駱先生傳

閩 林光照 縣令

先生姓駱氏名琚字徵懷號藍谷世爲句容甲族曾祖祖代有

隱居父五修公篤孝友愛無閒推多取約儀式鄉黨母龔太安人慈儉戒殺終身茹素餘慶之符徵於先生而後信爲善之必有報也先生美鬚眉頎然玉立望而知爲偉人幼敏慧五修公奇愛之遇失意事輒呼先生侍側卽顧之而忘其憂吾閩鄭魚門先生督學江左號知人亟稱賞先生旣補博士弟子益刻苦爲詞章從邑劉先生讀書郭東精舍寒暑不輟劉先生文學冠通邑書法尤工先生事之誠敬迨劉先生旣歿先生亦謝舉子業策名　中朝矣猶歲時問遺朔旦令節必詣劉先生柩前拂塵四拜風雪嚴寒亦然數十年不變卒出槖金贊劉先生子卜吉壤而厝焉邑人至今以爲美談也先生於文不爲急言激論冲和醖雅其詞藹如詩宗香山劍南一唱三歎得風人溫柔敦厚之旨顧朋試必高等鎖闈試卽不售後督學某公以文行兼

優薦於朝旋邀　睿鑒　欽授內閣中書寓京邸無投刺掃門之事公餘唯閉戸賦詩而已一充會試同考卽乞假歸有留行者則謝曰不佞之來以吾親生前潛德未耀今荷　聖天子殊恩綸綍襃嘉榮施泉壤卽予小子志願畢矣宦海浮沈豈予之志哉聞者無不人人愧服先是薦紳先達雖解組猶通聲氣尙結納或用以牟榮利先生歸則於所讀書處搆小樓居之守吏就見率辭謝栽花種竹焚香宴坐不異諸生時未俗忘身徇外至於濡首滅頂或反笑先生爲硜硜而先生浩然自得也孝友純篤女兄一人早孀依倚孤甥皆賴先生成立顧性伉直策勵後進不憚苦口畏忌者稍稍引去先生無所介於心憂喜弗形於色終始如一轍敬宗收族宗祠去所居二十里而遙春秋祭奠必躬親未嘗以有故辭値歲歉捐穀贍族不浮慕高名而

人沾實德在官所積祿賜旋里即召通族分之敦忠錫類用意微遠猶歆然曰吾不能遍鄰里鄉黨矣臨財廉而不欲以已形物故辭受悉具微旨雖久與處莫能測其深有分內千金貯之以作公費駱氏自宋南渡遷石橋先塋在焉風水形勢繫乎橋者甚鉅先生捐修兩次復圮擬俟來春料工謀所以永固者先於長至日會族眾諗以生聚繁衍懼歲久難稽願撥所貯數百金擇賢能董編緝之役將俾譜成而橋亦舉夫此皆非先生一人之私也積金囊帛亦不獨於先生屈一指也是可以觀先生矣然先生又非戔戔私其族之人而已睦婣任卹慈惠周至悼外家中微音書通問不勝渭陽之情外祖父母暨舅氏窀穸多營自先生者里中寒士歲暮必有餽待以舉火者眾焉型家以禮與黃安人白首相莊內外井井子一人允觀邑庠生候補詹

事府主簿克繼先生志事孫三人正本正奇正宗咸醕謹稱其家子弟云論曰予承乏句邑獲交其賢士大夫私竊歎先生以爲不可及先生弟仵尊先生館予署介特少許可顧暇則爲予言先生且述族人之請丐予傳梗概以信異日夫予固願交先生而恐不得者也嘗因公事出東門見所謂覺夢樓者聳出於蒼煙翠樹之表即想像先生高致邈然在霄漢間今日寫仰止之懷浣風塵之慮是亦予之幸也夫

駱來亭公傳

江甯汪濬川石城

公姓駱氏諱鳳詔字丹書號來亭世句容之石橋人曾祖祖父累代積善詳載家乘公幼失母事繼母盡孝得其歡心同母兄弟四人異母又三人友愛無閒公物爲昆季取用卽千金勿問私物亦然性坦易遇無順逆安而忘之微特腥羶之境未或濡

足即分所自有亦不屑促促封殖曾祖由石橋遷河口父由河口遷會城逮公復歸石橋而家益落食指浩繁石橋山水阻深而公特喜靜坐爐煙茗椀終日怡怡以故租稅所入隨手告罄家徒壁立人不堪憂而公靜坐自若也少習舉業至老尤愛誦四唐詩歌聲常出金石閒暇課子爲抉摘時文利病絲髮不苟顧不爲疾言厲色三子亦循循奉教戶以內熏然成和氣生平不弋取虛名而周規折矩自無失德與人交有終始未嘗見人之過或設機械相欺紿公知之第微笑而事過輒忘每謂若於我固無他也究之欺紿之徒亦溺於一時之慣技已而天良觸發無不感公至誠推爲長者葢背面相語往往有太息至於泣下者洵可謂純篤之君子矣公體強少疾壬戌初春年七十有二忽謂家人曰吾今冬當謝世矣聞者駭愕然其時方無恙及

仲冬晦偶示疾越數日遂篤易簀之晨命扶掖起坐盥濯正衣冠顧視窗外日影曰吾逝當以申刻此尚非其時戒兒輩勿哭進粥啜茗揚揚如平昔果交申刻而歿公不尙禨祥不談命數每夕薄醉就枕魂魄安和亦無夢寐不知何以了然生死之際若此此非涵養冲粹志氣清和而能如是乎吾家與駱氏世姻吾婦爲公堂妹而吾伯姊歸公故知公特深伯姊賢明悉大義於家事尤能佐公不逮故公益得優游以遂其高云論曰吾媦黨中不乏馳驟風雲駿雄偉博之士來亭公僅繫籍國學粥粥若無所能而先君子亟稱之晚年卜築石橋欲相依以終老夫豈無見而然歟人莫不自負材力然身爲物役終不能有所覬乃並百年之內之得以自享者亦罔罔惛惛而坐失之則其性命之趣所與存者幾何哉莊生論逍遥遊笑二蟲何知至謂知

效一官者流自視亦若是而獨以乘天地御六氣遊無窮而惡乎待者爲極至是又豈夫人所知耶嗚乎若來亭公者其知之矣

藎臣曹君傳　　邑人　胡敬敷

余世居後沛與大村曹里居相望幼時聞父老稱其地有篤行君子曰曹君藎臣予心儀之稍長得見曹君其人如古栢喬松觥觥岳立知其碩德耆年見欽於鄉里久矣嗣君敬先以傳屬予予自維譾陋何足以闡揚君之大德顧君以鄉鄰重望予又與敬先莫逆交契然則以君之鴻聲令譽而不文之筆或藉君以傳亦予所私幸也謹按君諱忠字藎臣世居句邑之大村宋明及今代有顯達父惠行公生丈夫子四君其長也甫弱冠惠行公不祿君以家政殷繁遂棄儒業惟時三四兩弟尚在襁褓

君以一身肩重任上奉太孺人旁撫諸弟家庭之際恩義周至卒能眡意承旨以孝友著於鄉昆季間辭隆就窳潤寡分多次弟早世君撫孤姪如已出扶翼孀嫠以全名節二弟兩姪之所以能成立者君之力也嗟乎仁義不行鹿鳴興刺今之人往往於分析之際兄弟勃蹊者比比也聞君之義心清尚其亦知愧乎否耶君於善之所在如水赴壑趨人之急除苛解嬈凡所張弛一以禔躬澤物爲務以故鄉里懃服雖儇子戾夫靡不徹席側行師承父事古所稱陳仲弓王彥方可爲鄉鄰矜式者君其人乎君卒時年五十九娶王孺人能和順謙謹以相夫子子一人四旬外所生卽子友敬先也克勤克儉卒成鉅業抑强扶弱濟困持危仁義之聲動遠近德門多餘慶不洵然乎孫曾林立玉茁蘭芽行見光前烈而大門閭未可量也

贈望山先生說　　失名

余見望山子問之曰君之所望者何山也望山子曰吾始也以仇山面吾之前每出必瞻仰之見其春容秋色往來其上者不知其幾變朝晴暮陰濃淡其上者不知其幾遷冬風夏日淡涼其上者不知其幾易若將有擊目感心因物察則者敬遂以望山自謂而人遂以望山謂敬矣然而望其粗而未得其精也旣而升之盡其高入之盡其深觀之盡其微窮神剜鬼刻之功會天造地設之趣覷形雕色繪之妙又若有得心而忘象得意而忘言者敬遂以爲獨見此山而人莫知夫敬矣然而尙滯其形未究其蘊也久之而覺其變者一遷者定易者窮而鎭靜有常者獨露高者夷深者平微者化而重厚不遷者自如又若有山不在形而在所以形物不在外而在形乎外敬益以爲是山也

人所不見而敬所望而獨見之矣今則又若見其可以引伸可以類長變而通之覩五嶽於撮土神而化之消大塊於膩粉凡天下所有之山敬皆得而望見之矣或者如今而後假以歲月消吾渣滓黜吾聰明殆有山之與望同爲太虛形之與理會歸無極而可以呼牛應牛呼馬應馬矣余聞而歎曰善先生之望山其山之望先生也

漱芳樓詩集序　　如皋　石　渠

句邑地肺山爲三茅眞君得道地其勢蜿蜒磅礴秀甲東南產其地者多雄偉非常之士我師蕙山先生其傑出者也先生於今春署理如邑學博諸生循例往謁卽諄諄以敦行力學相懋勉雖年逾花甲而精神矍鑠與諸生商搉古今賞奇晰疑娓娓不倦如之士人咸恨得先生之晚猶憶先生下車時邑有兄弟

不相洽互訟學署者先生委曲開導動以至情至性其人感悟至於泣下先生旣早負文名而屢試南闈輒不售晚年始受知於硯農學使甫食餼卽援例入廣文人爭爲先生惜而先生樂天知命無幾微不豫暇則偕二三知己尋冒徵君名辟疆水繪園故址遊徐司馬壽峯園林覽勝賦詩灑然自得從遊者惟恐瓜期遽及也會余選同人詩鈔辱先生殷殷垂問越日枉顧比接見相視莫逆出所著漱芳樓詩集示余其詩不事塗飾耑寫性靈而軍戍憫荒諸作尤感慨淋漓藹然仁者之言溢於行間甚有裨於人心風俗余亟請付梓先生謙讓未遑爰擇其新舊近體若干首登諸集內非惟以片語昭示來玆亦以申絳帳春風之意云爾嘉慶年月　日

萬松丙舍記　句容縣治北三十里胄山下

上元馬沅湘帆

鎮茅州之巨邑冠花碌之羣峯爰有葆山實爲吉壤宮保制府方恪敏公以袁安訪葬之區兼杜預表營之地者也昔恪敏公力宣四岳心在一邱命種樹於京兆長阡擬詠茅於宜陽大道未覔北芒之檟時懷西靡之松故其山盤如馬樹化疑龍接三茆之仙都鬱萬松之勝境固已情隆枌檟愛永查梨矣然而歸思白首早慕東坡禮備黃腸方辭 北闕趙武之九原雖從先世謝公之一宅未傍佳城嘉慶十八年冬葆巖尚書葬吳太夫人於是山也免居廬於五月既準諸侯瞽守墓於三年藉伸遺令於是援既葬泥廬之制爲行喪墓次之居雖度巨先葬母之規實循晏子嗣先之意庶幾封樹向兎迯庚卽準慕田舍同居丙顏曰萬松丙舍命某曰先公志也爲我識之此雖揚雄家牒

已號祠塋安世祠堂亦鄰冢地未聞以構堂之作述爲邱墓之
瞻依傳爲美談靡得而議者矣抑尤有進焉者當尙書盧墓之
時值　朝廷軍旅之事　天子簡翰藩之重望撫首善之要
區蓋墨衰發命晉子策勳金革無嫌魯侯劾績爰以直隸總督
起公禮也且夫有邊事而行喪則忠衰田況遷吏部而奪禮則
孝薄山濤卽張華攝以參軍已嫌從利惟閔子絰而服事不異
無官公於是請赴顏行急呼門之義表辭領職伸未練之情斯
時也少別松嶠儼辭子舍卽持苫寢將入軍門蓋慷慨乎今情
難依同於本志矣豈知陳詞方入吉語先聞　天子念解宏
不以喪事辭軍謂富弼可以時乎終制遂有　絲綸之降並寬
弁冕之行然則非明公有權有節無以協變禮於折中非
聖主克類克明無以鑒誠願於望外彼蔡邕居場免馴其側夏

方守家虎擾其廬雖誼篤於天親非勢兼乎家國豈有遭遇殊施克全至行如我公今日者乎此其攀留風樹悽惻山庭益以感盛德於無窮非徒畢先生之宿志也伏思歌雙栢之廟則知同德之君臣紀三槐之堂則思濟美之父子古有作者今實兼之某輙不辭固陋略志始終庶紫芝白雀不侈楊炎廬畔之祥孝子忠臣如讀魯峻墓前之記云爾

王夷白先生傳　江甯周開麒石生

夷白先生者貴陽人名宿也其先世自省一公卜居句容爲句邑華胄越六世叔名公以謫戍入黔遂於黔家焉後嗣自璽公發解若嶙公及用賢公用臣公天爵公紹先公奉先公嘉賓公相繼登賢書者九人至十四世祚遠公登前明萬歷癸丑進士官至少宰王氏之在黔可謂盛矣及遭流賊之變族人盡罹於

難辛少宰公供職京師獲奉尊甫春野公一支仍歸句邑傳次至先生生而穎異早歲卽能文章工詞賦尤善書稍長奉母氏金太夫人命往黔省墓時已遴句庠焉抵黔後以祖籍在黔且爲累葉發祥之所復就試貴筑試輒冠軍補博士弟子員嗣以婚歸娶繆氏生子一無何抱漆園痛子亦繼殤太夫人仍念念不忘黔之廬墓復促先生歸黔先生依依不忍違侍太夫人曰人生忠孝耳汝兄弟三人長兄雖早逝汝仲兄頗能奉侍左右汝忍令黔之邱墓斷碣荒涼松楸冷落歟況黔本吾家故桑梓耳先生不忍重違慈命泣辭膝下復歸於黔先生學博行優黔人多從之游晚年掌教習安書院以經明行修課士一時黔之以科第顯者多出門下惟自爲時藝高古不諧於俗屢躓棘闈然其文終不可磨滅先生著有日記筆記夷白詩鈔病中瑣言

諸書後有耳先生之名而不獲見先生者觀此可窺見一斑矣抑聞之先生有古大儒風居家不苟言笑子婦皆秩然有禮洽家何其肅也先生每歲暮輒作十日遊偏覽黔中諸名勝山人古衲爭延之以求得書法爲幸先生何其暇也又嘗安硯貴筑縣崇明府幕中有錢某者少孤家貧欲擇主覓食先生異其行止熟詢之知其嘗讀書史能文章先生惻然使理舊業明府亦感先生高誼月給錢米贍其家後某果獲鄉薦補授河南偃師縣令先生之造就人才何其無方也夫乃歎先生之爲人固不當於富貴功名中求之而當於聖賢學問中遇之則先生不僅爲貴陽之山斗也先生伯仲今皆著籍句容大族王駱并峙擬朱陳焉開麒妻駱氏與王氏亦忝葭誼得悉先生本末先生諱履升並諱本立字卓如號夷白貴筑縣歲進士元配氏繆生子

一殤繼配氏許生子三長從穀筑庠生次從曾季從度孫一名德貞從度出筑庠生茲王氏纂修家乘德貞由黔南來具述先大父之行蹟於予與予向所竊聞而景慕之者不啻符節之合焉德貞請傳於予予因質言而爲之傳

皐亭駱公傳　周開麒

公諱鶴年字翔千號皐亭先世本素封公承先啟後齒德兼尊先伯父午堂公屬在葭莩之末仰公之丰儀誌公之行誼嘗向麒述之曰駱公皐亭秉性樸誠行端表正卓然古君子也麒心焉識之已巳歲麒忝附姪曾孫壻列公之生平行事復向岳父慰劬公求之爰知公之德行更僕難詳而其大端則孝友慈愛廉讓歷歷可稽焉公天性過人幼而溫凊之餘順承倍篤長而苫塊之次哭泣極哀厥後又以佳城逆卜悲痛時深憂傷之情

抑鬱成疾可不謂孝乎公行二長兄早逝季弟最幼惟公勤家
政廸前光善繼長兄之志曲體幼弟之心友恭之誼宗族鄉黨
無閒言無何季弟亦遭疾棄世公益深悲悼死喪之威兄弟孔
懷可不謂友乎至於志篤撫孤長兄之子保惠敎誨俾克成立
季弟之子亦情殷顧復慈愛有爲迨季弟之子弱冠早夭季弟
無後而長兄止有一子不能出繼親族中皆欲以公之次子立
爲嗣而公慨然曰於人情自合於我心不安不若以長兄之孫
立爲季弟之孫有以對長兄於地下而季弟之子有後卽季弟
亦不抱痛於九原矣厥後姪孫等皆能自立遂將家政分而爲
三姪孫等咸云罔極之恩無以報欲爲提莊田數十畝益公頤
養之資聊酬恩於萬一而公卻之不受廉讓有爲公生於康熙
丙申年卒於乾隆已酉年享壽七十有二德配王太孺人淑愼

徽音能職婦道生子二長晴原太伯岳次蔗田太伯岳聯翩庠序克振家聲生女四皆適巨族厥孫四人菊溪伯岳守愚伯岳欽哉叔岳聽泉叔岳德成名立親族皆器重之而且曾元競爽濟美一門公之業日以大家日以昌非公有盛德能垂裕於無窮以庇蔭其後嗣哉 麒不敏固陋之詞無足揄揚他日光大門閭表彰潛德當勒之貞石以垂不朽

處士雲臺駱公傳　邑人　笪立樞繩齋

處士雲臺駱公者予姊丈也幼孤事母以孝聞事兄撫弟皆友愛無間言性敦厚與人言吶吶若不出諸口雖僮僕亦無疾言遽色望而知爲長者幼習舉子業屢不得志於有司遂絕意進取自太翁舟楹公早逝家道中落及公更無長物公處之泊如也且其克己甚嚴無論分所不當得者介然不取卽分所應得

者亦未嘗少爭布衣疏食没齒竟無怨言嗚呼泌水衡門風人高致求之斯世未見其人乃公獨始終一節卓然不移非所謂安貧樂道不隕穫於貧賤者乎獨是福善禍淫者天道也乃天之報施善人若僅表白一二人以誘生人未死之心而旋卽不如人意是天之未可憑也如謂不獲報於其身必獲報於其子孫則公之無子又何說焉然而公雖無子嗣子卽子也吾將於其嗣子有厚望焉

駱晴嵐公傳

邑人朱淮

駱晴嵐公諱纘先字紹庭質性醕厚天姿英邁事尊甫賡菴公以孝聞與仲叔處友愛無閒少負經緯之才讀書觀大意不屑屑於章句之末常謂儒者以民物爲懷宜出其身爲世用奈何效估畢小儒於故紙中求生活哉乃棄舉子業援例貢入成均

就職兵部武選司主事時當强仕之年廉幹精明克稱其職當路咸器重之謂他日黼黻　朝廷必能丕煥鴻猷効　國家股肱之報行將以大用爲公卜乃公以殫心厥職夙夜勤勞竟得疾不瘳享年四十有九終於京邸官署奉　旨馳驛扶柩入城道傍觀者皆嘖嘖稱歎謂大丈夫勞於　王事得邀　曠典爲宗黨鄉閭光寵未嘗不以是爲公榮而懷抱濟世之略不克竟其施以歿設令天假之以年其所建樹當有不止於是者又未嘗不以是爲公惜也德配朱安人淮姑母也幼嫻閨訓歸公後相敬如賓事翁姑克盡婦道公赴任之初以忠勤相朂勉公歿後持家有法度訓誨諸子皆克成立性好施予聞有匱乏之者必周邺之族黨中胥蒙惠愛焉享壽八十有一孫曾繞膝含笑以終

竹溪駱先生傳

江甯　陳步瀛　勤齋

竹溪先生者句容之隱君子也徙自義烏凡三十餘世幼穎異至性孝友長嗜詩書尤敦實行年未冠失所怙恃依其祖謚如公左右就養無方務博公之歡心謚如公即世更依仲叔帝然公事之一如事謚如公禮帝然公深嘉之勉以進取曰爾爲博士弟子佳子弟也昌黎四舉艱於所遇曼卿一官何妨勉就且爾兄殿邦余亦勉其盡瘁王家兄弟連鑣我先人其含笑於九京乎先生愀然念兩先人未遂首坵不忍遠出因與伯兄梅村謀叔父春秋方盛兄曷不爲顯揚計若慮色養無人弟猶子也用是梅村先生謁選都門分符江右得以優游仕路者以先生代爲之子也迨梅村先生丁艱旋里暮年兄弟友于彌篤花晨月夕塤箎叶應終先生之世閱數十載未嘗一言析居事夫貧

窶之子相信無他或數世同居者有之至殷富之家爭多較寡薄俗不免先生席豐履厚兩世同居絕無閒言此非孝友不能也如相國高安朱公贈云煙火神仙千日酒草茅富貴百城書多君不襲張家忍孝友根心積慶餘豈虛譽哉且其孝行又有可紀者右超公慕范氏義莊之舉志焉未逮先生繼其志捐義田入祠以賙宗黨每春祭即用所出百世烝嘗永永勿替范氏以義稱先生則兼以孝成矣北平黃君監司茲土訪羅舊德梓之邑志有自來矣至若倡修文廟尤爲學校功臣他如育嬰施櫬憫孤恤貧力所能爲自幼至老亹亹不倦此則宅心仁厚懿行之昭昭人耳目者也夫以先生之德之才拜爵於朝其所敷布甯能量其所至乃隱而不仕僅僅一明經進士終其身吾故曰句容之隱君子也先生諱殿颺字基譽竹溪其別號云論曰

士有百行孝友爲先余與駱氏誼屬姻婭昔館於其家課我諸甥即先生之孫備聞遺事余珥筆藝林顯微闡幽又其專責如先生者其亦可以風矣

駱芷坪公傳　　江甯　鄧廷楨嶰筠

公諱錫堂字藹庭號魚山一號芷坪學山公仲子也爲人寬厚和平喜怒不形無疾言遽色尤篤於孝友乾隆甲申學山公卒時公年尚幼適抱病强起侍左右日夜號泣幾不欲生弱冠後從名宿湯夢橋先生遊篤志力學爲文稟經酌雅尤工於詩賦受知於督學使者景介岡先生與胞弟茗柯堂弟紫封兩公同列膠庠爲邑中知名士因母汪太孺人體弱多病親侍湯藥寢食俱廢遂棄舉子業專究心於岐黃之學甲辰太孺人病革每夜必往青元觀籲天醮斗祈以身代其居喪哀毁骨立無異於

喪考時也太孺人既歿與同懷兄弟四人同居相愛數十年如一日不得已析箸猶依依欲泣鄉黨以爲田姜之風於兹再見焉公性仁愛好施濟丙午歲闔境疫癘大行求治者踵接公不憚風雨寒暑奔走調劑日無甯晷遇貧者必周以藥餌之資並合辟瘟丹以應暮夜之求邑中賴以起死而回生者不可勝計嘉慶甲戌又值旱且疫東平于君稽山來宰句邑重公品誼兼慕公術延入署内胗治之暇諮以救荒良策公勸其急糶官米以平市價禁暴安良詳請蠲賑査賑則逐戶驗名胥吏無侵漁之弊給賑則以銀易錢饑民免剝削之憂于君善其言而行之是歲災重於鄰邑而民沾實惠無道殣之傷者皆公勸贊之力也然則公雖未嘗拜爵於　朝出膺民社以大展其設施而父母之邦賴以生全安輯隂受其福而不知者豈淺鮮哉公享年

七十有六德配歐陽孺人爲潤州右族稟承家教克儉克勤並以賢孝著享年六十有六生子四錫麒化麒以讀書世其家瑞麒重彝出繼胞弟堂弟爲嗣諸孫林立嶄然見頭角者已黌序有聲人咸謂公厚德之報正未有艾云論曰余與公忝屬姻婭聞公易簀前一夕夢身化爲白鶴冲霄而去故自作挽聯有云已了前因此去願爲三島鶴之句因事涉夢幻未便摭入傳中然公抱恙時談笑不異平昔絕無呻吟哀苦狀非夙根清淨學養兼優焉能若此且聖賢仁民愛物道家亦以利民濟物爲功公秉孝友之性婆世以心活人於手殆所謂神仙而儒術者與

節孝王母駱孺人傳

江都　史致儼

節母駱孺人中翰琚公之第三女詹事允觀之妹也幼承家訓習詩書識大義年十八歸王氏乾隆辛酉副車道復公之長子

太學生壽南壽南賦性聰穎稟質孱弱以下帷攻苦得疾不瘳越一載而歿孺人號泣呼天誓與同穴繼念奉侍孀姑仲叔皆未成立乃節哀進饘粥勉承堂上歡道復公三子長壽南次理問斗南次海州學正吉士斗南亦娶駱氏即孺人從堂妹也孺人與妹晨昏定省於姑前姑撫其妹而言願汝早生子俾我孀居孝媳有嗣也及斗南生次子汝恂未彌月而繼嗣焉恂幼多疾孺人多方調護珍愛綦篤年八齡生父教讀施夏楚孺人於屏後聞之掩泣心痛之而未肯乞恕以免其責也其望子成立之心可謂愛而知勞者矣以視古之和丸畫荻何多讓與孺人自失所天終身茹素釵珥不飾和於娣姒御下以寬事姑謝太安人極孝姑年逾六旬得偏枯之疾孺人朝夕扶持親奉湯藥歷三載無倦容每逢月之七日禮斗默禱願以身代及太安人

卽世孺人哀毁過節由此抱恙亦鬱鬱以終是誠情之眞性之摯孝之篤者乎迨其子汝恂補弟子員據四十三年苦節呈請旌表荷蒙　恩獎給清標彤管匾額崇祀節孝祠孺人茹冰蘗於生前饗馨香於身後其食報豈偶然哉儼與學正藹亭夫子有師生誼藹亭司鐸江都儼固門下士也今年秋儼乞假旋里汝恂世長因家修族譜述其先孺人之節乞余爲之傳余與世長通家世交知之甚悉爰序其大略而表揚之道光九年歲在己丑仲秋仲澣之吉

蔬香齋遺稿序

邑人 裴 鑑 靜涵

國初紀伯紫先生以詩名江左與新城尙書往來唱和感舊集選載諸篇膾炙人口至先生所著之檗堂集詩家奉爲圭臬固已久矣卽追而溯諸梁之少瑜唐之唐夫吾知其弗多讓也紀

君竹伍爲伯紫先生族孫性穎敏於學無不貫通而善自韜晦卽與之交者率不知其能詩或山水流連友朋贈答偶一成詠時之以詩鳴者罔不爲之壓倒而讓伏焉余嘗與語曰子殆蓄實希聲故秘其奇以玩世歟抑不欲炫雅矜奇以詩自見歟竹伍第笑而不語有所作輒隨手散佚不自存稿余索之再始檢得七十餘篇受而讀之或則吐言天拔興象深微或則沈博絕麗議論飈舉上溯漢魏六朝近則有明七子體格無不具備不必有意求合於古人而自無不合始歎其胎息者深而非鹵莽淺嘗者所可同日語也雖然是固有性情焉而又非徒寢饋於篇什者之所能得也夫紫伯先生以詩鳴而其名著竹伍不以詩名而其詩工家學相承其亦淵源有自矣余特爲之序以質諸世之知竹伍者當必不以余言爲謬也

文學王殖庭傳略

邑人　駱燕貽

殖庭王公諱塏字旋百文學卓齋公冢嗣也天性純篤穎悟過人弱冠補弟子員讀書敦行外無他嗜好其祗服兩尊人能以色養兼能以善養而友愛仲弟尤屬輕利重義怡怡然無些子間言誠古君子人與公世業素封而居身清樸不尙浮飾至任卹睦姻則又好行其德無少吝惜嘉慶甲戌歲大祲公解囊捐重金爲倡首偕邑紳耆籌畫賑濟之方所全活者不可數計其尤有功於句邑者邑之西郊舊有三台閣建自前明爲興起文風之兆傾廢已百餘年矣前輩屢議重建卒以工程浩繁中沮公獨倡首捐金毅然以興復自任協同志四出募捐督成巨舉於是登甲榜入詞館者有人爲數十年所僅見公之培植而肇造之者厥功偉矣他如書院之設則獨捐几案以供肄業其曲

成從學而誘掖將來者至深且遠矣若持己以恭接人以禮容無失色口無失言非又公之爲坊爲表足爲鄉人士所矜式者與公享壽五十有九嗣君應鏐克荷家傳英年入泮恂恂有儒者之度公爲予從姑丈應鏐嘗受業於予己丑春伊族議修宗譜應鏐謹述公之槩囑予爲之傳予忝附姻婭之末未敢以不文辭論曰士君子處則觀其有守出則觀其有爲而不盡也公抱經世之略伏處而不出雖未顯於當世而蹟其生平所創建皆大有造於一邑者異日者當載之邑乘以垂不朽爲邑人士所觀法則紀其實以備採錄者固家乘所不可不詳也嗚呼如公之有守而有爲求之今世亦曷可多覯也哉道光九年歲在己丑仲秋仲澣之吉

文學鴻軒王公傳略

邑人駱重恒芷餘

今有蒼顏鶴髮黃耇駘背之叟則莫不欽而奉之其貌古也今
有道先朝之掌故述高曾之規矩則莫不敬而聽之其言古也
況卓然有古君子之行者乎所稱爲古君子者敦本於倫常之
地飭躬於鄉黨之閒其品方正而不阿其言伉直而無隱求之
近世往往難之今於鴻軒王公見之矣公諱堦字步庭文學卓
齋公之次子殖庭公之仲弟也公事父以孝聞事兄以弟聞持
家以禮御下有法平居爲子姪輩述先人之訓諄諄誨迪稍有
過舉必督責無少貸賦性伉爽接物以誠篤交遊重然諾盡朋
友切偲之義見善則喜有過必規以故老成碩德重其誼而樂
與之遊後進之士薰其德而善良者蓋不乏人焉公讀書得大
意少入邑庠不屑屑於章句記誦之學擴聖賢成己成物之量
以培植人材爲己任吾邑舊有華陽書院傾廢已久自邑侯重

建公偕邑人士籌畫獎賞之需悉心經理規條盡善自是肄業者甚眾士之爭自琢磨而蒸蒸日上者皆公之鼓舞而振起之也嗚呼世之依違徇俗者曾不足齒數而繩趨尺步斤斤自守之士又不足與有爲如公之古道照人而生平之事業毅然可見諸設施者豈多覯哉公享年六十子三人皆承公之訓克閑於法度者恆忝姻婭之末夙慕公之行誼今因王氏修族譜謹序其略而爲之傳曾不足盡公之萬一云

伯祖介亭公傳

駱重恆

伯祖介亭公諱存智字縝齋幼聰慧讀書過目輒了了年未弱冠自十三經外旁涉子史無不朗朗成誦文根柢於漢魏及唐宋八大家時藝溯源於歸胡下迄方儲諸名手得其髓而不襲其貌別出之以安和恬雅之音詩賦歌詞罔不有律度入泮後

試輒前列文山公其同堂弟也與之肄業鍾山書院見器於尹望山相國及院長楊文叔周石帆兩先生聲振白下一時籍籍必稱華陽二駱追遊學京江廣陵知名之士莫不望風傾想以一見顏色爲幸歸授經於紅薇閣邑之翹楚及族之俊秀皆出其門下恆幼習童子業卽耳公名竊心豔之後入棘闈於大江南北之士咸稱貴族中有介亭先生者此道中巨手也公屢困矮屋以名經秉鐸潛山壽近八旬登乾隆己酉科鄉魁庚戌欽賜翰林院檢討論者以是爲公榮謂公一生積學獲報於垂暮之年而恆謂不然聖門賢如顏子猶不幸短命公亦幸而得壽設早歿於十數年以前安知不以明經終老公卽不售亦無損於公且區區一科名又何足爲公重夫爭利者於市爭名者於朝讀書欲上進不過思顯名於當時耳討公之躓於場屋也

凡十數次此十數次之中列名金榜者以萬人計迄今震人耳目有可稱道者未易一二數而公之名猶著於大江南北閒假令公早掇巍科而名不傳於身後以彼易此當亦公所不願古之人謂造物忌名則知天之所以報公者在此不在彼也

學箴六首并序　震澤張履教諭

蒙自授句容教事浹月於茲矣諸生來見者皆恂恂有循謹之風顧卒數語而退叩其所學則逡巡不言豈謙讓弗自居與抑講習此者或少也夫身爲師長而不能恢宏道術導揚斯文爲國家成樂育之化者校官之陋也安於簡略致吾邑文物閒而弗光無能與他邦爭衡亦爾有多士之恥也爰不揣固鄙采擇昔賢遺恉爲學箴六惟諸生共觀省焉語曰以身教者從以言教者訟蒙豈欲爲此喋喋哉誠有不能自已云爾諸生其有

意乎其箴曰
先哲有言志存高遠躋聖軼賢夫孰能限奈何吾徒而安卑近
淹忽此生草木同盡試念及之蹶然而興絶潢是棄道岸斯登
何窮何通何得何喪獨有千秋斯志必抗
右伉志
天之賦命乃在汝心厥心不心匪人而禽所以君子植心爲本
心亦多端邪正是辨胸中誠正泰然天地苟或懷邪俯怍仰愧
惟邪惟正所動在幾凜之於此危乎其危
右植心
士之守身如在室子苟有疵瑕見棄鄉里又如趙璧庭設九賓
一朝失手屏而弗陳世士不悟苟且其爲及其既敗雖悔何追
厲爾介節復爾明性粹然瑩然是曰砥行

右砥行

聖人之道備於六經不稽於經譬彼冥行稽經之要實事求是門戸不分爭端奚起惟經惟子惟史惟集循序致精道不欲雜逮其久之原流畢貫盛德大業爲羣儒冠

右稽經

坐譚理高行之事闕儒效迂疏曷以宰物在昔聖門兵農禮樂因時之用具於風俗亦有湖州治事名齋濟濟諸子爲國儲材所願英賢時務之練勿以豫章而同樗散

右練務

號爲文人恐藝是囿不能屬文亦儒之陋文有能事取經貴多元本經術鎔式百家以陳大法以闡要義是乃至文載道之器歎彼八代總雜而卑不有韓子孰起其衰

右屬文

華陽學舍講經會序

張　履　淵甫

夫學之不講聖人所憂博士倚席不講前史所歎漢時講經之書存於今者可考已隋之文中子講道河汾一時名臣碩輔多出其門學者稱盛焉自唐迄五季之亂闃焉無聞迨宋濂洛諸大儒出闡天人明性道已抉發閫奧以示人沿及明季幾於人擁臯比家設壇坫遂至門戶立而攀附多涇渭分而嫌釁起然革命之際其捐軀報國者多當年講會中人而論者乃謂明社之亡由於講學豈不謬哉　國初諸老講會未息而亭林顧氏獨治經濟考證不爲講師自考證之途開學者祖許鄭宗孔賈以漢學相高就其善者確能推究遺經有當於實事求是之旨及陋者爲之則攈摭細微勦襲陳說以炫其博而已然一二爲

宋學者猶率爲所掩稠人廣坐之中往往不能一發其口而講道之風由是遂絶要而論之學必宗經求義理於宋求考證於漢此不易之方也談義理者多空虛攻攷證者涉煩碎此偏詣之失也以義理爲主而本於躬行心得以攷證爲輔而治其典禮之大則精麤貫而道器一矣義理無窮精於宋而尙有未發之蘊攷證至難極於今而猶多未定之說非得好學深思之士互相推勘曷以得所至當哉今約與諸生五日一會以講明經訓務集漢宋儒之長不苟爲門戶同異庶於修身經世之道有所依據云

釋爭

張履

凡物有欲則必爭鳥以啄獸以噬蚑行蠕動之屬相持相挈民之有欲甚於物其並有爭心也亦奚怪雖然此凡民耳豈不在士

士之所爭志行學問與一世爭與千載爭其爭也反求諸其身而已不此之務而譊譊屑屑乃或出於錐刀之末觴豆之微烏乎由光薄天下夷齊輕千乘降至後世猶朝有讓爵家有推産而今日士之所爭乃爾不誠陋與夫陋非獨士之過也教官之咎也終歲尸祿素餐未嘗一爲諸士明廉隅講禮讓俾士至於此士縱不自恥教官能無恥乎抑爲之明廉隅講禮讓而德未孚於士士亦若不聞教官之恥不滋甚乎聞之古息爭之道有使人望廬而還者有以田解其忿者有爲說易訟卦之義者今教官不德既不能使不言而喻又恐言之不從惟自引恥以釋之作釋爭

蠶桑要法序　張履

凡種植之宜視乎土宜桑則無不宜禹貢之言桑如兖如青而

徐揚荆豫貢篚所充皆非蠶桑不辨其不見者惟冀梁雍三州攷之於詩唐魏在冀豳周秦在雍其地皆宜桑豳風其尤著也夫冀以帝都不言貢雍有蠶桑之饒而貢不以其物豈非其利自周家開之而前此則未有興後世史傳所稱循吏如龔遂之於渤海黃霸之於潁川茨充之於桂陽張堪之於漁陽王景之於廬江無不勸課蠶桑爲民興利句容揚地也其鄰縣如溧陽上元育蠶之盛幾與浙中吳下等獨玆邑民多惰窳婦女習於游觀荒原曠土往往而是而不知所用余方以爲念會海城劉侯以名進士來令於斯銳意更化謂民生之匱乏非有以裕之則教無所施也特手錄種桑養蠶法以示余余以蠶桑之法元司農農桑輯要詳矣而蠶桑雜記一卷爲德清陳白雲先生所以課合肥者事由親歷爲說簡明因取以貽侯而侯復屬余重

加編次俾覽者易知乃即事之先後分合移置節附侯所録數條爲種桑之法九養蠶之法二十一總名爲蠶桑要法以復於侯梓而行之嗚呼愚民可與樂成難與圖始行之以果力要之以久道使他日徵土宜者謂句容之有蠶桑自劉侯始也是則邑民之大幸也夫

捕蝗記　張履

道光十有七年夏句容東北二鄉蝗蟲滋生初細如蠅已能躍邑令劉侯與余迭赴鄉勘視令郡民撲之不盡或謂蝗生於旱得雨可滅侯即結壇以禱久之乃雨又連日大雨如注而蝗日繁衍向之能躍者且長翅而飛方未得雨時侯已捐廉以倡又集鹽典商勸助錢數百緡先召各圖糧長人給錢數緡俾之購捕旋議令民應輸平糧一斗者出錢二十能捕蝗二斤者免若

所捕贏於令則官論斤給錢至是遂於北鄉之倉頭鎮東鄉之陳武莊各設公局兩校官主之又於城中設一局典史主之而侯與丞往來巡視時余主東鄉局襄事者爲陳生輔懷珍熉裔生光祖先衆鑒置一大鑊有以蝗至則煮而埋之東鄉民素刁悍或抗不應令或取已埋之蝗以充數臭穢不可嚮邇又或囊其蝗攙以泥土發而視之則蝗亂飛躍不可捕余乃或訶之或拘而罰之其如令者嘉獎之計二十餘日凡收蝗幾六萬斤合諸北鄉及城中二局所收約十餘萬斤而句容之蝗盡矣余觀前史備載蝗患其甚也至羣飛蔽天草木皆盡今句容之蝗賴劉侯以滅詎非斯民之幸與而刁悍之民猶復爾爲有司者不其難與先是去秋飛蝗過境不害稼獨遺子而去侯初至卽捐廉俸錢七百緡於龍潭司及余學署設局收買蝗子至一百餘

石今夏蝗猶繁衍如此向使留此一百餘石之蝗子於土至今化而爲蝗其爲禍可勝道哉然則劉侯買蝗子之功視捕蝗爲尤鉅余既欲鄉民不忘劉侯之功而襄事諸生之不辭勞瘁功亦不可没且欲後來者之有所法也遂爲之記

記李步墀死賊事

上元梅曾亮伯言

道光二十七年十月湖南賊起新甯擾廣西界巡撫鄭公檄守備李君往覘賊至麻溪口時賊已連土賊據西延勢張甚而君卒僅三百人或曰君奉檄覘賊耳宜視可否進退君不顧進戰死君所殺賊獨多賊創君殊甚未幾官軍合賊平而君卒三百人竟無脱死者鄭公爲詩哭之甚痛嗚乎小敵之堅大敵之禽也使鄭公知君必能死償節者必多與軍或使合他軍進必不死且殲賊而以英烈之夫爲鼠子餌也此鄭公所以爲悲傷太

息者也君名廷揚字步墀句容人先以武進士官提塘京師余與同郡數喜過之獨見其重然諾恤貧交守身廉儉而已安知其終若此哉悲夫悲夫賢豪不遇事而能見者乃自古難之矣

祭李步墀文

邑人唐　治魯泉

大淸道光二十有八年歲次戊申正月二十四日署桐城縣知縣唐治謹具楮帛酒脯哭奠亡友廣西桂林營守備李君步墀於棕陽江上曰烏乎步墀而竟然耶爾能然吾何悲爾爲國家出死力殺賊轉鬭溪峒被重創以死爾獲死所爾死而所屬與俱死忠魂烈魄爲大兵先驅使羣賊如狐兔嚎竄卒就殲滅事聞　天子與祠祀一時忠義奮厲而臨難蹙縮幸免者咸愧死也爾功在粤西而風起天下爾能然吾何悲吾之所悲者兩人生同里常相過從於京師十餘年間若相知若不相知而相

責之深相期之厚乃遲至兩人之官分襼時也甲辰之春君以提塘官報滿待選守備吾亦以大挑用知縣知縣親民守備親兵今之兵不可治而民不可得而卹也君毅然曰吾輩勉爲之命乳者奉周晬兒置余膝曰以是爲君壻余諾其秋余來皖需次君以次年赴桂林守備任道過皖謂余曰守備官祿薄不能贍妻孥畜僕從大兒保齡年十四攜往令習勞營卒見吾課子嚴當易練語次詢余忠宣殉難始末即往謁其墓讀其碑俯而泣仰而笑酒半論時事余曰時事苦積重吾輩居下位當於循分中去弊之太甚者耳毋激也君遽起立大聲曰事按時勢辦人可按時勢做乎目努出張短鬚如戟指狀余僕辟易手酒盞墮地此乙巳正月十九日事也今幾日耳爾顔色在吾目聲音在吾耳而爾已完此生以去余猶以土木雕塑之身靦然坐堂

皇稱民牧何裨人世悲哉悲哉余未能不負爾所期不能不起爾而一哭也縱陽之江桂林之水靈旗往來瞬息間耳濁酒一壺麥飯一盂老友淚血與之糢糊步墀步墀或不吐諸烏乎哀哉尙饗

城陷前一日上伯母書　唐治

伯母膝下逆賊已入祁界漸逼縣城治數十年嘔盡心血苦爲地方祇因人情不好都以防禦爲非以致土匪勾結外賊孟子云地利不如人和祁門有險而人自不守或亦刼運使然乎治身任地方貽羞　君父罪無可逃明知徒死無益然除卻一死更無他着也所恨先父母生治一人不能爲育孫兒以延血食死有餘憾前以五弟佑之幼子之植爲後自是一定情理惟治服官十年毫無餘積未免累此子日後受苦如天之福早見清

平宜飭五弟佑將此子交與伊嫂邵氏撫養敎導治在九泉之下保護此兒大孫女阿姊小孫女聯兒之事都在五弟佑及桐姪桓姪身上他們稍知道理必不教他兩妹失所劉姬隨我二十餘年年已四十自無他適之理王氏年少勒令守制大非人情可代他擇一年紀相若之人做並頭夫婦斷斷不可悞了他我家世代讀書子孫仍以讀書爲主處家先講孝弟持身力從節儉待人務要寬恕祖墳宜常到　國課必早完本家當照應鄰里須愛護得這箇道理子孫必然昌盛治死於祁門將來搬尸骨到家葬於先父母足下不可破壙大約距壙五六尺許另築一塚碑書清故唐治之墓不書官不書字不書先考以明正其生前之罪此係治絕筆重以稟明伯母敎吾家世世子孫知治之死有餘憾也十年於外未能一見伯母不能到各處祖墳

叩頭謹望東泣血心叩而已治心無雜念一切擺脫惟祝伯母百年常如今日耳姪兒治泣稟時維咸豐四年正月二十二日四更也

書祁門令唐君殉節事

桐城 蘇惇元 厚子

唐君諱治號魯泉句容人也以道光乙酉鄉舉大挑知縣分發安徽候補始權宿松繼權桐城爲人樸實仁慈勤政愛民值戊申已酉大水極力請帑募捐賑之較從前賑加數倍故活者甚眾桐人德之庚戌補祁門亦苦心圖治多善政咸豐癸丑粵賊寇安徽郡縣多陷祁在徽州山中君招紳士謀募捐團練防禦隘口而紳士謂山縣偏僻毋庸設備又請兵於徽守亦不許甲寅正月縣之姦民鈎引粵賊突至君率鄉勇守城西分防千總守城南縣丞典史守東北二十三日賊至城下君登陴燃礮斃

數十賊俄干總兵潰賊已入城君趨學宮投於泮池其僕從援之起已不省人事負出城西四里許而蘇張目問曰此何地吾何爲至此欲復入城其僕曰賊踞城不可入矣君曰吾卽死於此見僕腰閒有刀將拔之自刎僕奔避之少頃賊至遂擁入城見賊帥令之跪君曰我乃　大清守土之官爾何物狗賊我跪於爾耶賊令之降乃大罵之且曰汝速殺我賊素知君循良不肯殺時賊中有黃姓者亦欲全之乃引至一室婉言勸之欲更其濕衣而令之遁君不許閉目兀坐榻上黃曰公毋以我爲賊我乃黃梅人父爲江西某營武弁黃梅陷吾被虜欲逃而無閒耳君曰汝如此宜速遁我爲守土官非爾比居三日黃又告曰明日將往攻黟縣公可乘閒遁去亦不應又數日黃復來告以陷黟事君曰黟令何如曰棄城遁矣君起立頓足大罵其令越

二日有賊白曰文書至今乃公正命之日君欣然應之將縛之
君厲聲曰唐某死尙須縛耶又令之跪曰我義不受辱殺則殺
耳仍坐榻上遂被害君自泮池救出即不食至死凡八日賊退
其從子尋獲君首舟載行二三十里泊某地有物撞舟撈獲之
即君尸遂合其首棺歛之而歸於其鄉焉先是二十一日賊始
入境君即知城不能守其夜四鼓乃作書與其伯母五百餘言
自期以死殉一一處分後事屬從弟佑以幼子之植爲嗣令子
孫以讀書孝弟節儉寬厚爲本君殉節始末余聞之吾友文鍾
甫漢光鍾甫前佐君治祁聞君殉難乃徧徵其事實其在賊中
事則黄姓隨賊過桐爲桐人詳言之皆信而有徵者嗟乎道敎
陵夷士風頽靡居官者往往不知君臣民社之大義自粤賊猖
獗所陷郡縣守令多聞風而遁間有死者亦不過倉卒遇害如

君之從容取義豈可多見哉君令桐時余觀君之性情心術非同俗吏初聞祁門陷余曰唐君素有氣節當必殉難既而詗知果然余未悉其生平行迹姑書其殉節事焉

魯泉唐君手書題後

江甯 汪士鐸 梅邨

此吾友句曲唐君遺筆也咸豐四年余客授徒績谿得君死事狀其明年聞有錢塘許某者嘗從事君幕中急從問君逸事則曰君廉直自憙嘗於廨後葺小屋自居署曰犖犖聊當家山補運甓深爲世道憂又署其門曰媿腴脂膏營此室好留清白對先民君平居好著元緞皮絝其後達太守覓君骨不可辨卒以此得之云於戲學問至乾嘉以來凌厲百代然善著書而略行義君羣居吶吶無異於衆人一旦臨事變從容鎮定讀所作家書乃絕剛正處分當理以視世之多文辭者何如也

祁門令唐君傳

桐城 戴鈞衡 存莊

唐君名治字魯泉江蘇句容縣人也以舉人大挑知縣來安徽先令桐城值道光戊申己酉連年大水救災恤民髮鬢盡白移任祁門循聲倍起蓋君德優於才務躬行實踐之學能以人心布惠政而治煩理劇非所長也當賊犯湖北桐人議守城求賢令尹不得羣思君回桐將請於上官以祁門士民堅留不可得咸豐三年春安慶失守君以祁門爲徽郡六邑門戸乃倡議合六邑通籌防堵議不果行君遂獨任其事行之一年聲聞於浙浙撫某公寄書奬之四年正月二十二日賊自櫸根嶺犯祁門守嶺者逃君聞警作家書付僕呼同城文武議守城多以迎擊請者君曰諸公爲逃計乎乃不敢言越日賊大至君自率勇登西門以當賊衝發礮斃數賊賊以大隊南趨守南門把總李某

逃賊遂登城君聞之拔佩刀自刎隨侍力士奪之去强擁君下城過文廟投丹池水淺不死力士數人復扛出城行數里望賊至啟民家厝室納之君大呼曰我祁門知縣唐某也衆賊舁入城强易溼衣灌以湯勸降不答日夜以數人守君有黃某者時對君私泣君訝問故曰吾湖北黃州某官子被擄逃不得對先生思吾父也越日黃某隨賊入黟縣去數日復來視君君問黟事曰官已逃陰勸民納貢矣君大罵曰爲國家臣子乃如此乎爲我告賊首速殺我毋久困老夫也二月五日賊將去祁門乃殺君投尸於河後數日網得首又數日乃得其身論曰力士不知大義欲以不死爲愛君非君死志堅幾爲天下笑矣桐人知君深聞祁陷決君必死後聞有出城栖厝室事心竊疑之及見君家書乃知死志早決且戒墓碣勿書祁門知縣以示不能保

城之罪嗚呼君之志日月爭光矣桐城有任生者城破日始自
君署出爲言先死不得之由其被執後事則陷賊之黃某過桐
城與僞職某言者也乃合書之以爲君傳
君以力士强扛出城賊退後太守某至祁門疑君未死而幕
友諱言其事乃以登城被執報聞太守愈疑之後於河中網
得君首又君從子出示家書太守乃知其殉難而其被執以
後事則莫有知者黃某之過桐者天使之以顯君者人特患
無實行耳實則未有終湮者也初予於桐城陷後檢各友書
信無足存者悉焚之至君書則置之湯雨生將軍呂鶴田侍
郎一例心竊計曰賊若至祁門此君必死節也越數日而果
然又聞何子貞編修紹基自湖南入都由湖北江西安徽諸
州縣歷數所見僅取三八一吾鄉徐觀察豐玉一鄱陽令沈

衍慶一則君謂此三人患難足恃厥後三人皆先後殉難何
公可謂知人矣而益以見君之非倉卒遇害者也因作君傳
附記之
戴君所記道州何子貞太史由湖北江西安徽諸州縣入都
所取徐沈唐三人乃咸豐二三年間事也穆於同治壬申秋
遊吳門時何公亦寓居此訪談終日偶及唐君公尙賛歎不
置又唐君與吾鄉文斗垣徵君漢光交尤密殉節後文君亦
有詩文紀事今其集一時未得他時訪出當補錄之光緒辛
丑春三月桐城蕭穆附識

新修句容縣學宮記　嘉興錢儀吉

前咸安宮敎習張君之敎諭句容也始至謁學稽典禮正神位
春秋執事有毖敬信旣孚而學宮之築自乾隆至今歷年多榱

桷之敝宜易新垣墉之陊宜復故仰怵俯惟時不可後於是偕訓導陳君廣鉞勸財庀事縣大夫相與董率之邑人宗人府主事裴鑑歲貢生朱淮等勇義偕來始事於道光十五年乙未迄戊戌夏告成張君書謂儀吉曰履愧無師資之效幸茲事之集子其爲推原　朝廷建學立教與夫古昔聖賢爲學之恉後世學術弊壞之由切言之以爲多士賜書詞鄭重未敢遽應雖然日月經天謂不知所以推行可也照臨之光謂吾目無覩焉不可也故聖人之道不可見見之於其言與其迹六藝之文備焉尤莫顯於論語洙泗之間夫子與門弟子所問答大較曰仁曰孝曰士曰君子曰成人曰善人之道言至庸也其及於政也曰愛人曰舉賢曰無倦至於足兵食興禮樂術至平也使仕而不仕子說之未可仕而使仕子惡之鳴鼓攻聚斂也將命抑速成

也進退及門皆以言行然則聖人爲學教人之意不可見乎蓋
性道之精不易窺也始於仁孝神聖之詣不可幾也歸於成人
治平之方以待用也濟之於禮讓由是察其言行如斯以爲教
勉其言行如斯以爲學其諸孔氏之家法然與學校者講道論
德之地也嚴事聖人赫然臨乎其上將誦其言服其教也不仁
孝之求不士君子之修不能免於言行之尤悔而急求表見以
爲用末流之無失也幾希夫導百川而注之必歸其壑射之中
也赴其的今之爲學者尙訓詁競文辭以爲才美也吾謂訓詁
所從入於聖賢之遺籍者也文辭則有見於聖言而出焉者也
其能者或且有以羽翼乎六藝之文矣而退自攷驗修身踐言
其人亦多不同於流俗宜也不善學者徇末而忘本汨其聰明
增其矜肆徒馳務於聞見之博不暇求理義之悅心觀其言行

與其所記誦判然爲二事則於學問之道果何益乎嗟乎自道之不明漢唐以來沈溺二氏者無論卽儒者之塗亦多且歧矣士大夫心思好尚又古今遞變而或至相反相攻詰然必有其終不可變者君子所以貴擇善也吾聞張君在官嚴禮教作箴戒甚且張文告於城中不避迂闊之譏不辭身心之瘁範約諸生必以言行爲之的卽聖道之精微廣大自始至終舉將不外於此乎是役也師長倡之多士從之積時累工者三四歲而不怠邑人士之勇於趨善又可知也充是心也教有以行學有以成而道亦有以明矣竊書所見以復張君並質於邑中之英俊共商搉焉時道光十八年　月　日謹識

容山教事錄書後

江甯陳宗彞雪峯

吾閩侯官謝退谷先生教諭語四卷海內文宗咸以爲教士良

規浙江江右陝西粵西皆刊行去冬太守李公舉其書以示江甯王邑侯侯稱善許爲重刊尋攝他州去未遑及容山教事錄震澤張淵甫先生所箸也彝曩在京師素聞先生名去冬因太守讀是書迺知秉鐸句容近在吾郡者有年矣今秋以試事來省垣親炙之則藹然粹然醕儒也尤邃三禮之學箸述甚富近纂宗法通攷稿尚未竟事畢歸適嘉興錢小山大命任縣事大令前攝江浦有賢聲茲任句容下車與學博萃士民籌積貯並捐刊是書委爲校字以彝老大無成實媿斯役大令汲汲吏事首務教養之政固其家傳治譜而學博之書將與謝先生並傳他日士習端而民風醕化刁頑爲謹愿斯刻之功豈小補哉爰樂爲書其後戊戌九月廿六日甲子識於獨抱廬

容山教事錄跋

嘉興錢燕桂小山邑令

學博張淵甫先生教事錄一書皆本大學以爲言其間如講經要諸修身諭訟期諸無訟禁淫盜諸劇卽正心之的也止婦女游觀卽齊家之準也雜說數條首重廉恥卽愼獨之功利民要務講及蠶桑卽生財之道也他如捕蝗記義倉議數則推其作用能佐治平區區盡秉鐸之職云爾哉昔宋儒大學衍義一書本其條目列以時事謂有裨於身心實學足爲千古求治者金鑑學博更以切要之事爲庸近之言俾愚夫愚婦亦得其循大義則教澤之涵濡者正不獨爲一邑士子大其裁成已也今天下不率教者往往以儒爲戲矣而獨怪身列庠序之中者亦或誣其師長謂教官之職無關民社所盡者不過曰教耳教耳不知教者治之所由出也亦以求治之所不及也余以承乏斯邑未諳治理深幸先生之有以教我尤願此邦人其受其教亙者

自愛莠者自媿薰其德而樂其成則斯錄也不將與西山所著並傳哉

石孝子傳

邑人石泉紫厓

孝子孝於嫂也曷以子稱孝子以嫂撫之如子故以子自居也孝子四歲即喪母六歲即喪父曷以孝傳其族孫泉以其孝於嫂而不背其親故以孝著其實也曷著其實著其孝之實也孝子之嫂節婦也節婦爲孝子也孝子無節婦則死死則孝子之父母血食斬也孝子賴節婦故幼不饑寒也長能讀書壯能授室以生子也是父母之心所急欲爲孝子謀而不得者節婦盡身任之也故孝子盡以孝於父母者孝其嫂也或曰此節婦所以爲孝子也孝子曷孝乎嫂曰出必告反必面也家政必稟而後行也嫂怒則侍立聽責也姻族會讌有異味則懷以歸奉也

婦來歸而使事嫂如母也嫂奉佛而因之以放生也嫂多病而因之以精醫嫂樂善而因之以活人也嫂愛其子而已不敢責也嫂嘗病而願以身代也其事嫂若此不謂之孝不得也或曰他人不謂之孝而子謂之孝何也曰孝子貌質而言戇者也以其貌質而言戇人不稱之也人不稱之而吾稱之著實也其實謂何孝於嫂而不背其親也孝子爲誰吾之叔祖世嘉其諱而從先其字也

箬帽園記

邑人陳立卓人

余所居東南隅有邱焉高不盈二丈廣僅畝土人呼曰箬帽山山之西有池曰箬帽塘池之南有場曰箬帽場皆因山得名曰箬帽者謂其狹小如箬帽爾山之北有隙地焉與余廳事平脩廣可十尋繚以短垣搆屋三楹其中右楹蓄書萬卷左楹爲子

弟課讀許飛詹三尺圍之以檻藥爐茶鐺悉具屋之前種四時花木三面皆短檽屋後樹文竹數百竿冬可曝日炎夏高臥風竹相擊春秋鳥語花香時二三友人談嘯其下不知人世理亂事樂何如焉荷蓑笠而麾肱望彼都之緇撮服疇食德願子子孫孫善守之可也

業師駱芷餘先生傳

邑人田志蓮隱香

先生諱重恆字子占號芷餘句邑望族駱氏父諱燕詒名諸生詩賦文章爲一邑冠　純廟時文尚闒闊公根極理要詞新頴不爲陳腐故所試輒不合生五子皆知名三郎先生其最著也先生幼穎異讀書寓目成誦即已通大義弱冠能文文清華詩賦雅秀一應童子試遂獲雋益肆力於學爲文原本六經出入兩漢唐宋八家中其才極敏捷每搆一作研墨片時吮毫滿振

筆疾書如風馳電掣峽倒水流酣暢淋漓投之所向無不如志
歷歲科十五試九冠其曹餘皆優等前列兩與選拔皆見奪於
有力者學使者辛雲谷先生嘗面語之曰吾久耳生名今閱生
作信不虛顧何猶鬱鬱居此既曰劍氣珠光不終沒也生勉之
又自言曰眞好秀才其爲大人先生所器重如此江甯爲天下
才藪縱橫文壇者人無慮數百咸以先生爲難能嘗論作家爲
文詩賦往往如宴客然或大賓在座玉敦朱盤珍肴羅列一旦
作倉卒主人需三四五簋或范無以應大抵一日之短長不容
强也先生則欲之斯至無不如宿搆者洵乎其不可及已其爲
文人才士所推服又如此而十五試入鄉闈卒不售竟以明經
終人鮮不爲先生惜者而先生視之泊如也嘗謂余曰士子以
文取科第究之科第之得不得不僅繫乎文爲文抑非專爲取

科第也或議才如先生乃以困窮老殆命也夫抑亦別有遺行歟余在先生門最久知先生亦最深請更言其概先生少負盛名從學者日益衆每學使按臨句容額取進二十五名出先生之門者居其半積二十餘年列宫庠者先生之弟子葢十六七也先生於生徒脩脯未嘗計厚薄或貧不能讀則佽以膏火教之益力嘗慨慕古人講論之風謂足以恢宏道德蓄養經綸然獨不喜魏晉閒人物及明季東林諸君子生平不妄交郡邑長吏至知先生名造門請見先生一報謁輒退絕不涉一私語有願交先生者至談笑竟日雖極歡無戲謔言亦不及他人長短先生貌端嚴居恆衣冠樸素不輕出戶庭每日定省外即趨書舍中與諸生講習父兄偶至則起垂手侍去約數十步始就坐皆余所親見者震澤張岊甫先生經師道學人也遊京都在公

卿閎恆丕能當一顧來司句容鐸獨與先生時往還余亦因是訂交焉先生殁爲詩痛悼之先生卒時年僅五十一箸有愛吾廬試帖行世文賦哀集謀付梓未果子一名道腴邑庠生從余學姿才亮特惜乎年不永也女一許字上元焦姓亦宦族未嫁而夫夭守貞三十餘年咸豐六年賊陷句容赴水殉宜附書論曰先生之貌莊矣先生之品貴矣先生之學優矣先生之才肆矣先生之遇何其艱也先生之年又何其嗇也使先生遇於時其發名成業必大有所設施即天假之年其箸述宏富尤足以沾溉後人而先生卒不一得當人謂先生之不幸吾謂斯世之不幸而不能得先生其人也可慨也哉

王君梅生哀詞　　陳立

君王氏名振修字梅生原名振綱句容人弱冠補諸生中表有

官於都者往依焉遂隸大興籍中順天辛卯科舉人屢試不售性孤介輒與世忤以故不理於口而遇益嗇不屑不潔泊如也戊戌春余與君僦寓京邸恆曰吾若博一飦粥產以養親贍家人獲免凍餒足矣進取所不計也榜發復黜時君出游久且乏嗣因與鄉人從其歸歸未及門而知君尊甫已逝撫棺擗踊痛不欲生未幾而君妻龔又以非命歿蓋君未歸時家屢空龔夙賢且孝私貸鄰嫗以供菽水冀君之歸而償之也三年蓬梗落魄依然一囊之餘身無長物龔亦雅不欲以俗累重君憂而又赧於責者遂投繯焉君廉知之痛悔欲絕未幾而君之母又歿文章憎命時數厄人慘痛洊遭幾成滅戶斯亦生人極哀也已嗣閩館於其戚裴得顛疾辭而遊於常予億其困衡之遭抑鬱而成久之或當自愈而不虞竟賫恨以終也悲夫君善屬文亦

不爲流俗所可故哀而闡之翳兮王君淑厥躬遘茲百罹胡不庸君之先葉累厥德洵後必昌惟君特有集惟鵬乃身丁桐轉逆旅蒿里營殀慶餘兮曰弗爽信歟否歟天胡罔

建康實錄跋

上元朱緒曾述之

唐許嵩建康實錄二十卷爲考金陵六朝事最古之書與陳壽房喬等沈約蕭子顯姚思廉李延壽諸人相表裏首有許嵩自序南朝四十帝三百三十一年迺西晉革吳之年並吳首事之年共四百年具六朝君臣行事若土地山川城池宮苑當時制置或互興毀各明處所用存古跡其有異事別聞則皆注說以益見知是嵩自注也許氏爲丹陽句容舊姓晉有許邁唐有許淹多識廣聞許叔牙宏文館直學士獻詩纂義十篇嵩豈其族人乎是書用編年體吳晉諸臣某年某人卒其傳即附宋齊梁

陳則帝紀終其諸臣另敘各成體例宋書用裴子野並載其論子野書賴此以傳余初得張海鵬照曠閣本尾有宋銜名一葉吳後主分豫章廬陵長沙下奔走兵勢下宋文帝元嘉九年下齊明帝十一男遙光下俱有闕文後借鈔文瀾閣本闕亦同後見汪氏士鍾宋刊本亦有脱葉卽張海鵬所從出也唐時去六朝不遠許嵩多據古書證以目見故一一確指其所在如某年某人建某寺注去城若干里是其足迹所涉而知也自南唐宋元迄明代城郭變遷青溪潮溝遂成聚訟後之修志者載六朝古迹依據建康實錄全錄其文勿加臆斷不得以古迹既淹而輕削之亦不得如牙人量地界徒滋口舌則通人之識也

贈涂朗軒觀察之任上海序　　邑人　陳　立

直省之設巡道臨察府州當古外臺御史之職政繁責重非威

德素彰非該通政要者鮮克勝任江蘇巡道缺四而常鎮通海蘇松太兩道綜理海關懷柔遠人尤難治近例兩缺皆奉旨簡授其積資遷轉隨流平進者不獲與愼其選也歲之春蘇松太道應公升蘇臬而六安涂公由江甯太守被命膺斯缺蓋今上廉公清勤正直循聲懋著故有是擢公之守甯五年矣初莅時兵燹之餘公私掃地赤立萬目睽睽不相保公闢草萊興學校懲奢侈禁游惰緝盜賊清訟獄以惻怛之意行以果毅之才綱目恢張百廢俱舉衽席溝壑民樂更生公蓋忘其勞事事身先民也湘鄉相國合肥協揆今制府馬公皆嘉公行近古循吏先後上聞故公聲施爲列郡冠今公觀察海陬鎭外靖內賓宋皆爲公榮而公顧恤然若不足跡公之心豈以班秩高責畀重謂非江甯之政所能理蓋蘇松太之民猶江甯之民也開誠布

公正身率下所以綏懷撫馭一以江甯之政泣之弛張闔闢精神四周推之陳臬開藩秉節圻疆猶是游刃有餘也兹行也宣
國聲靈負荷艱鉅展樽俎折衝之策寓蔾藿不采之威所以厲官守酬
主知者其視在甯時更未有艾江甯人士感公之德惜公之去作爲歌詩以榮公行立爲公部民前勾管勸農事與公共事久悉公之政尤詳謹推
朝廷爲官擇人之意并公抑畏寵命之忱將以望公遠大者廣公意焉

重刻寶華山志序　　上元　溫葆深　明叔

葆深於道光壬寅之冬由任閩學嬰疾告歸金陵踰年甘耆壬大令同年以所刊靈谷寺志見贈蓋耆壬有清修之性此其出錢懺佛爲董刻者言山水處令人神怡言佛幻處令人目眩洵傑品矣越四十年葆深掌教維揚之安定一日慧居寺僧聖性

持寶華山志並耆壬之弟建侯孝廉暨深親家朱崇嶧明經書來晤方欲重刊寶華山志屬葆深爲之序謂深固邑人遊釣之所而年輩已踰八十同人咸相讓不欲先也深因恭讀卷首

仁廟　純廟　翠華臨　幸兩朝　御製龍綸鳳藻煥若星辰又鋪觀及圖繪及有寺以來詩章題記實與靈谷之志後先輝映而深竊念家本負郭自童子時每從師陟鍾山巔之白雲寺及佛國黃花諸寺村酒茶酌帶月方還越數年仲兄農部師授讀城中之陶氏深往從讀館於深柳堂高梧花竹下映軒牖陶氏有別墅築清涼山半題餘霞閣時作談讌會雨夜阻留山中客有高歌朗吟者聲傳林木其明年深授讀句曲之裴氏裴氏凡四五村皆有園有池循溪五里春之時紅杏碧柳相間導人前去次第遊遍祉亭翁之見山樓藏書最富遂如幽寺住經年

歸應試得厠庠序中甲乙科入詞館居京師邂逅五十年不恆家居而金陵名藍舊刹如寶華山如靈谷如牛首草堂嘉善輩何啻數十不獲一至棲霞則與熊民懷梅伯言暨先仲兄曾信宿三日今讀寶華圖志若斯之盛何超然令人意遠也葆深行年八十蒙　恩許與瓊林之宴因感目疾不能閱文已解安定將還鍾山老屋而適有寶華山志序文之役覼縷如右非敢擬洛陽伽藍之丑篇意附驥尾以誌深年之猶健他日竭來山中尚可日到春山三兩峯也

尙仰止傳　　汪士鐸

尙兆山字仰止句容廩膳生世爲農田於寶應遂家焉君館於省垣就試鍾山惜陰書院每掇優等省中知名士甘建候元煥陳雨生作霖翁鐵梅長森及金壇馮夢華煦儀徵劉城甫顯曾

皆稱道之以爲耆古力學不苟取不近名闇修君子當於古人中求位置非近世所易遘也嘗佐余纂郡志所采句曲兵事纖悉畢備於昔年戰地營壘地形偭離險易若聚米畫地兩目親覩焉惟余以軍事用表以齊七邑必有翦裁不能悉載君語爾余與君雖借書籍碑版者數往還而曩晤裁一歸卽摹余小照相贈神形栩栩亦足徵君之多藝矣君篤嗜金石或典衣服以購之若校官國山天發神讖之屬皆舊拓余所僅見者君甚寶貴之不輕眎人也顧君子朋雲云君數數裹糧走亂山中塹巖深壑捫葛剔蘚雖蛇蝎澌蝕所餘苟成字必椎搨歸以餉同好富貴者雖兼金求易不與也君娶寶應劉氏生一女而卒無子年甫四十九所撰著金石輿地之類幾二十種皆未成其弟卷之去庋歸覆醬瓿耳惜哉君館金陵張氏病革時諸君往視時

已展轉牀簀間猶手一編或勸以節精神君掉頭曰樂此故不
楚也翁君知其不成歸也助以金始買舟歸歸甫七日而沒時
光緒九年九月朔云論曰合浦隸廉州大海中非有翼焉而珠
至中國勃律昆堅今爲和闐非有脛焉而玉至中國吳綾越紈
東南貨也不藉口舌而充牣於四夷由好之者衆也君所治非
曹好也翁覃溪劉燕庭王述庵孫淵如黃小松輩皆以顯宦而
旁求於此故易備物君以寒儒營之若嗜慾至於境地患難疾
病皆不恤其性情豈易及哉劬學而以身殉之不悔余昔聞其
語今於君見其人矣

續纂句容縣志卷十八下終

續纂句容縣志卷十九上　　邑人張　瀛分纂

祥異 自乾隆二十年起以上見前志

句曲艮常寶華諸山環拱如帶氤氳旁礴靈貺畢臻出志所載不可殫述然猶方外之蹟也唐張巨川盧墓鶴翔芝挺宋張明府蒞邑五瑞繪圖有明迄今瑞麥嘉瓜屢見邑乘猗歟盛矣然洪範五行休咎並紀故采乾嘉以來彗孛星流旱乾水溢以及昆蟲草木之變備載一門以資省惕作續祥異志

乾隆二十年有螟饑　二十一年旱疫　二十二年水　二十三年饑　二十六年旱　二十九年小旱五月二十八日未時地震　三十二年大水　三十三年旱　三十四年饑冬十二月戊寅卯時地震　三十五年春正月二十九日地震夏疫　三十八年歲大祲　四十年秋旱　四十一年歲大

稔　四十五年大荒　四十九年旱　五十年大旱　五十一年春大疫旱　五十二年水　五十三年旱

嘉慶七年秋旱　八年大雨雪　十六年秋大水　十九年大旱秋無禾　二十年大疫　二十三年小旱　二十五年小旱

道光元年旱　三年水　四年水疫　五年小水　六年春螟無麥　八年春陰雨無麥　十一年大水八月地震彗星見　十三年水秋疫　十四年春雨無麥　十五年大旱　十六年蝗過境不爲災　十七年東北二鄉捕蝻　十八年水　十九年水　二十年大水　二十一年水地生毛　二十二年水六月日食既　二十四年水　二十五年水　二十八年大水　二十九年大水居民蕩析離居斗米千錢蛟出

寶華諸山圩盡潰

咸豐二年彗星見西方地小震地生白毛　三年春正月地震彗星見　五年水無故自溢　六年大旱飛蝗蔽天斗米千錢雨豆如人面有大星西南流墜東北光芒數丈有聲　七年春有蝗四月蝝生如蟻得雨而絕　十年熒惑有芒鼠渡江而北　十一年彗星長竟天

同治元年大疫　二年蝗　三年鼠渡江而南　四年水　六年正月彗星見旱水涸　七年旱　八年大水　九年歲大稔民閒訛言奸拐迷人十月北鄉野豕害稼　十年秋七月夜空中有聲如蟲飛旬日乃止　十一年五月五日雨雹十三年五月彗星見西北光長數丈

光緒元年蝗不爲災　二年有星晝見　三年旱捕蝗　四年

蝗不害稼掘蝗子　六年歲大稔秋疫　七年春大雪連旬
十二年大雪　十三年六月地震　十四年旱地生豬毛
中街火焚斃十八　十五年正月望仙鄉青山醴泉出飲愈
痼疾五月復堙塞圩鄉水　十六年夏麥秀三歧　十八年
旱捕蝗　二十年秋八月黃昏時有聲　二十一年四月初
二日南鄉朱家莊有虎黃質黑章鄉民擊斃　九月雨雪
二十二年九月小蟲兩翼夾稻而飛　二十三年五月十三
日湖河塘壩水漲二尺浪激有聲逾時復故　二十四年正
月朔日食北鄉磨盤山民人羅德建妻一產三男　二十五
年三月李生王瓜八月夜有聲稔　二十六年夏蝗不爲災
二十七年二月朔日江水清彌月　十五十六等日黃沙
蔽天　五月二十三日至六月初五等日大水圩田盡淹據

皖江老年人云此水在道光己酉年水次戊申年水上

續纂句容縣志卷十九上終

續纂句容縣志卷十九下

邑人張灜分纂

咸豐三年以來兵事月日表

東南大局旣誤於沔陽閭事失機復壞於昆明全身誤國卽向張能軍而東騖西馳根本已虛銳氣又竭倉卒潰裂遂不可問吾邑逼近都會受禍尤深白兔土橋爲吾前後門戶蘇常晉省所必由右則茅山天王寺郭莊廟係溧水金壇諸縣入境之要隘左則沿江一帶甯鎮大道龍潭下蜀適當其衝賊盤踞旣久出沒其閒焚掠慘酷而大軍疊次鵬剿與吾義民結團扼要縱橫百數十里盡作戰場嗚呼慘矣迄乎湘鄉秉鉞戡定東南民出水火歲閱三紀憑眺空山廢壘求指賢將烈士截脰剖心處荒草離離已不可辨習安忘危竊滋懼已謹考國史鈔傳如向張二公傳忠錄私家撰述如平定粵匪紀略曾文正大事記吳

中平寇記甕牖餘談金陵兵事彙略諸書與里人之筆記夏氏瑯琊記倪氏竹里經兵紀略葛氏兵事見聞錄故老之口譚有繫吾邑兵事者溯自咸豐癸丑迄於同治甲子撮其大凡揭諸月日略誌顛末分紀於下用備鑒觀不僅居安思危之義也作兵事表

咸豐三年昭陽赤奮若之歲

正月甲子賊陷安慶兩江總督陸建瀛自東西梁山遁回省城先是道光三十年逆民洪秀全倡亂廣西桂平之金田邨勢甚猖獗咸豐二年自廣西竄湖南北裹脅數十萬衆掠舟萬餘水陸並下十月　皇上命兩江總督陸建瀛督兵防江皖是年正月兵潰棄輜重遁回金陵

癸酉賊攻聚寶門縣城戒嚴

賊自江甯鎮轉攻聚寶門吾邑聞警民心惶懼避居山野五

城門日出匱數十具甲戌乙亥屢驚賊至邑民遷徙一空
二月乙酉省城陷庚寅賊分股沿江東下
賊連日環攻儀鳳門地雷發城遂陷吾邑死事者把總俞正
鼎巷戰死貢生李受淇擊賊死均闔門殉監生駱道醇計脫
其友朱興仁眷屬被戕死駱道中館何莊師弟罵賊死庚寅
林鳳翔諸賊沿江東下謀竄鎮江揚州
辛卯賊至龍潭遍據老鸛河等要隘分掠縣北瀕江各鄉
句容之龍潭下蜀自古爲兵衝由江甯東北姚坊門至棲霞
石埠橋江濱地古江乘縣境又東北龍潭在昔大江今爲宜昌洲洲南
便民河河尾在鎮江之炭渚首向上元句容北山之水所會形如弦江
如弧而洲中紅旗港爲之矢河南大山迤邐而東寶華肖山
空青武岐崙山駒驪以接鎮江之九華自東陽以夾龍潭倉

頭下蜀橋頭達於炭渚高資皆傍山瀕河官道甯鎮之通衢也賊自上元烏龍山東石埠橋老鸛河龍潭圩下蜀街高資金山各據要隘立營又於北岸瓜洲儀徵沙漫洲泗源溝立營爲聲援瀕江焚掠

丙申　欽差大臣向榮以軍至駐營淳化鎮是日賊陷鎮江戊戌陷揚州向公　奏留龍潭倉穀餉軍

向榮以廣西提督爲　欽差大臣尾賊東下至淳化鎮是爲南軍初林賊等欲掠龍潭倉穀聞向軍將至盡東趨連陷鎮江揚州揚州於是年冬十一月退出向軍以牛車運穀至大營

三月庚戌乙卯等日向軍疊破賊壘移營近城賊不敢出縣城解嚴

大營既立孝陵衞賊懼不敢東向吾邑雖距數十里安如磐石百姓以次遄歸湻化鎭爲軍民互市之所咸至城中販運兼郡人多避居於城街衢闐溢市肆繁盛

四月地屢震

旬日之閒大震數次屋宇播搖居民恐怖有夜出露處者

五月知縣趙廷銘始謀城守治鄉團

初奉札治團未辦至是大營既立江甯府趙德轍飭屬興辦廷銘始諭董練丁本城設局四賢祠東則茅莊白兔光里南則王莊天王寺郭莊廟散岔西則土橋北則五鎭次第設卡盤獲賊諜送縣正法訊無實據者釋之

鎭江賊回竄高資練董笪熙團結九十六邨練丁防堵

初笪熙管秣陵關某典務省城陷賊僞諭商民納貢他典皆

遵熙獨抗議募力士數十人捍衞未幾賊酋擁十數騎闖入某典橫索金錢司事某以首承梓跪進銀飾賊怒叱之踢梓翻地某震怖無人色口囁嚅不能對賊大咆哮欲加刃正惶急閒笪熙率數十力士撾門入闖者以實告勸勿進熙笑曰吾何畏彼第入彼必以火鎗擊我俟其出而殲之闖入告賊果出被力士砍斃連砍數賊賊酋懼匿空室中盡搜殺之由是遠近皆知熙能殺賊熙遂勸各典出貲募勇製械以禦賊適向公躡賊東下壁於孝陵衞熙扣門獻策且輸刀械三千件向公檄領勇團練至是賊竄高資與縣境接壤熙返里約族舉人笪佐堯文生張孝友施廷瓚等連結九十六邨捐辦團練並延金陵汪汝桂湖北朱熊飛族人笪于貴教習戰陣技勇司事邑諸生紀叢筠勸結民團啟曰國有常刑王法無

不伸之理人思自奮匹夫有必報之讐逆酋洪楊等梟獍蔑倫豺狼肆毒亂萌肇自粵西虐焰搧於江左戕害我長官屠戮我衆庶憑陵我城邑傾覆我室家爲帝王化外之民作天地不容之孽書其罪惡罄竹難窮銜此寃讐糜尸莫快仰維我　朝胞與九有袵席八荒　聖聖相承二百載深膏渥澤元元其戴億萬姓踐土食毛久慶平成忽驚擾攘非關我國有疵實乃下民作慝各大帥欽承　巽命占協師貞釋

北辰宵旰之憂用殄蠢類解南國倒懸之苦無犯秋毫本擬滅此朝食迅奏膚功無如一江險塹藉以釜游百雉堅城倚爲嵎負致我兵迄未止戈而元惡尙稽授首昨者高貲地方被賊竄踞數十郡烽火燭天幾千人肝腦塗地鑒彼摧殘增我痛憤是用約結同袍剿除狂寇嗚呼黃巢雖悍終喪瑕

邱李闖縱凶卒殲野廟我　朝廷聲罪揚威自必殄厥渠而
夷厥族俾億兆痛心切齒會當食其肉而寢其皮此啟
六月設難民局於西郊祠山廟
金陵避難男婦絡繹不絕紳士籌欵設局於西關外之西廟
收留信宿給資遣行
七月向軍總兵和春等勦溧江之賊至鎮江觀音山賊大潰
二月後流賊出沒江上圩鄉一帶蹂躪殆遍團董楊振聲薛
如松等聯絡抵禦奸民時至太平神策等門鬻販通賊又煽
惑鄉愚乘閒竊發疊經局董計懲首惡解散脅從適和春督
師過境羣賊潰退厥亂始定
八月總兵和春調援皖北
瀕江上下時有賊蹤

咸豐四年閼逢攝提格之歲

二月丁亥賊大股犯龍潭練董文生楊振聲死之練首薛如松等敗賊於龍潭之河北逾日又敗賊於帶子洲擒斬賊酋

庚午朔連陰至是日始霽賊由瓜洲潛入邑境振聲集大士閣民團拒賊於蟠龍山下被重創死如松奮力抵禦適所請大營官軍至合攻賊於龍潭河北斬獲無算賊銜如松甚逾日多扮負販窺探局卡以圖暗襲如松伏勇帶子洲河邊計擒其前隊悍賊十八人内有賊酋三人俱斬之賊潰遁並搒斬賊諜防堵甚嚴

三月癸亥江甯内應事泄邑人俞秉鏞俞秉仁死之

江甯廩生張繼庚謀内應向公令把總俞秉鏞千總俞秉仁隨繼庚入城事泄秉鏞戕死秉仁轘死

五月地震地生黑毛

自三年至今屢見地震並地生黑毛如猪鬣長數寸

六月彗星見光長亘天

彗星見東南方光芒直射西北長數十丈有時四方皆見

閏七月　欽差大臣都統琦善薨江甯將軍託明阿接統北軍

初琦善率直隸提督陳金綬內閣學士勝保先後抵揚州號江北大營至是薨於軍託明阿爲　欽差大臣接辦揚州軍務

九月揚州軍副將李德麟參將張攀龍以艇師斷賊沿江鐵鏁

又檄營員姚文蔡應龍毀倉頭等處橋梁

時攻鎮江防甯賊來援也鎮江踞賊吳如孝被圍窘甚日於金山舉火求援金陵賊因東龍路梗救之不得亦日於棲霞

山舉火應之

向軍總兵德安敗賊於橋頭與提督余萬清合勦潰賊盡殲

賊大股由觀音門衝出撲棲霞一帶向公令德安乘夜追勦

戰於橋頭至高資汛渡河與艇師夾擊戮賊渠楊正潮賊大

潰由馬步橋登山竄逸余萬清方赴高資迎勦與賊遇戰敗

之賊遁新開河渡口又敗之於夾江會德安由馬步橋追及

合戰賊潰追戮殆盡

辛卯向軍都司長某合練丁敗賊於東陽

賊自太平門出由陸路援鎮江衙校疾走爲大營偵知攔截

痛勦追竄至東陽剩千餘人官軍與團勇夾擊斬馘無算

咸豐五年旃蒙單閼之歲

正月丁卯向軍總兵德安提督余萬清勦賊於下戍壁於東門

橋

賊由太平門竄龍潭下戍西堰岡龍王廟連營十餘里向公令德安余萬清於下戍迎剿築壘東門橋

二月辛丑鎮江賊犯橋頭練目柯二等死之向軍總兵虎嵩林等迎剿賊潰遁

鎮江賊由西門沿江犯橋頭柯二與姪長松長林等力戰陣亡賊犯下戍虎嵩林與德安迎戰卻之癸丑賊遁

瓜洲賊分股竄高資牽制官兵擾及縣境向公率師毀其土壘

瓜洲之賊由鮎魚套夾江竄至高資沿江築壘我軍燬其營二座賊由夾江駛出木簰接應我軍截擊賊走吾邑高家邊向公率德安等敗之於山岡殲其目賊狂奔復破之於東門橋余萬清從旁剿襲德安設伏誘之賊自相踐踏潰至河岸

溺殺七百餘人邑北一帶賊壘悉平
壬戌鎮江賊復擾縣境向公遣虎嵩林等擊沈賊艇
賊由江面至颿檣林立砲聲隆隆虎嵩林等奮力轟沈其船
獲艨艟七小艇百餘
六月壬辰賊再掠橋頭
是月江南諸軍調攻太平蕪湖等城賊乘閒出擾橋頭焚掠
邨堡
九月辛未賊至東陽向軍副將秦如虎都司長某與賊力戰數
日甲戌參將張玉良翼長德安先後以援師至大敗之
金陵賊酋聚議欲由東陽龍潭援鎮江向公偵知先令黃岡
營都司長某帶千人至東陽老鼠山紮營防堵繼令副將秦
如虎統軍駐山下未幾賊果來犯力攻老鼠山營數日夜不

克遂嘯聚於河北張楊村向公又令參將張玉㫒都司向奎
紮龍潭馬鞍山又調翼長德安參將王某帶黑龍江馬兵駐
觀修庵玉㫒又分兵駐金姑庵相犄角甲戌渡河痛勦斬獲
甚眾

十一月向軍總兵張國樑敗賊於東陽

乙亥龍膊子等處賊大股出竄圖援瓜鎮經張國樑分兵由
仙鶴門甘家巷一帶進攻賊以二三千人來撲國樑從後路
兜勦縱橫肆擊賊大敗其分竄東陽之賊仍在棲霞街焚掠
國樑繞至牌頭庵合軍分路進攻行至東陽令馬隊越澗奮
擊斃賊八百餘衝斃乘轎賊首一名僞丞相周少魁等四十
名追至石埠橋江邊戊寅復會副將秦如虎敗之於觀音門
又斃賊二千餘人餘賊逃歸省城

江蘇巡撫吉爾杭阿統鎮江陸師提督余萬清副之

吉軍駐九華山余軍駐京峴山

十二月甲寅夜賊圍老鼠山大營丙辰賊攻龍潭大營戊午夜

賊由龍潭圩渡河攻龍潭東陽大營均被民團鈔擊驚遁

甲寅賊夜出隊五百餘過河圍攻東陽老鼠山營火鎗火箭

光如繁星大營幾潰練董夏樹勳倪金元薛如松姚鳳池等

令鄉團四處舉火呼戰爲聲援各領精壯鈔襲賊驚遁丙辰

攻龍潭馬鞍山營不克敗去除夕有賊千餘渡河分攻東陽

龍潭各營又幾破練董等舉號火丁壯齊集夾擊之呼聲振

山谷嚮明賊始潰走

咸豐六年柔兆執徐之歲

正月癸亥賊渡河攻東陽營不克官軍出擊大敗之

張楊郎踞賊渡河索戰官軍堅壁不出賊退官軍追擊頗有
斬獲賊鳬水遁
賊沿河東竄提督鄧紹良自高資迎擊賊大敗遁回
賊自張楊郎至高山廟沿河步步爲營以圖竄擾紹良迎擊
敗回老巢
甲戌夜賊渡河盜東陽營馬被團丁奪回遁去
是夜漏二下有賊五十餘至東陽觀修庵營盜馬官軍閉壘
燃鎗民團齊出擊賊奪回馬數匹賊由老鼠山下遁去
邑民修城浚濠
奉府札也
鎮江賊沿江犯橋頭下戍提督余萬清等迎勦賊鋒銳甚總兵
張國樑來援敗賊於倉頭尋由倉頭窺伺龍潭我軍環攻大敗

之
賊由水面擾橋頭下戍等處余萬清自山南迎剿至下戍千
總張朝廣由湄化鎮至敗賊於上山岡賊死怍不已向公令
張國樑赴剿戰於倉頭始敗潰復由倉頭欲犯龍潭大營我
軍奮力環攻破韓家邨賊壘又敗之於施家邨追奔數里斬
馘無算
金陵賊糾合皖賊由陸路嘯聚倉頭余萬清虎嵩林不能遏張
國樑奮銳摧其中堅賊首尾不相顧俘斬數千始遁去
東逆楊秀清勾結皖賊數萬竄入楊家壩陳莊一帶築壘向
公令余萬清虎嵩林等禦之賊由上游繞出倉頭大路分撲
我營又令張國樑扼於丁家邊與各營爭先掩殺賊敗潰復
撥兵於倉頭街後兩面縱擊親督大軍分隊衝突盡燬傍山

瀕河一帶賊壘

二月賊屢出江上焚掠練首巫㫒雍等來助戰壁於下戍上山岡練首巫㫒雍巫㫒珠南宮練首余應龍洛神廟練首謝曙初李相廟練首高世珍均來助剿築壘於下戍一夕成營壘五

鎮江賊竄擾瀕江各鄉鄧紹㫒虎嵩林余萬清擊卻之向公令鄧紹㫒擊沿江竄賊敗之於營防口又姚岡等處賊分股犯下戍欲襲大營虎嵩林設伏敗之余萬清夾擊焚其積聚三十餘所兵乃進營何家圩逼攻嚴港殲賊渠賊奔竄大兵進攻張岡顧家壩焚其壘賊遁劉家莊乘夜襲便民河我兵擊卻之

賊由三汊河分竄江濱一帶張國樑德安會剿於東陽大敗之

向公令張國樑德安馳赴東陽會剿賊由上游馬橋口屯英
隆湖大兵疊擊逼溺無算進攻倉頭破賊壘二賊遁另股犯
龍潭亦經我軍擊敗
金陵大股賊蔓延橋頭下戌張國樑等擊退之賊壘悉平
張國樑等會剿焚賊踞邨落五處賊犯下戌對山築壘分撲
大營國樑統軍進剿副將秦如虎等扼之東西堰我軍夜襲
顧家壩焚賊壘分攻下戌破賊壘三又破東西堰賊壘二焚
下戌諸要隘賊卡燬平新築賊壘十餘所賊另股來援我軍
擊之連破太平橋大小賊壘賊潰奔三思莊我軍進偪會巡
撫吉爾杭阿由東西堰馳至合力進攻焚賊船數十下戌炭
堵一帶悉平
三月戊午張國樑敗賊於下戌鄧紹良追賊於東陽賊焚營遁

張國樑探知賊潛竄下戍與余萬清設伏剿截賊驚遁伏兵四起夾攻殲賊數百萬清破磨盤山蜈蚣山賊營五座賊敗至石埠橋鄧紹良秦如虎等攻燬柴圩老巢追賊至東陽駐軍北斗青龍諸山會諸將督兵過河剗平張楊郝諸賊壘賊焚積聚遁回金陵火經日不熄

鎮江瓜洲賊合陷揚州庚午復之

託明阿革職代以都統德興阿

四月吉爾杭阿巡撫攻賊高資壘死之謚勇烈

吉爾杭阿謂攻堅不如斷糧野戰不如扼要故於高資煙墩山以扼之金陵賊大恐出賊數萬由句容與北來賊合攻吉公中礮死

麥大熟

斗麥七八十錢

五月辛未張國樑敗賊於小茅山賊竄東陽張玉良扼之於傅家橋

賊犯京峴山大營張國樑馳至焚丁卯橋賊壘賊竄縣境又敗之於小茅山賊由東陽竄甘家營張玉良扼之於傅家橋賊驚懼遁回省城

乙亥江南大營潰張國樑翼餘軍由湻化鎮至句容旋退保丹陽

初高資搏戰時皖南賊已陷溧水遂會大小金柱關黃龎渡等處賊旁出衝擾鎮江賊自東來金陵賊復出通濟門會龍脖子羣賊直撲七甕橋大營官軍四出援剿兵力過單雖奮力截殺而賊至益眾甲戌夜大營火起張國樑始突圍翼向

公銜鋒出乙亥由淯化鎮至縣城駐葛仙庵知縣趙廷銘偕
邑紳乞留保境向公以縣城四面受敵不若丹陽咽喉可扼
令撤防隨營以圖規復丙子遂退守丹陽
辛巳縣城陷
大營既潰賊遣僞丞相等率衆賊陷城趙廷銘退駐仁信鄉
秀峯庵士民死難甚衆且多闔門殉節者
城守把總蔡錦元戰死鎖山
城既陷賊衆下竄丹陽錦元遇賊於鎖山力戰死之外委曹
國洪同殉
六月賊出僞示安民設僞鄉官勒派供役不應者罪之
賊踞城殺掠數日始出僞示安民各鄉立僞鄉官勒民獻財
物派丁應工作違者殺掠毋禁

城賊四出焚掠各鄉練董設卡守隘賊不敢犯

邑南北要隘最多北要隘曰上山岡迤東東西峴岡迤西十六邨再西東西郭呰其卡在上山岡險而可守上山岡爲頭卡下山岡爲二卡自竹里廟至縣城大路於是高山廟在下竹里廟爲邑北之蔽終賊之始末未有自北犯邑者民卡力也南要隘曰天王寺當溧水烏山之衝故大小十八戰較他鄉爲重次則郭莊廟爲溧水入境之咽喉而常甯鎭又金壇溧陽窺伺之門戸也三處民屯最爲扼要腹地河道重疊東連茅嶺西接絳湖沿河自蘆矼橋義成橋崇福橋以至散岔青城埠是爲堂奥設卡堵禦賊不能逞是時賊踞城後四出焚掠民不聊生紳董王錫蕃趙珍王葵笪熙高世珍張餘伸章玉霖解文毓夏樹勳等皆據險阨塞以挫賊鋒

向大臣疏薦張國樑爲江南大營總統

向公憂憤成疾軍心渙散因請張國樑總統南北諸軍

賊窺丹陽總統張國樑等擊走之

張國樑集諸將謀曰賊以主帥病篤必懈急擊之必大克乃與張玉良虎坤元驟出撲賊斬數千人丹陽城外賊壘悉平

七月向大臣薨以總督怡良署駐常州

向公疾革以軍事付張國樑曰汝才足辦賊吾死何憾所愧者負

朝廷恩一慟而絶諡忠武江左紳民咸尸祝焉

南鄉練董王錫蕃等詣丹陽大營乞師助勦總統張國樑分兵與之

王錫蕃與李慶連等以民團不足抵禦詣大營請兵張國樑令巡檢張耜把總周玉欽領一營以助之

王錫蕃以勇丁守淤鄉賊不得逞
賊至錫蕃以兵勇團丁守淤鄉河口相持半月俾居民得遷
徙賊無所掠
賊酋吳如孝執練首徐崇鳳殺之
徐崇鳳翼趙廷銘出爲吳賊所銜執而戕之
大旱飛蝗蔽天賊肆掠民不得食多死
自六月以來四十五日無雨井枯田坼飛蝗蔽天斗粟七八
百錢賊焚掠益酷民飢甚富者食豆餅糠覈貧則剥榆皮掘
草根挖觀音粉爲食餓死甚衆
八月癸卯練董笪熙率民團三千人剿賊於虎耳山賊併力猛
攻團稍挫會官軍至兩路痛擊賊大敗遁回
初笪熙諭充東鄉九十六郵團總屢剿賊賊勢熾甚因詣丹

陽乞師張國樑令營弁王義章領一軍赴援未至熙擊賊於虎耳山屢敗之忽出悍賊數千猛撲熙被圍中創幾墮適義章馳至勢如風雨張兩翼以蹙之殪賊無算大敗遁回

乙巳總統張國樑率師拔茅莊追賊至太平莊紮營

張國樑整兵大舉既克寶堰偽丞相等賊恨笪熙出大股攻破茅莊國樑聞警移師來援酣戰良久呼聲震十餘里賊敗退遂拔茅莊追勦至太平莊駐軍

丙辰總統張國樑復會諸軍直搗枝堯里賊巢遂移營逼縣城

茅莊既拔由太平莊直搗枝堯里（俗名朱窖里）賊巢賊分三路抗拒張國樑派張玉良戴文英馮子材馬金達等迎勦直衝東門外茶亭賊由南北二門分出包抄諸軍鏖戰逾時大敗之遂移營逼縣城時句溧二城均悍賊踞守與江甯賊勢成犄

角我軍紮營張家莊賊築壘小南門外紅土岡鯽魚塘笪家
邊白羊門等處死守
九月乙卯總統張國樑分路進攻敗賊於急流鄗追至東門大
橋
乙卯分路進攻誘賊至急流廟山岡四面兜擊大破之斬獲
極多追至東橋賊逃竄進南門固守急流俗名吉利
乙亥練董笪熙張孝友剿賊於柘溪大敗之
賊犯柘溪熙與孝友率團禦之殺賊數十獲馬三匹賊大敗
遁
丁巳賊犯義成橋卡民團斬僞檢點癸未民團挫潰練董李慶
連等死之
南鄉沿河一帶以義成橋爲總口其南爲崇福橋再迤東南

爲淤鄉橋正南爲蘆港橋而散岔青城埠則在義成橋西若闕巷岡子南埂西城閘頭諸邨則又四面旋繞團卡林立乃築堅壘於義成崇福之閒賊南竄之路中斷屢犯屢挫丁巳僞檢點僞監軍擁賊千人猛撲義成橋各團奮力抵禦賊大敗死傷無算僞檢點被擒磔死賊啣刺骨勾結溧水溧陽金陵諸賊并丹陽敗賊癸未城賊僞丞相率賊數千與諸路賊四圍環攻散岔闕巷卡先潰青城埠繼之賊由赤山湖繞襲軍後義成崇福營亦潰而蘆港淤鄉不能首尾顧暨岡子南埂西城閘頭同時俱潰計六月以來抵禦凡四閱月丁巳以後死守凡二十六日死難者練首李慶連等十數人團丁數百人士民婦女數千人屍浮河曲肢解路旁慘不忍覩

總兵李鴻勛追賊於百培山死之諡壯慜

時張國樑會總兵傅振邦參將虎坤元攻溧水令李鴻勛自
金壇馳句容防勦適淤鄉團潰鴻勛力戰陣亡於百培山
張孝友剖賊心祭弟
張孝友弟某被賊戕乃親縛殺弟之賊剖心以祭
十月　欽差大臣和春接統南軍駐治東各鄉
和公自皖北至駐軍於蔡家曹家包家等鄉德安領馬隊四
營駐史家邊
總統張國樑率馬步隊移營前進城賊益困
張國樑令戴文英駐朱家山明安泰駐三培岡陶茂森駐柿
樹鄉朱錦山駐紀莊張玉艮駐丁家巷自統大營移駐野雞
山望子培急流山賊勢愈蹙
十一月戊午練首高世珍禦賊於李祥鄉大敗之

張國樑令高世珍帶團勇守神塘山賊欲由李祥郡襲大營

世珍奮擊之賊敗遁

己未游擊李窗戰歿於小杆橋

李窗拔小杆橋賊壘駐之率兵直抵城下賊困鬬出南北二

門夾擊之窗收軍回營至橋上被賊矛刺墜水死

十二月丁亥張玉良勦賊於斜橋灣己亥敗賊於望子培辛丑

直搗北關而回

是月勦賊數十次屢有斬獲而賊踞城死守卒未易拔

咸豐七年彊圉大荒落之歲

正月己卯總統張國樑擊賊於五里岡下大敗之

時城賊屢出窺伺大營己卯庚辰等日復糾大股出小南門

由五里岡抄急流廟後圖劫糧餉國樑調集各營四路合攻

親率精鋭開道直抵城下焚燬賊壘賊驚潰自相踐踏斬黄
衣賊酋一名斃賊千餘生擒七人賊始懼不敢出
練首高世珍移屯剿賊擒斬無算
賊竄下蔭橋世珍移屯朱家山以扼之賊敗退乃棄下蔭攻
大覛廟世珍馳擊之賊遁
二月賊偽十二檢點築壘於王家山和軍總兵周天培擊敗之
賊自秣陵連營七十餘里包句容溧水之境勢悍甚官軍屢
挫天培合諸軍奮擊始敗退
和軍副將虎坤元敗賊於溧水賊竄至高陽橋
高陽橋一帶蹂躪極慘
丁酉總兵傅振邦擊賊於郭莊廟
溧水敗賊合皖賊犯郭莊廟振邦馳擊之與賊相持十餘日

三月癸丑總統張國樑赴援大敗賊痛殲之賊南遁

國樑以郭莊廟賊未退親率勁旅來援前後夾擊殺賊數萬賊遁同溧水官軍進勦於大仁山陳家橋（近溧水界）駐營賊築壘於豆餠凹被官軍剗平

蝻生

民間憂懼不死於賊即死於歲

賊掠民間米穀運至金陵

上年冬月賊砍伐邑北諸山樹木運金陵今又摎括米穀蓋以官軍日攻縣城逼近省會賊懼乃爲屯粟困守計也飢黎無食死者益衆

賊犯橋頭民團屢擊敗之

時余萬清駐九華賊潛襲橋頭民團屢戰敗賊

張軍游擊陶茂森等擊賊於小圩橋賊敗遁入石壘
賊在北門外築堅大石壘對峙於大道旁遏官兵西北進剿
之路張國樑派茂森等攻之由五里墩至小圩橋遇賊奮擊
賊敗入壘官軍圍之賊閉壘不出另糾大股出東門直撲大
營茂森等遂撤隊回剿
四月總統張國樑擊賊於西關痛殲之
督諸軍合攻於西門外誘賊出痛剿之追至南橋執黃衣賊
酋磔之
麥熟蝗不爲災
民飢始免
壬辰賊撲城東門外大營總統張國樑奮擊大敗之
賊從西北兩門擁出千餘來撲國樑領步隊從左攔截賊大

潰
和軍屢剿賊於楊塘岡治東北五里
和公領廣西提標營勇攻賊於此先後數十戰互有勝負
五月練首高世珍禦賊於包家窯總統張國樑來援賊卻退
高世珍移屯蔽西北賊不敢過啣之糾眾攻治北包家窯國
樑督兵援之賊潰遁
陰雨連日蝗盡死
大雨
甲戌虎坤元傅振邦駐軍郭莊廟乙亥進壁新昌橋丙子攻湖
熟拔之
虎坤元傅振邦既克溧水甲戌由烏山進攻句容駐於郭莊
廟翌日進壁新昌橋距湖熟八里在臨泉鄉鄉人張延亭進計曰賊大

殷麇集湖熟鎮若出一軍拊其背出賊不意必大克是夜子刻延亭爲嚮導引傅軍由閒道逾河假賊軍裝攻賊後路黎旦將抵卡賊猶疑援至不爲備卡既破賊惶駭亂竄而虎軍已由新昌橋大路攻入前後夾擊死者以萬計淮水斷流俘百數十人盡戮於郭莊廟之石臺山均鄰近陷賊中者無人取保故戮之

閏五月辛巳和軍以總兵虎嵩林駐於彭山山在西南距城七里

溧水湖熟既復堵金陵皖南援賊之要口而城賊已爲檻中獸矣嵩林駐於此山防賊潰出衝突續府志彭山誤作盤山

甲辰副將虎坤元壁於兆文山在西南二里賊宵遁乙巳和軍會諸將收復縣城

虎坤元以屢勝之師近逼縣城築營於兆文山顛俯瞰城中架礮轟擊賊酋膽落夜啟北門向湯水遁去翼日遂收復縣

城

總統張國樑追賊於湯水殲其眾遂移營高資

前夕張國樑見城中火起知賊已遁恐侵軼爲患急遣張玉良陶茂森由間道抄出賊前自督大隊躡之賊竄抵湯水未霽晨遇張陶二軍攔頭痛勦賊驚潰適國樑追至夾擊賊大敗刺殺黃衣賊酋一名紅巾悍賊數名斬級千餘僞丞相屠逆踰嶺跳免國樑遂由湯水駐軍高資規復鎮江

六月和軍進營土橋鎮留翼長提督明安泰駐守縣城知縣趙廷銘回任招集流亡籌辦善後

縣城既復四鄉士民爭相賀一夕髮盡薙結義以應官軍惟瀕江鄉鎮官軍不及徇賊又出沒肆掠災黎窮蹙棄家遠遁至是招撫安輯漸次來歸

復設團練局於四賢祠勸民助餉

監生張金鑾捐助二千六百緡城鄉紳民所捐甚夥惟此咸豐七年照會尚存

練首解文毓等敗賊於東西堰岡

鎮江賊撲至山北諸邨文毓與兄文禮弟文章姪朝左朝楨朝右率民團固守岡口相持數月賊不敢踰目其地爲天鎖岡

七月副將虎坤元參將張玉良陶茂森戴文英擊賊於下戍破之

和公以鎮江未克北五鎮時有賊蹤故步步爲營進紮涫化鎮而金陵賊常嘯聚東陽下戍閒遂派虎坤元等合兵勦連戰皆捷賊負創遁及官軍撤隊又糾死黨蜂擁至築壘挖濠以圖久踞

八月甲戌賊犯龍潭及下戌築營於高山廟丙子虎坤元會練首解文約等擊敗之剗破賊壘三座賊驚逸

金陵賊酋汪永隆東竄至太平橋造浮梁抵下戌東門橋在裡外圩楊家莊築壘時虎坤元駐軍亭子郁與上山岡民卡爲脣齒坤元勦賊文約等助官兵併力攻焚賊營殺賊甚衆

九月賊糾大股西竄總統張國樑堵截河北水陸齊攻賊勢大蹙

國樑偵知賊將西竄於運河之北潛築營壘遣兵痛勦親督各軍由陸路進攻力戰六晝夜斬馘千餘復以水師乘風轟擊賊大敗東奔

壬寅賊犯太平橋連營二十里癸卯虎坤元出師奮擊鏖戰至甲辰會總統張國樑諸將併力齊攻焚燬賊壘數十座

鎮江被圍金陵賊率悍黨來援由石埠橋至洪澤橋沿河一帶賊壘密布並勾結捻逆賴汶洸等麕聚江濱壬寅犯太平橋癸卯坤元由亭子邨出師剿賊鏖戰三日大霧四塞會諸軍奮擊破賊壘數十座賊潰遁

十月庚午總統張國樑至自鎮江督虎坤元剿賊下戍斬偽安王洪仁賊來援又敗之於倉頭

國樑與坤元等連奪下戍賊營七座陣斬首逆洪秀全姪偽安王洪仁又追援賊於倉頭敗之

癸酉賊掠橋頭等處總統張國樑會上山岡西堰岡諸練首敗之

鎮江金山瓜洲敗賊掠橋頭下戍下圩紅旗橋等處張軍會練首巫艮雍解文約蔡清華等分路迎擊設伏殺賊大敗夜

遁

十一月戊子賊集大股出援鎮江己丑犯竹里虎坤元出勦賊營庚辰鏖戰於上山岡練目陳世萬死之辛巳總統張國樑來援合勦於竹里廟賊大敗奔還

此第四次賊援鎮江也己丑犯竹里虎坤元力禦之翌日戰於上山岡賊大股猛撲陳世萬中礮死時鎮江已克吴如孝突圍西竄國樑督張玉良來追合戰於竹里廟燬賊壘數十殺賊萬人追勦至東陽石埠橋賊敗入金陵

副將陶茂森駐軍湯山民團設卡於翻車峴堵截往來潰賊不敢南竄

茂森自九月移駐至於是月屢擊金陵援賊皖北捻匪及鎮江潰賊於東陽鎮民團繼之擒斬無算而大小翻車峴俗名大小

赤堰拖石岡諸隘口又令民團設卡堵截賊不能南竄一步是時瓜洲鎮江均復句界肅淸金陵之圍復合

十二月總兵虎坤元戰歿秣陵關諡忠壯合邑紳民設位以哭初坤元克復縣城卽移駐亭子邨設卡於上山岡下圩岡西堰岡要隘俾團丁屯之練局在金粟庵洛神廟雲塘廟李相廟等處軍民聯絡一氣賊不敢犯山以南幸免於難且軍令嚴肅閭閻安堵至是陣亡秣陵城鄉各局設位祀之

咸豐八年著雍敦牂之歲

正月議開長濠徵民夫濬之時和軍在孝陵各軍馳守之江甯知府鄭濟美駐湻化鎮明翼長自句城移駐凡軍興以來各營濬濠增壘皆役民夫設卡屯團又賴民力練丁籌饟復出於民至是又議濬長濠瘡

痍之衆竭蹶赴工數月始成

五月團練官紳　獎敘有差

兩江總督何桂清江蘇巡撫趙德轍會奏請　獎是月十二日奉　上諭何桂清趙德轍奏查明團練官紳尤爲出力開單請獎一摺江蘇句容縣知縣趙廷銘會同紳董辦理團練自咸豐三年以來遇有犯境賊匪均經隨時擊退六年五月被陷該官紳等隨同官兵克復縣城屢次隨同攔截竄匪築營挖濠善後各事宜民夫亦不勞而集實屬深明大義督率有方自應先沛恩施以昭激勸候補知府留署句容縣知縣趙廷銘著賞戴花翎以知府仍留江蘇不論煩簡遇缺卽補儘先選用知縣句容縣教諭唐沂著以知縣原班不論雙單月遇缺先選典史徐鈞著開缺以縣丞用候選縣丞汪汝

桂著賞戴藍翎指發江蘇從九品荀淦俟到省後以本班遇缺卽補並賞戴藍翎舉人笪佐堯以知縣歸部不論雙單月卽選廩生施貞文著以縣丞歸部卽選候選訓導王錫蕃著以復設教諭歸部不論雙單月卽選文生趙晉張餘伸均著以訓導歸部不論雙單月卽選八品銜笪熙著以從九品歸部卽選並賞戴藍翎安徽試用從九品張耜著以本班遇缺卽補從九品銜孫丙監生陳紹祖趙映斗均著以從九品歸部不論雙單月卽選俊秀高世珍著以未入流歸部不論雙單月卽選武舉部宗凱著賞戴藍翎武生高魁練丁周鋭羅正興均著賞戴藍翎並賞給六品頂戴該部知道單並發欽此

六月彗星見

彗星見於四方光芒直射或大或小經月不滅

七月長濠成

長濠之役派民到鐵心橋五日一更代濠成役猶不免鄉民環求知府始寬其役

八月壬申俞士丞被賊轘死

士丞陷賊中賊定計攻六合士丞奔告大營被賊邏得轘死

九月江浦六合難民數萬避居東陽龍潭抽捐入廣福局續府志誤作廣甯

時江浦六合繼陷避難來句者男女數萬散處各鄉肩摩趾錯闤闠喧闐過於城市先是東陽團練設廣福局至是復收鋪捐入局以供費又有候補縣吳復誠詐稱奉諭辦團需索難民

皖賊竄竹里廟余萬清馳剿平賊營三座
陳逆玉成既陷江北諸縣分股擾江上至竹里築三壘令孫寡婦狗妻郎四眼死守余萬清自鎮江來剿營於窰岡連戰數日賊不稍挫乃設伏誘賊大敗之焚其壘潛遁
十月火藥局焚轟斃民勇數十名
時溧水再陷吾邑戒嚴調集四鄉團丁守城彈藥儲於登瀛門堞樓偶失慎轟死民團數十八
十一月皖賊又竄竹里余萬清會練首高世珍等擊敗之
賊再掠下戍南北山頭御河口竹里廟等處萬清會高世珍謝曙初等堵截各隘口奮力夾攻殺賊數千人
咸豐九年屠維協洽之歲
四月江甯將軍福興修建寶華山慧居寺佛殿

六年城陷殿被燬至是福公重修肖像派民夫搬運木石民
大嗟怨
六月賊掠靖安廠孝子劉本韶救父被戕
劉本韶父榮被擄本韶與賊爭賊殺本韶榮乃得脫邑中子
死父婦死姑妻死夫者甚夥俱見忠義貞烈傳
七月賊屢掠橋頭下戍閒練首巫頁珠等擊卻之
賊出沒沿江官道焚掠橋頭下戍閒巫氏民屯奮擊走之
十月免地丁錢糧
以民修長濠功也
十二月丁卯總兵馮子材剿殺沿河流賊
御河一帶時有流賊焚掠郇堡張國樑令子材督兵掃蕩北
五鎮賊巢

咸豐十年向章涒灘之歲

二月提督張玉良統軍援浙

金陵賊被困告急於江北皖南諸巨酋陳玉成李世賢楊輔清李秀成等秀成最狡黠欲披官軍之勢與其黨謀曰官軍精鋭悉萃金陵其餉源在蘇杭今金陵城外長濠已成官軍內圍外禦張國樑又嚄唶善戰攻之難得志不如輕兵從閒道疾擣杭州杭州危蘇州亦必震動金陵大營懼我絕其餉源必分師奔命以救之我瞯大營虛弱還軍急擊蹴破大營則蘇杭皆我有也計定遂襲浙西張玉良分大營兵五千人以援之

三月僞忠王李秀成自溧陽犯赤山湖縣城戒嚴

己卯大營又遣總兵熊天喜曾秉忠率水陸軍攻復長興賊

詗知大營留兵愈單由浙境風馳而西秀成與陳楊諸酋會於東壩乙酉陷之進陷溧陽由溧陽犯赤山湖復會於湻化鎮以窺大營縣境震動

賊犯天王寺王錫蕃擊敗之

初賊屢由溧水來犯錫蕃等先後十數戰力禦之卒因賊大至民團始潰

閏三月丁酉僞侍王李世賢由溧水陷縣城

初聞賊犯赤山湖人心惶懼旣而溧水陷居民紛紛遷徙守城兵勇團丁不下四百名保衞局遣人偵探是日辰初猶報溧水賊已退出城鄉各董方相慶慰至未刻驟驚賊至衆相錯愕急登城瞭望賊隊已排列山岡蜂屯蟻赴知縣及城守等易服遁獨啟北關俾人逃命擁擠踐死者甚衆嚎哭之聲

甚慘賊初望城上旂幟林立未敢輕進繼見百姓爭竄幟亂旂靡鼓角無聲乃整隊入搜括焚殺倍酷於前矣

甲辰李世賢留賊踞城自率大股犯東陽龍潭進撲大營侍逆率三千餘賊扮官軍狀由新塘墳頭樺墅至東陽龍潭焚掠百餘里殘骸滿野哭聲干霄燬屋萬餘閒戕難民數萬

戊申甚雨雷電以風大雪厚尺餘已酉長濠潰

先是大營餉項皆取給於總督何桂清至浙江失陷蘇常震動餉遂減給各營譁譟桂清又留張玉良等守常州大營屢次羽書告援皆不遣羣賊瞯多空壘環攻横突死咋不退是日大雷雨雹雪深尺餘寒甚人多僵凍已酉夜各營火起遂潰邑人死是役者藍翎都司韓邦盛藍翎千總施貞武六品軍功陝西提標營外委朱在麟

庚戌和大臣總統張國樑由東陽龍潭退保丹陽

縣城既陷大營後路已斷國樑由東陽龍潭抵鎮江分萬二千八使馮子材守之自馳丹陽扼守

癸丑和軍總兵熊天喜殉節於白兔鎮諡勤勇

和公先至丹陽遣天喜進營白兔是日軍潰自殺

癸亥總統張國樑軍潰丹陽投河殉節諡忠武

張公退至丹陽賊伏潰卒中狙擊創甚投尹公橋下殉節自是而東南糜爛金陵無圍師者朞年

四月踞城賊復出僞示安民設僞鄉官苛派稅斂悍賊四出爲害閭閻

賊雖出示安民而焚掠邨墅民不聊生向之距城較遠處未經擄括者亦咸及於難其預先挈眷渡江奔裏下河者百纔

五六餘則賊氛四面猝至欲逃無路全家盡節闔邨殉難者
不知凡幾蹂躪之慘千百年未嘗有焉
賊擄殺四鄉民團屠戮殆盡
六年城陷後四鄉結團堵禦若天王寺王莊散岔郭莊廟何
莊廟淤鄉白土茅莊趙莊光里廟以及北五鎮等處均能助
軍殺賊赴義死綏至若西鄉迤南北一帶幾於戶皆團練人
盡爲兵賊三五入邨誘至曲巷中堵其閭擊斃之賊麇至則
設伏以殲故賊痛心切齒此次陷城日肆擄殺又無官軍堵
截故屠戮殆遍慘不忍言
五月賊燬句曲山宮觀
茅山自西漢迄今數千年靈貺照耀寰宇六年賊至頭洸洸
不能上至是前數夕如溧水志所謂琛嶺神燈者排列千百

冉冉向東北去賊遂將山上下宮觀數十區投諸一炬

六月癸酉兩江總督曾國藩督辦江南軍務駐節祁門

總督曾國藩由安慶至

己卯江甯將軍巴棟阿敗賊於橋頭炭渚

賊自鎭江窰橋頭增設卡壘分擾泥山湯岡等處巴棟阿飭副將馮日坤由中路炭渚進副將陶茂森由南路山梁進副將賴鎭海駕礮艇扼橋險要水陸軍剋期會攻又令總兵馮子材督勁旅爲諸軍策應庚辰合兵鏖戰自寅至午斬逆目二名擒獲極多橋頭炭渚諸逆壘一律燬平追殺七十餘里

八月總兵馮子材勦賊於下戍

悍賊孫花子犯下戍築壘於夏家邊子材茂森合軍擊之賊竄丹陽

荆州將軍都興阿督辦江北軍駐揚州

李若珠患病都興阿接統至自湖北仍隸南軍而北軍屹然

爲淮揚重鎭

九月總兵馮子材規復縣城未克

馮子材陶茂森在治東十八畝山唐家後山等處築壘規復

縣城勦賊於戴家邊村西鏖戰數十次不克始收軍回鎭

十月賊燬寶華山銅殿並折各殿宇梁棟運至金陵

銅殿明萬歷時李太后建費帑數十萬金至是爲賊燬并折

各殿榱棟與砍伐山中古木運至金陵累月不輟

十一月官軍勦賊築營於徐家邨

營官劉岐山在徐家邨紮營與城賊僞守王方海宗交綏山

下

賊築壘屯糧於寶堰

賊築堅大石壘於寶堰運蘇州之糧屯儲壘中以濟上江之賊

咸豐十一年重光作噩之歲

二月賊踞唐陵史光才結團攻之不克

光才在東太陽邨團練結有二千餘人欲攻唐陵賊巢討定爲邨婦漏洩賊有備遂大敗回

三月諸生曹瑞義不受辱餓死山中

瑞子被虜受僞職迎養其父瑞大罵不認其子走遁山中不食死

四月護賊陳坤書自揚州敗回屯聚南鄉焚掠幾盡

陳坤書自常州出欲犯揚州因鎮江道梗遂走丹陽經縣境

沿途擄脅號稱百萬橫亘百里上抵金陵由九洑洲渡江越
六合攻揚州將軍都興阿擊敗之復從原路奔回丁亥竄踞
南鄉數百郵民舍度夏悍賊時出淫掠大郵婦女數十百口
匿廢院中而培其戶賊初過之不覺繼聞啼聲呱呱破竇入
無一得脫賊横掠不遂則反縛倒懸搒掠炮烙甚者支解轘
裂剖腹彎心裹緜灌油縛樹上焚之謂之點天燈賊盤踞數
月男婦罹此慘者不下萬人比拔隊去所掠男女盡使負擔
護賊一過而民靡有孑遺矣
五月踞城賊僞昭天義掠橋頭提督馮子材擊敗之
僞昭天義方某糾悍賊數萬攻鎮江馮子材擊走之賊回竄
橋頭子材追勦痛殲賊潰奔入城
練目張才先禦賊於河灣中礮死

才先結團保衞屢卻賊僞昭天義率卒來撲力戰於河灣飛礟洞胸死

護賊過境肆掠練首張慶生禦賊死之一團盡殲

慶生聞護賊擾境督團出紅岡迎剿殺賊數十人追擊於湯水頗有斬獲護賊率大股至攻破之執慶生等臠割死並燬其邨

六月賊隊擾下山地邨陳正達率三十六人殺賊死之

陳坤書焚掠至下山地邨正達結丁壯三十六人禦於邨口所殺過當賊大至被執三十六人盡支解死

七月賊掠橋頭下戍民團潰多溺死

溺紅旗橋死者凡數千人

八月橋頭民與賊夜戰於下坋岡

賊築壘欲久踞橋頭民夜襲之鏖戰於下坋岡至平旦互有
夷傷
九月賊掠橋頭下戍提督馮子材敗賊於湯岡
賊掠橋頭下戍子材令營弁田宗揚哨弁史光才剿賊於湯
岡擒斬無算
民團攻城不克
橋頭下戍一帶常被賊擾民團結千餘人夜攻縣城不克而
還
十一月皖軍提督李世忠即李昭壽駐軍石埠橋騷擾龍潭東陽
世忠渡江攻克石埠橋賊壘卽駐軍設卡於東陽鎮凡民間
日用飲食一律抽釐搜括既盡則折毁民房運販江北憶乙
卯丙辰間東陽防營閒有與賊對河轟擊並不交綏坐老鼠

山下曝陽捉蝨隨聲呼譟甚至被賊入營盜馬平時樵牧漁獵蹂踐場圃民間已嫌其擾不若豫勝營兵之兇惡較賊尤甚也

同治元年元黓閹茂之歲

正月賊掠橋頭

江北潰賊竄擾江南至橋頭下戍等處極肆焚掠

四月江甯布政使曾國荃乘勝東下駐江甯鎮南軍再立

國荃自湘募勇乘勝東下勢如破竹庚辰大軍進駐江甯鎮之板橋

賊竄踞茅山唐陵等處

此皖南潰賊麕集於此圖援金陵

五月茅山鄉練首吳廷珍僧開寶攻賊不克死之

唐陵踞賊肆掠廷珍開寶結團攻之已入賊壘後隊不繼遂被執廷珍砍死開寶罵賊剖腹死

癸未布政使曾國荃直逼雨花臺駐軍蘇常賊圖援金陵過境滋擾

國荃懸軍直入雨花臺賊營遂駐軍陳坤書黄文金等來援盤踞句溧一帶我句自上年被擄賊往來蹂躪百里上下幾斷炊煙此番賊至無糧可擄見賊卡有糧衆爭劫奪卡賊竟無如何且相率逃避矣

高世珍應募結團東北兩鄉皆應

辛卯團丁剿賊於小太平莊距治東十里殺賊三獲黑旂一壬辰剿賊於張巷邨距治東十二里殺賊二獲黄旂一辛丑游賊犯趙家邨團丁禦之殲其一十年城陷後世珍隱武岐空青閒至是

江甯府楊鍾琛訪得之令治鄉團以圖恢復

六月旱蝗大饑

民間宿麥盡被賊掠飢死相枕藉人相食

辛酉民團敗賊於聖鐵邨距城二十里已殺賊於光里廟距城十里

護賊四出掠米團丁遇賊於聖鐵邨擊敗之已巳賊糾衆犯

光里廟團丁扼之於大橋旁擊敗之殺賊十二名奪彩旂二

十八手

七月大江以南疫癘流行

句容遺民死者殆盡

庚寅團丁丁得明等勦賊大潰死之壬辰敗賊於橫塘邨

周家邨團丁治東十五里爲護逆攻潰丁得明段順江張餘豪均

陣亡謝益斌中彈舁歸越二日賊復攻橫塘邨團丁奮力抵

禦賊挫遁

壬寅民團禦賊於下蓺邨擊卻之

僞幼西王率隊過下蓺邨（治北十二里）縱賊殺掠民團攔截痛剿
賊不得逞

八月辛亥賊糾大股攻民團團稍挫轉戰至煉神岡各團來援
前後夾擊殺賊二百餘名

僞幼西王既經挫辱後遂率大股來撲民團將潰經各局來
援賊遂大敗於煉神岡（在治東北）

僞忠王李秀成糾合十三僞王援金陵屯踞縣境數月

賊眾號六十萬屯踞丹陽句容一帶圍攻曾營閱四十六日
始敗退仍踞縣境人煙斷絕鬼火流空

閏八月賊掠唐陵等處執鄉民八百餘口縱火焚之

乙酉史義亭郎光才率民勇數百至唐陵一帶勦賊賊奔溧陽途遇援金陵賊乃糾大股回竄唐陵而義亭民團已退賊大肆殺掠近唐陵數十邨無一完全所獲鄉民老幼悉驅入場屋中縱火焚之約八百餘口時人謂之火燒園賊退合園中殘骨及左右塘浮出之屍總埋一所名爲千人殘骨墓

九月鎭江敗賊回竄提督馮子材追及湯岡毁賊壘九城賊僞念王方某率悍賊數千攻鎭江子材擊退之賊於湯岡築壘圖再犯子材又追至剗平九壘賊遁回城

同治二年昭陽大淵獻之歲

二月僞懷王周賊糾衆竄至縣城外會合丹陽僞效天義陳賊圖犯鎭江提督馮子材分路迎擊大破之追至薛邨而回

賊衆麕聚東北鄉圖由鎭江竄擾江北各處冀分金陵大營

兵力子材派軍分路迎擊陣斬爲効天義陳賊即英賊叔也

賊衆潰追至薛邨乃旋

三月練首莊其叚其志率鄉勇次第剗燬賊營賊館十餘所

丁未破管莊賊館戊申破行香賊館庚戌破侯莊賊館癸丑

攻克丹徒小丁莊土營數座

四月賊犯土祥邨張延洪帶團迎擊稍挫

戴邨張延洪督團在土祥邨與賊戰敗勇丁陣亡二名延洪

中創退回

五月官軍攻克九袱洲莊其叚莊其志陣亡

初其叚兄弟剗平賊營賊館也勢如破竹提督楊岳斌賞異

之調攻金陵沿江賊壘至是同中礮死

七月練首高世珍謀結內應復城事泄死之

世珍聯結八社七總十六鄉民團復詣金陵大營請兵助剿乃入城謀內應期定先數日單騎至石墓賊偵知之伏於道旁世珍至猝出執之大罵被戕

十一月蘇州軍克無錫金匱進克常州城外賊壘及句容援賊參將唐道華陣亡

唐道華仁信鄉人隨巡撫李鴻章復蘇州連克無錫金匱圍攻常州鏖戰陣亡句容踞賊僞守王方海宗往援經蘇州軍擊敗退回

丁卯鎮江軍殲城賊僞罔天義黃逆

僞忠逆之子勾結句容悍賊僞罔天義黃逆率賊二三萬分道撲犯鎮江甘棠橋官軍營壘勢甚凶悍馮子材督諸軍分股設伏迎剿逆衆數十騎誘敵官軍屹不少動黃逆率洋鎗

隊直撲陣前副將楊青山整隊以待見賊逼近開旗排鎗連
環轟擊子密如雨逆勢不支紛紛倒地岡天義黃逆中鎗墜
馬經馬步軍衝入陣中割取首級餘匪奔潰官軍分路抄擊
逆衆仍遁回句城
十二月霆軍力扼東壩徐圖進取
前奉　諭旨鮑超全軍駐紮東壩此時溧水已復自應進
取句容以斷忠賊救援金陵之路欽此曾大臣　奏言忠逆
近由金陵退竄句容潛入溧陽與侍賊合股意在外擾溧水
建平奪我東壩一關以圖上竄東壩爲三省關鍵鮑超正以
全力爭此要區暫不能進取句容以合金陵之圍自句容而
外論者又謂宜急取廣德肅清全皖扼賊上犯之路臣以廣
德易取而不易守鮑超既力扼東壩更無他軍可當廣德一

路句容廣德之不能早爭實由限於兵力難以兼顧云云
奏入又奉　寄諭蘇常一帶軍情正在得手賊勢趨重丹
句金陵意圖奪圍上竄馮子材兵力苦單急盼鮑超之軍合
攻句容而鮑超力扼東壩既不能與之會攻又不能分攻廣
德祇是相持局面日久終慮變生該大臣仍當於慎重之中
力求出奇制勝之策方爲妥善欽此
提督楊岳斌平橋頭沿江賊壘
賊屢掠橋頭沿江一帶尚有賊壘楊岳斌以水軍駐江上次
第焚燬俱盡
同治三年閼逢困敦之歲
正月辛酉總兵朱洪章擊退運糧之賊
是夜忠賊之子僞二殿下率黨自句容護糧進太平門經朱

洪章等截擊斬七百餘級執二百餘人棄糧狠籍道左

二月曾大臣檄霆軍進規句容

曾公國藩以金陵圍師不滿五萬偪困數十萬死命之賊深恐窮寇衝突致蹈和營覆轍既留楊岳斌仍駐江上以斷水路接濟而霆軍駐扼東壩羣賊望風遠避久無戰事因檄鮑超分營進取句容備勦援賊尋又致書云近聞僞忠王以血書求援於湖州賊目侍堵等逆許以三月間來援金陵舍弟所部分紮百餘里汛地太廣圍城賊有餘截援賊不足如侍堵果來務望閣下妥善禦之如句容已克卽請閣下親駐句容一以防侍堵來援一以防克城後之衝突句容最爲扼要之區侍堵來援無句溧兩處駐足斷無能久之理閣下不打援賊而舍弟軍已受福矣若句容未克貴軍仍須回駐東壩

侍堵來時應請閣下帶行隊至溧水等處俟賊撲舍弟營之後閣下即抄賊之後亦如在高祖山時出行隊打涇縣也儆處著萬方伯爲貴軍辦米萬石閣下可派員至彼處催以期迅速

賊約金壇寶堰賊助守縣城

踞賊僞守王方海宗聞霆軍將至糾合金壇寶堰賊僞翰王項大英僞列王方成宗兩大股同守句容

三月乙巳霆軍破散岔賊卡丙午會諸軍直抵城下

乙巳鮑超冒雨疾馳攻破散岔鎮賊卡又以一軍馳抵水南邨鎮江軍會剿駐東昌街丙午各軍同抵五里岡周家岡等處正擬築壘城內突出賊衆三四萬密布山岡捨死猛撲我軍三路迎擊奮勇盪決賊敗反奔乘勢掩殺直抵城下將城

外賊壘一鼓掃平
丁未賊目徐邦本結內應夜舉火賊啟華陽門逃大兵追殲之
遂收縣城
徐邦本等欲內應恐兩廣老賊不從計在城兩廣人約萬餘
而兩江湖廣有四五萬人遂併力摎殺兩廣老賊格鬬於東
南隅雲龍岡一帶至四更時大軍見城內火起知賊內亂急
引兵東向賊啟小南門郎華陽門逃竄諸將分路勦殺擒獲二酋
俄見邦本等七八叩馬通報指二酋曰此郎偽翰列二王也
遂復縣城將所擒二偽王檻送安慶省城正法生降五萬餘
眾悉數遣散
賊遁至寶堰已酉提督鮑超敗之奪壘五
偽守王方海宗遁至寶堰與偽顯王袁得厚合兵拒守鮑軍

於已酉日率隊急攻五路齊進萬鎗並發各軍負草塡濠爭躍入壘一壘破諸壘盡潰賊爭逃衝出官兵掩殺偪投入河者無算守顯二逆遁走金壇丹陽奪獲大礮二十一尊礮船旗幟多件鮑公分兵駐守自回句容城駐紮

庚申敗賊於茅山

王子鮑超自率大隊逕取金壇大軍逼城下忽接鎭營提督馮子材來書以丹陽賊勢綦重請移師助勦超乃派婁雲慶周有勝等率馬部七營留紮金壇城外自統十四營回句容金壇踞賊出撲我營雲慶力戰卻之超回句容接子材催勦書又奉曾督部檄飭令力保東壩已未隨飛馬傳知金壇各營盡撤回句容以備分援二處之急傳令甫畢繼念金壇撤營賊必襲我之後乃親率各營偃旗息鼓折回西洋邨在三

茅峯一帶面面設伏而以婁雲慶等馬隊佐之庚申金壇逆酋胡明友聞官兵撤營果糾壘賊二萬餘衆悉力窮追我後正向田隴邨落迤邐而進超揮令諸軍突出中路賊驚以洋鎗小隊蜂擁來迎張遇春於礮子如雨之中衝入賊陣賊衆披靡超催動號鼓伏兵四起旌旗布滿山谷黄海清劉得勝驟馬入陣截賊數段婁雲慶熊高望等亦從山後抄出橫斷歸路賊衆倉皇失措棄械而逃各軍追殺五十餘里直逼金壇城下遂收縣城

奬敘鮑軍諸將戰功　贈卹有差

自句容收復曾督部　奏提言句容一城與金壇丹陽鼎足而三實爲金陵左輔鮑超率師進勦一戰克之並執二僞王毁五賊壘金陵已有日孤之勢禆益全局厥功甚偉奏入奉

上諭賊匪踞守句容縣城負隅抗拒提督鮑超督兵進剿立將句容縣城克復其寶堰賊壘復經鮑超率隊攻破剿辦甚屬得手所有尤爲出力之總兵譚勝達唐仁廉均著交軍機處記名遇有提督缺出請旨簡放周有勝易昌煥李文益均著賞加提督銜王衍慶劉順隆張玉田均著交軍機處存記遇有總兵缺出儘先提奏參將黃海清著以副將仍留安徽儘先補用並賞給彥勇巴圖魯名號副將孫開華著賞給總兵銜並賞給耀勇巴圖魯名號陳永康羅運昌均著無論四川推題副將缺出先行補授羅運昌並賞加總兵銜參將唐得勝著以副將儘先補用並賞加總兵銜游擊洪容海著以參將儘先補用並賞加副將銜其餘在事出力員弁准其查明彙案保獎陣亡知府田芬參將湯茂泰都司易新勝

黃昌陳光謨守備向忠國均著從優議䘏降人徐邦本張宏發楊文明龔福全張明道張士寬童得勝均著賞給守備虛銜欽此

四月戊寅僞顯王僞玕王由天王寺回竄大山頭犯東壩高淳甲申總兵譚勝達鄧訓誥敗之賊竄廣德

句容金壇既復鮑超自駐句容城而以部將譚勝達等分統東壩各防營時提督馮子材總兵詹啟綸攻克丹陽敗賊數萬由天王寺大山頭一帶圖犯東壩高淳譚勝達鄧訓誥諸軍併力兜擊至三十里外斃賊近萬內有僞王七人餘眾向廣德竄去

五月提督鮑超拔隊西行

數月以來蘇浙各郡縣疊次克復兩省敗賊先後由徽甯上

竄江西計緩金陵之圍曾督部　奏調鮑超軍率師上援咨調巡撫李鴻章接防東壩句容鮑超統率全部由句容拔隊西行

六月乙酉浙江巡撫曾國荃克江甯省城擒逆酋李秀成等曾督部入城安撫江甯全境肅清

先是攻克鍾山僞天保城占取龍膊子山是日由太平門地道轟城入乘勝猛攻全城皆破殺賊數萬三更僞王府火發奪獲僞玉璽及金印四更悍賊千餘人由地道闕口竄出首逆洪秀全已於上月丙辰服毒死後在僞宮掘出逆屍戮焚之復於方山下搜出逆酋李秀成並擒僞王亥兄洪仁達均極刑處死江甯全府肅清

丙戌逆子洪福瑱自省城逃出竄至郭莊廟鎮丁亥由甲山口

奔溧水東境逸去
賊由缺口衝出官軍追至湖熟鎮時前隊三百餘人已挾洪福瑱竄至句容南鄉郭莊鎮日暮途窮遂暫匿於此有鄉人見之者云福瑱年約十五六極瘦弱有與其年貌服色相同者凡十一人獨袒臂時內有一著珍珠衫者與同儕環坐飲食旁列悍賊數人皆黑面圜目戟髯繞頰持刀緊隨不離咫尺翌旦出甲山口南遁午後官軍馬隊追之弗及以熱斃馬二軍士亦有中暑者乃撤隊回賊遂由溧水東境逸去至九月按察使席寶田於石城荒谷中擒獲伏法粵逆遂平

署句容縣知縣依勒通阿設善後撫卹幼幼等局紳民漸歸來
復城時縣丞杜泰愷代理縣事至是布政使委依勒通阿署篆始議設善後局辦善後事宜設撫卹局以濟被難窮黎因

賊中逸出幼童甚多議設幼幼局留養其有家可歸者卽由縣遞送回籍餘則設法安置不使飄流失所句容自同治元年以來孑遺已盡少壯之人均逃避江北傭工老病孱弱胥爲餓殍此次縣城既克無不懽呼踴躍復我家邦而荒榛滿地白骨撐天所餘一二破屋中屍骸枕藉白晝鬼聲嗚嗚於頹垣斷甓閒夜分狠嘷酷類兒啼忽聞衢巷人馬嘈雜以梧擊壁閤閤作聲啟戸視之竿燈握炬捲旆荷戈步騎數萬絡繹不絕久之寂然蓋陰兵也市上運用泉刀小於榆莢鵝眼俗名盧州府錢百物騰貴廬舍既燬民無棲止田園久荒力難畊耘逾年曾督部　奏設招墾局並借給牛種自是遺黎始有生機矣

附録

暴骨冢四城門外皆有多亂後瘞焉 千人肂骨墓在唐陵見前表註 瘞骨冢六安劉啟發總兵聚龍潭倉頭下戍橋頭高資等處陣亡者就其間掩瘞大冢肂骨千一百餘小冢千九百餘 火燒祠堂在前柏墅卽姚氏宗祠咸豐時賊驅鄉民於祠中縱火焚死約五六百口故名火燒祠堂 火燒園在唐陵俞巷東見前表註

續纂句容縣志卷十九下終

續纂句容縣志卷二十　　　邑人張　瀛分纂

拾補

周應合纂景定建康志有拾遺一卷今仿其例將前志所未收者補苴掇拾彙纂卷末雖蠹蛤珠璣難與夜光並耀然使長遺滄海沈泯無聞冥默有知能無以粗疏淺陋見鄙耶作拾補志

宋顏延之字延年琅琊臨沂人仕至金紫光祿大夫南史有傳

顏師伯字長深竣族兄也累遷吏部尚書轉左僕射南史有傳

顏竣字士遜延之長子累遷吏部尚書諫諍懇切下獄賜死南史有傳

顏繼祖移風鄉人爲本邑令昇明二年大泉寺碑誤作開明今據金陵詩徵改正捨宅爲大泉寺唐僧惠誠即顏氏十三代孫見大泉寺碑記

按顏氏世居句容來蘇鄉後顏邨宋王遂顏魯公祠記云縣圖經載後顏邨有顏尚書塚九墳十八墓呂府志云考魯公上世多葬金陵延之與子峻皆歷尚書或是二人之墓不知延之卽魯公十一世祖也見朱緒曾金陵詩徵

唐樊珣來蘇鄉人大歷丁巳爲本邑令兼大理司直太原王昕修赤山湖珣爲之記文見周應合景定建康志今采入藝文

許嵩邑人著建康實錄見朱緒曾跋

周元範一作光範邑人張爲詩人主客圖序云廣大敎化主白居易及門句曲周元範祝天膺

祝天膺一作元膺邑人有送高遂赴舉詩遂亦邑人

唐堯臣邑人有金陵懷古詩

張琢孝子常洧之從孫以經學著稱少游太學垂十年有貞介

之行見知當道仕眞甯縣主簿政聲卓著媲美武城秩滿歸經先人之舊廬懷盛事之未樹喟然歎息霈然流涕乃髯琴書車馬芟荆榛葺廓廡取孝子旌表敕書而勒諸石當時咸謂上宣君命下揚祖德爲盡善盡美云

宋張識張諮同登慶歷二年進士第見舊志正科表呂府志誤作江甯人苗昌言字禹俞邑人紹興二年進士金陵詩徵亦誤作江甯人

張綱字彥正邑人原籍潤州丹陽縣曾祖俊自金壇徙句容祖祺父翙政和二年綱試內舍第一明年癸巳上舍第一試崇正殿復賜第一好事者繪三魁圖累官資政殿學士知婺州致仕卒年八十四謚文定改謚章簡有華陽集四十卷宋史有傳長子堂次堅孫釜鋈鑒鎬

巫伋字思庸琅琊鄉黃墅人紹興戊午進士正言兼說書二十年自給事中遷端明殿學士除簽書樞密事兼權參知政事二十二年劾罷奉外祠遂落職隆興二年詔赴行在以臣僚言罷文獻通考云正言兼說書自端明巫伋始伋渾厚端謹不附權貴秦檜居上元樺墅邨與伋里接壤一日相遘朝堂檜問曰近時有自鄉里來者得知新聞否伋曰有一人至頗精星命檜色變詰曰公曾推算何時拜相伋默然而退檜遂嗾言官劾伋有陰謀由是削籍放歸家居時有仙鹿爲獵人所逐匿伋牀下伋脫其難鹿遂啣牡丹以報至今花猶繁盛

張堅字子固綱次子紹興甲戌進士官戶部郎中寶文閣學士

陳序字彥育官和州文學終刪定有碧巖集彥育從蘇庠學詩受知於浙漕向伯恭邀與同行妻以愛姬姬寇萊公元女孫也

伯恭聞於朝授官序博洽多聞作類書若干卷自言今二十年矣如荔支一門猶有一百二十餘事見周紫芝太倉稊米集

駱適正能詩嘗至建康赴張德共西園會飲即席賦詩云花留春盡覔無痕尙續餘歡侑酒尊一曲未終人已去西園燈火欲黃昏見周輝清波雜志

張釜字君量綱之孫以蔭入官主管江東安撫司機宜文字通判饒州再登淳熙戊戌進士知廣安軍池州廣州累遷殿中侍御史諫議大夫兵禮吏部尙書端明殿學士簽書樞密院事嘗刻其祖文定華陽集於池州廣州九曜石刻有釜慶元乙卯季冬題名

戴昌篤信好古力學愼行其文辭制作高邁宏偉有古人風味紹熙間舉制科授鳳翔府僉判下車之初修德行政崇尙儒教製祭服定禮儀歲時大比設文會以嚴課試生徒多所造就邑

民爲之感化行將薦之上秩昌以老告歸隱華陽洞天之别墅優游自樂吟咏不輟卒年八十有六子九成紘

戴九成生於隆興中岐嶷有大志不與羣兒嬉童穉時惟躭於學讀書必欲尋究義理年十二補弟子員舉紹興某年進士授江夏縣主簿德政廉明刑罰省約侍御史趙光祖疏其蹟陞本縣知縣未幾奸革弊除民化刑措日惟與儒生談道論學而已由是令聞益著吏部尚書趙汝愚薦起居郎兼講官每進講皆本乎聖賢之旨根於性命之原著書勵學大有補於士習遂歴官至國子祭酒及慶元時會韓侂胄作相謀出趙汝愚於福州斥李祥楊簡守知外郡九成曰正人誣以黨錮我輩當見幾遂解冠歸隱華陽之别墅卒年七十三子昉夢舉

高功字以大先世居豫章之吉水晦迹閭里不求聞達宋孝宗

隆興癸未以金人亂徙籍維揚至淳熙戊申金復南侵遂以田產舍揚城清水寺寺址亦所施遂渡江至句容驪山見山水盤鬱卜居於此爲燕翼計以子實貴誥封光祿大夫享壽九十有五

高實字有節登宋孝宗乾道八年壬辰科武進至淳熙二年乙未科復試文進士登第甯宗慶元五年己未進右丞相兼知樞密院事加太保光祿大夫左柱國以親老致仕卒於嘉定甲申卒年七十有九沒後爲神顯靈於六安州之茶山至今廟宇尙存子評蔭承直郎

戴紘資稟粹厚度量宏偉事母孝及長慨然提筆植生理廣田園由是貲用日饒甲於縣南然能輕財樂施不以富驕人也嘉定乙己縣官講行荒政委請上戶勸實令見紘之正直無他一

力委之紘乃家至戶到所濟皆被實惠人賴以全活者雖巧術不能筭也有貸其貲者亦未嘗錙銖計息貧不能償亦不與較每有催科之責人多宛轉規避紘獨爲一鄉之倡以身任之凡窮陬僻壤孤寒無以爲計者紘首爲代輸不責其償鄉曲義之紘篤意家塾延禮名儒日無虛席凡鄉里子弟有可教者必飲食於家以教戒之暇日訓飭其子弟嘗曰吾先世族大衣儒衣冠儒冠者十室而九有聯預薦書以文墨稱者非一人汝曹不可不勉鄉人有舊與紘不慊其家偶爲小人所誣人皆謂紘必擠之紘乃急往營救遂全其家以德報怨於紘見之後有潘姓者亦爲鄰媼之死不能自明紘亦與之解紛遂寢其事其他親舊宗黨事有掣肘凡出力營救晨夜奔走不以爲勞者不可縷數

戴昉字德明昉失怙時與叔父紘弟夢舉侍祖母王孝行有加及喪祇奉喪事哀毁過情繼與叔若弟異居歷久無閒言昉自幼至壯篤志問學延師教弟以續箕裘歲旱不憚勞瘁興水利灌溉田畝得大熟鄉人獲其利每遇正旦必計鄰里之貧乏者時遺粟喪不能舉者亦賙之己丑歲饑官議賑濟縣委以提督之職昉以己財補其不及賑濟之利得以平均由是縣官嘉歎達名於州未幾卒

呂江居四平山自號四平翁吟咏適趣有栖白庵詩

戴袁然字德五性明敏好學善屬文因而見知於福王府奏選宣議郎授本府記室袁然爲人襟懷瀟灑應事敏捷爲縉紳閒推重咸以遠大期之不幸早逝

元高仁字敏一太保實之孫登宋理宗景定壬戌科武進士初

任湖南昭勇將軍至端宗景炎丁丑陞置制大使帝昺祥興已卯因宋亡遂匿跡驪山爲元人所迫拜總霸提領大使征交阯有功封平南侯不受遂歸田里

孔杓字端卿宋末隨父官浙遂至永嘉辛巳六月從軍發四明自神箭山放洋三日至耽羅又三日至日本泊竹島八月朔夜雨遇颶風舟師殲焉杓獨不死附破舟登合浦過高麗平壤涉遼陽歷胡女眞契丹境由平灤州孤燕山得南歸仍家句容有東征集

張文盛字彬之自稱巽隱翁曾祖慧祖仲父端行文盛性潁悟自力於學詩書通大義工草隸尤邃於醫蓄方藥以濟人卓犖有康世志至元乙亥元兵南渡破建業守者宵遁兵四散掠旁邑文盛與兄文浩侍母谷氏疾守死不去先鋒至叱曰何敢然

欲兵之文盛與兄泣告曰母病不良於行請以身代帥義之曰
孝子也遂去之且戒麾下勿擾其里又予之檄使招集流散復
爲計然之術致富晚好吟詠意致清嘉客游淮南與名士唱酬
往來卒葬黃塘原江陰陸文圭爲墓誌
戴君瑞字奇之别號雲壑資性穎敏篤嗜學問所爲詩文能追
配古人有豪邁不可及者元貞閒奉檄授句容郡王殿下管戶
提領然素志不樂仕進喜吟詠好施與凡鄉曲有假貸者未嘗
規其息不能償者亦未嘗促其入以故族里罔不德之
戴應龍字雲卿少有大志負經世之才不求聞達當道知其才
可整眾欲寄大任應龍懇辭乃授以句容管戶提領遂受命因
而語人曰句容吾父母之邑也且位卑祿薄不失吾爲貧而仕
之義應龍深知民情土俗訓練有法調用以時上嘉其能而下

服其德暇卽偕高尚之士徜徉於山水之閒假詩酒以自娛至老如一日卒之日閭里士大夫罔不哀之

笪兆麟字東軒博學能文尤善於詩著有東軒集未及刊行而終

笪鉉字怡軒生而明敏善吟詠著有怡軒稿

朱彥字昇可號拙庵任浙江杭州錢唐從事獻政治八策其畧曰竊聞國以民爲本民以食爲天蓋民得所養則國勢安國無弊政則民生厚是以治國者必以養民爲至要爲政者必以去弊爲先務其養民去弊之道其目有八曰愼風憲曰遴守令曰廣鹽法曰復鼓鑄曰汰僧道曰均賦役曰恤荒政曰修武備洋洋千餘言切中時弊著有拙庵集

朱君實字曲峯敦重有文好從儒先長者游如張菊存仇山邨

二者宿皆嘗以詩相贈答公府辟爲調天臺儒學教諭弟士林字桂芳性孝友年甫壯妻錢氏歿義重伉儷弗忍再娶終其身子綽

胡澤民字宗伊號華隱坊郭人登大德元年進士第曾祖元震祖南父廷桂宋咸淳七年進士世有隱德澤民性孝友家藏書甚富邑士求書者必之胡氏而其操守儉約布衣終身明窗淨几湛如也子體仁字長卿由薦舉任本學教諭卒祀名宦見前志

王翥字元翬能詩詠葑門晉侍中顧榮墓七古一章膾炙人口同時會稽亦有王翥字元翬俱見謝應芳懷古錄

舒廸字道原自號華陽山人亦元季詩人

明陳勉有送子從征詩蓋陳友諒圍南昌明太祖親征之時作

王韶宋入容山鍾秀集時有孔克讓詠水德婦李氏節行詩克讓與克仁兄弟行也克仁見舊志政治中

胡熟字善養洪武中由儒士爲本學訓導胡照字善明天性穎悟同游皆推讓之出入衣冠肅然雖燕居無惰容永樂四年縣尹李濟以人才舉於南京照力辭不就隱居咏樂以終其身見北山詩話

戴德字彥和洪武初兵事甫平德以富戶充萬石長連充二十四年凡鄰里親族有兌不足者德悉爲賠償初不較其入因見重於邑侯韓思孝十一年嘗會董砌通邑官街凡工食有不足者德亦發己財以補之十三年爲遠祖宋祭酒九成置祭田六十餘畝地十餘畝山二十餘畝以義子二人守其墓

周斌字藝全號茅麓儀狀魁梧學問該博修德行義遠近稱之

洪武初以人才入仕遷湖廣漢陽令政修而化成刑寛而民愛當道交薦之然性寛恕以恤民爲先催科爲後時天下僭僞未除兵戈未息而錢糧督責使者相望於道斌以運解失期上怒而杖之舁歸至中途而卒

朱維字持敬生而穎異幼時卽見重於長老比長樂與賢士大夫游博雅好古與弟綽以翰墨相師友爲詩不習凡近胸懷灑落自放田閒號黃原耕者獨修曾大父朱南强鄉賢墓祠求方外士居以守之爲文告諸族捐已田贍之爲悠久之計及卒邑進士趙權銘其墓

朱綽字克裕由儒學任平陰主簿見前志薦辟同寅廬陵康縉稱其力學善詩律己守職與人交恂恂然敦信義後歸隱自號下隍山樵宣城貢穎之作記云克裕以學淑其鄉子弟以及其後嗣

閉門授受戶屨常滿暇則腰鐮背斧羣從隊逐不登茅君之仙階則訪宏景之遺蹟浩歌長嘯出沒乎烟蘿月樹間悠然有世外之樂又云博學好古精篆籀八法多著述今存山樵詩稿若干首子邈字孟舒徵授登仕郎才宏學博膺歲貢授山西壺關教諭考績試翰林命作欹器銘選優等登進士擢行人遣監石灰山草久而失苫蓋謫戍寶應驛監巡方以過輕罰重聞而邈卒矣遂藁葬驛旁時洪武丙辰年也

高志字咏道一字淡然聰明特達年十一補博士弟子員二十食餼二十三領鄉薦二十七登永樂乙未進士授工部主事時方營建北京宮宇取名材於范陽之懷玉山往來之眾以數十萬計內外文武之職董工於此者獨以志一人總之志廉以守己公以率人得勞徠撫綏之道事集而民不知勤廉能之譽遂

由是起矣宣德初陞營繕司郎中旋以親老告歸優游林下十數年正德改元以少保工部尚書吳公薦授山西按察僉事提督學校下車伊始即以敦厚風俗作興人才爲己任巡行郡邑雖隆寒盛暑有所不憚與師儒講論經史諄諄不倦或至忘寢食乃以勞攖疾卒於任同寅暨藩閫諸人與晉陽士大夫咸哀輓之志之莅晉陽與于忠肅公謙撫署相邇過從甚密遇事輒相與籌度于公稱其行純才贍外圓內方操履設施有大過人者洵不誣云

高謌字士傑景泰癸酉舉人任四川溫江縣知縣謌以德行仁政不事煩刑凡民之疾苦者賑恤之頑梗者訓化之日坐堂皇敷恩惠纏去思剖竹垂仁式歌來暮更於民間分毫無染宦囊蕭然蜀中有飲水萬口碑未幾以積勞卒於官邑人士爭作祠

以祀之著有士傑遺稿張紳銘其墓

高溱字東泉山西督學志之曾孫性至孝父歿哀毀盡禮游太學例期當選以母老承歡膝下無意於行母張舉親老祿仕之語反覆溫諭不得已遂奉母命拜深州州判肩輿迎養張遺書慰之曰汝當廉明清慎毋曠乃職足爲存歿之榮吾不能遠來也溱在深歲餘怏怏不樂曰吾有老母不能養而戀此五斗胡爲哉遂解綬歸歸搆多景亭於驪山之麓奉母以終

周艮字德賢景泰間以恩貢選嘉善縣丞任滿當遷民不忍其去詣撫按留之年四十終於任所小民哀悼若喪考妣遠近士大夫咸以詩文弔焉邑人張紳戴仁均爲之作贊

周祚字天慶別號白溪幼穎悟一目十行年十三入邑庠第一試輒優等屢困場屋乃退而敎授四方之士慕其道德而從遊

者不遠千里於是邑之知府夏克義知州詹鉞桐城鴻臚寺丞錢元鼎豫章祭酒王材皆其所成就者平生善吟咏有感輒賦詩正德丙寅以選貢授北直易州知州未赴任卒著有白溪詩集朱氓字德潤宣德丙午舉人沂州學正陞荆門州知州德潤綽有學行善教生徒少傅揚溥薦之

蔣主孝字宗倫一字務本院判用文三子以儒醫鳴凡抱奇疾莫能識者診視無不愈急於捄人雖雪夜炎天有求必赴疏內經以示學者或勸之仕曰醫可以濟人奚必仕喜吟咏與弟主忠及王貞慶諸人結詩社後與賀存心張友蘭倡和愛臨古帖精鑒古襟度灑落於月夕必焚香鼓琴作文弄楚歌之曲自製有樵林操人多傳習之篤於友愛理家向質婚嫁悉有定規葬祭無不周備房幃無華飾曰我等不耕蠶而得飽煖可不與天

地節無益之費乎遇孤貧則賙䘏無所惜妻史氏獨醉先生瑾女也長子論次子誼誼舉進士授杭州府推官戒之曰不儉則不能廉試看貪官皆由不儉故也誼居官有廉能名見舊志主孝成化壬辰卒年七十六葬郡城南鄉祖塋著述見藝文

蔣主忠字存恕一字愼齋院判用文四子與兄主孝皆有詩名當時所稱景泰十才子者吳下錙溥中都湯允勣崑山沈愚海昌蘇平蘇正蜀晏鐸四明王淮主忠兄弟戚里王貞慶也著述見藝文

蘇潤字廷玉景泰丙子舉人安岳知縣同里張昂字公頫景泰甲戌貢四川南溪知縣均有文名

曹銓字時範正德戊辰進士監察御史陞廣西按察僉事有曲林詩顧東橋曲林祠堂云曲林者陶隱居之故棲也曹子抗霞

外之志方赫赫爲御史時即懷引退覲中館遺墟萃三茆之勝概而有之曹子事孝武二宗今壽考居於曲林

曹濛正德丁卯舉人官縉雲知縣舊役畝數多寡不均濛不畏强禦悉爲均之至今稱便見縉雲縣志

楊紀字文實號樸軒臨泉鄉人天性孝友年八歲即善文辭讀書過目成誦生平得力尤在朱子近思錄一書嘗曰人之爲學當於聖賢切要處用功昔我伯起公能懔四字於暮夜故能傳誦至今若以世俗浮名羈絆一生非聖賢爲學之心也明正德時屏跡不入場屋棲隱於三山二水間賦詩飲酒以自娛云

許嵩字宗寅成化乙未進士貴溪知縣爲事勇敢有爲不畏權貴

張瑾字仲璵宏治戊申貢志甘恬退不樂仕進選部高其義授

以嘉興府經歷歸樂田園

李瑛字廷玉一字璞庵諸生有名山百詠王韶序云璞庵爲人性度坦夷學行老成初提學天臺陳公按臨建興社學擇師範考公居首卷深爲邑令太原張侯所器重後以衰老辭西華李侯慕其隱德敦請泮宮鄉飲

鄒昊字東溪世居來蘇鄉之鄒林曾祖雲洪武中送妻父江都馬長受戍甯夏道遠難歸遂居焉皆以馬爲姓昊生長邊陲雄健驍捷善騎射爲文不競章句而英氣逼人弘治八年登賢書十二年成進士爲行人陞監察御史彈劾不避權貴當路者不堪擢按察僉事雖陟之實外之也然以剛直故當路猶憾之不已謫眞定推官昊怡然就道及履任不以左遷介意郡當孔道多盜賊昊教吏士習射法復多布鉤指民間有刼盜亡命輒擒

之郡民安堵當事者忌之復媒孽其爲御史時短謫判開州吏士伏闕上書者數千人言自昊至任萑苻無警民不復驚誠一郡保障願借昊一年以爲萬姓命詔許之久之蜀盜藍鄢反侵掠郡縣朝廷合四省兵討之久無成功銓部上言昊才長於治兵可作按察僉事佐蜀帥上俞允昊按部閱所屬笑曰將不知兵兵不知將戰何由勝迺擇驍勇千人分四隊隊各立長教以軍法會賊逼城昊夜出百騎擊之城中舉礮爲應賊亂自相蹈藉昊縱兵乘之斬首四千級軍中皆喜以爲出師以來奇捷也昊曰此尚末見大敵何足喜宜及其銳用之遂前薄賊賊陣左伏兵於右昊覘知之以正兵當左身率百騎直擣右右驚潰趨左左師亦潰縱兵夾擊大破之火其柵斬其將降萬人遷副使治兵川東賊勢尚張都御史高崇熙與副使張思齊謀招諭賊

賊降仍乞駐臨清市昊曰臨清蜀之襟喉上達重敘下連湘湖
地勢沃衍何可委賊自困獨益飭兵募豪傑賊因不敢東伏漢
州平鎮未幾果反眾至二十萬官兵遇之皆敗績賊圍中江謀
向成都昊以五千騎馳赴中江賊驚走窮追之與總督彭澤夾
擊大破之斬賊酋廖麻子進右僉都御史巡撫於蜀廖麻子死
其黨尚數萬竄於東鄉推喻老人爲帥昊請於彭澤曰山險不
便騎射深入賊爲主或失便願發步卒三萬據出入要道賊必
自餓死澤如昊言賊窮果縛喻老人請降而他賊在遂甯渠縣
者皆以次平進副都御史昊功名既盛追念原始謂西方治定
當錦衣東歸具情上聞乞復鄒姓詔許之以時方多難未允東
還自是奏疏文移咸稱都御史鄒某焉逾歲虜亦不剌自西北
犯松潘蜀大震昊招土番爲間道夜掩虜虜驚潰獲馬駝衣械

無數事聞加俸一級高珙鍔爽人普法惡倡諸夷部立寨僭號肆攻畧昊率兵大破之搗其巢降者萬人獨青山寨未下昊周行視山曰此雖高絕水道可下也遣兵據泉口攝南方圍待之兩日賊渴甚覘南圍稍薄夜遁兵從後追之斬虜萬餘人執普法惡誅之進右都御史予一子錦衣千戶昊後以討虜不克坐免嘉靖初胡世甯盛言於朝昊名將可用也爲時宰所扼不克究其用惜哉昊既謝事家居因追念前疏馳驛還鄉作文以祀先祖念西夏邊防恐一旦兵興宗祧中絕廼決意居故鄉大買田宅命長子夢鶴留焉昊居鄉逾歲日夕置酒悉召宗族父老子弟飲曰予百歲後魂魄猶依故鄉也諸父老子弟咸稱觴旅酬盡歡而散

李茂功字季成號健齋文定季子也幼負儁才游國學試輒第

一以父蔭中書舍人奉命封衡藩郤餽遺遷戶部郎榷北新關汰冗稅罷羨金吏弊以清擢守福建興化府葺學宮搆講院一時莆陽多彬彬文學士首拔者皆取高第爲名公卿出俸金築木蘭陂不費民財隄成民獲灌溉利祀理學名臣八人表節孝士女三十人天久旱毀服步禱乃大澍三禱皆如之平反疑獄數十事以簡靜治有少年羣不逞譁而過市或目之曰將曰虎曰地煞邑令喜事知非茂功所欲私告變臺使者捕其黨數百人繫獄檄茂功案狀茂功曰嘻屠沽兒醉飽得過豈足治乎遣戍一人杖責數人郡民大安六年報績乞休歸祀閩中名宦生平謙厚無貴介容有緩急不惜施與里人重之祀鄉賢祠著有依綠園集

李思誠字亥卿一字碧海文定孫萬歷二十六年進士選庶吉

士授編修出爲福建屯鹽道榷璫高宷暴横激民變思誠挺身諭衆亂乃定遷浙江温處道計擒海中劇賊武弁某欲敘軍功遷參戎納千金海錯中立麾卻之進江西按察使劉忠烈綎死封疆子吉幼其弟行金直指謀以子代襲思誠不可卒予吉轉浙江右布政使尋內召爲太僕卿累官至禮部尚書加太子太保魏忠賢方用事建三殿忠賢出省工思誠不與言殿成設宴又用舊制不列忠賢坐時都城多火災樞臣王永光請歸票擬於內閣以弭天變思誠疏稱永光有大臣敢言氣忠賢慚恨會懷來兵備邱志充以三千金屬崔呈秀營轉京卿迹露下東廠忠賢計脫呈秀乃移贓於思誠命許顯純雜治之顯純故駙馬子家富信王擇妃周后與顯純女俱在選顯純徧賄內外事幾就思誠以故事無戚里重姻者力請册周后顯純銜之至是鍛

鍊成獄忠賢矯旨奪職追贓中外寃之崇禎初御史吳尙默等交章奏雪有旨起用未幾卒祀溫州名宦祠附明史李春芳傳

王心純字用賢邑諸生幼劬讀不閒寒暑左國秦漢而下咸熟誦焉家貧事親孝父性剛厲稍不懌卽膝行而前俟解頤乃起居喪哀毀盡禮至不忍啟遺金以襄事生平無他務惟日教授門徒陳說經義其不能領畧者必反覆講解子化振聞事畢回有倖心叱曰多少英雄被此屈煞汝甫應試何能妄覬卽中式亦分內事耳比捷又曰從此虛心乃受益其嚴重類如此著有二論詳說周易詳訓

王廣任易州判初爲全椒刑掾歲大飢盜賊塡獄令患之意重處罪者廣謂其妻曰獄中人迫於不得已吾何忍置之死妻卽爲糜粥食囚語之故且曰拚我兩命任汝輩爲之囚感泣相誓

靡他所賴全活甚衆長子安中宏治已酉舉人次子甯任廣東巡司三子定歲貢生任松陽簿初入來安籍

王汝弼字藎廷爲鐵石磯磯在清流縣巡司三載安輯勞來民懷盜息去官黃童白叟依依攀留爲之請勒去思遺碑

王嘉賓字國賢萬歷己卯舉人癸未進士放榜聞外艱跣歸丙戌補殿試初授浙江定海縣令定海故置帥軍餉儲縣帑嘉賓驗册唱名給之帥及監軍使不得羨齮齕嘉賓遂解組自劾諸臺使廉其賢會疏調諸暨令時以計擒大盜尋丁內艱服闋擢海甯牧濱海時有漂沒之患嘉賓爲築海塘銅隄數十里民用安堵是歲免嘉賓覲以最聞天子爲錫褒金焉乙未徵書下時監軍使尚在浙右故勒追積逋滯嘉賓行百姓德嘉賓輸納如流得詣闕拜福建道監察御史巡視西城卒

倪伯樓字鄰竹萬歷時官新甯尉伯樓少業儒究心文藝已而攻令甲習刑章邑侯辟爲掾後仕新甯新甯處山谷閒竊盜甚多伯樓爲設禁甫數月盜即止衙役有爲民蠹者悉罷斥之一時賢聲藉甚

王大富字新樓充兵部車駕司官萬歷時福王奉命出藩河南上批司禮監太監李守恩總理清平河道大富爲前站力拿東宮假太監頗稱智勇

王化振字宇春萬歷乙酉舉人初任長洲敎諭陞國子監助敎轉戶部司務陞戶部主事孝友端方敎諸弟學有本源兩貢於廷猶侍講席課諸子以身示範聲振膠序遇里中利弊則慷慨剖决事繼母孝年九十餘侍膳候寢倍加懇至

戴文鋒字弢之才畧敏贍下筆數千言又極其謙退斂晦弱冠

入學崇禎壬午領鄉薦以葆光居制義問世文鋒少與陳百史芮巖尹爲友百史貧嘗解衣推食不異昆季每愛宋趙清獻旦晝所爲夜必告天之事著知非錄以自省甲申之冬天下方多故文鋒爲貧而仕俛就和州教職明年五月賊將劉廣昌以兵數萬奄至城下守道石總鎮范知州郭皆先期遁去文鋒屬耆老而告之曰吾能爲若守若輩第相助毋恐衆喻乃閉門申令署士民而什伍之以瓦石爲矢竹木爲戈矛晝夜巡警凡十有一日而外兵解州人安堵未幾豫王南渡不聽文鋒歸復領學事當時陳百史方遭遇 新朝貴顯用事知文鋒貧偉畧屢薦於上以貧大用而文鋒退讓願與和州之士民相終始而已其節操之堅貞於此可見子元鑣

王懌字尹諧爲劍川州牧之孫明經元臺之仲子賦性穎異喜

讀書過目卽能記憶且恢擴有大志不屑屑守繩墨遇事設施若不經意而無弗曲當其伯父少宰夏明公爲當代名卿赫赫江左於懌幼時卽有加愛延名宿爲之傳暇時又自提命之懌承家訓兼具夙慧是以胸羅二酉有睥睨一切之概弱冠補弟子員初試南闈鬱鬱不得志値流寇弄氛迂儒輒戒仕進少宰公勉之曰乘時而出効力公家正志士所爲甯必拘牽制科耶懌乃以明經筮仕初任江西撫州別駕其地士習民風狃於徧陋不知先王禮教懌乃以正風俗敦倫化爲首務且捐俸設義館於廣文署中教之讀書月朔申講孝弟忠信之道不數月陋習潛消文風丕變駸駸乎成禮讓之俗尋轉雲南曲靖府南甯縣令蒞任未幾値秦晉等四王扶幼主永歷入滇路經曲靖當兵興孔道軍裝載運送往迎來支應之繁丁夫廐馬之累人病

財乏又值歲凶飢民相聚劫奪長吏莫能禁懌乃不顧身家親謁將軍侯伯疏達宸聽乞貸帑銀十萬兩上應供億下濟飢寒地方賴以安安上聞之嘉其才畧濟變有功特簡任賓川州事所借銀兩准行蠲免賓川甫任一月值上發價糴民粟以充軍餉即令鬻米者自賫運赴京城命下民間洶洶閉糴則恐罹法出糴則運費數倍於所值鬻子女者比戶皆然號泣之聲不絕於耳懌惻然憫之不避嚴威賫本上達繪監門之圖告民閒疾苦痛哭陳情旣詳且悉朝廷准奏撤回原銀賓川百姓戶戶全生歡聲載道方慶晏安奚有土司張如叛兵自鐵索橋出欲犯京畿假道賓川一路居民剽掠不堪懌聞報隨諭境內居民悉挈家入城飛牒請救鄰封約日接應又具本上聞乞發大兵進剿會賊衆至城下懌選精銳自將出奇擊賊值鄰兵四應賊衆

大潰斬首數百級適大將軍兵亦至賊益逃散懌追至賊巢生擒張如並家口數十人解赴京師土司遂滅尋以功陞武定大尹武定當兵馬蹂躪之餘土地凋殘人民罷憊懌親訪民閒疾苦勸課有方民歌樂只歲餘奉旨詔對詢及曲靖南甯賓川等事天顏甚霽深嘉禦亂長才面諭自當大用姑擢洱海兵備道撫恤凋敝地方懌膺簡命益以清愼勤敏自勵遇所屬紳士恩禮有加撫軍民惠澤無靳政聲振於滇黔上每遇國家要務多敕使咨訪不意以揆度機務治事過勞遂攖疾歿於官所論者謂使天假之年畢展其才撥亂反正事未可知乃以偉績豐功當國運既去之餘徒勞無益誠可惋惜已生平事蹟湘潭陳公鵬年曾爲之傳

孔太衡平居研求經學涉利之事未嘗過而問焉游宦淹困家

以日落不自恤也由蔭監選授曹州同知州有鹽政分司屬同守慮無不藉以充橐者太衡至吏以金進怒責而斥之
曹某逸其名明季爲和平縣典史城陷不降竄匿民田閒不食死時同邑李信爲和平令嘗謚節愍曹因逸名失載
朱繹有幹才時値軍興募民納貲拜爵繹伯父昱出緡錢二萬命繹曰入錢助餉受爵非吾志也且汝父以勞佐吾起家而不食其報汝其往受爵繹遂授茅山廵檢
戴學旻壯遊京師援例入兵部後任太平司獄獄卒每肆虐囚徒學旻朝檢暮察扭械不使妄施酷暑嚴冬湯水務以時給囚糧不繼捐俸供贍撫戢兼施萑苻克靖民感之爲立生祠
王大宸字少溪精法律遂以三考任福建福甯州衞經歷克稱其職

王承詡精刀筆天啟三年於吏部考工司効力選定州稅課大使

張範字子楷幼穎悟受學於柏鳴山先生與思韋陳榛鳳池張問仁同門因家貧不能具束修學舉子見諸等輩竊倣爲之鳴山一見大奇之嘗語人曰是子與陳某不相上下皆未易才也第其所課之文互相甲乙厥後思韋登庚寅甲榜鳳池亦由歲薦作廣文獨範落落諸生僅一試於按君得首錄而讐仇以莫須有賄權書而中傷之都人士咸不平範曰芝蘭之芳難免霜雪玷玉在人修德在我迺一意行善以貽長久樸齋齊璿題句有曰紙上龍蛇胸中珠玉隆冬不殞其操大難能正其心可謂知範矣嗜韓柳李杜所作詩古文詞名曰代杜又有千日酒醞孝經童訓六諭衍講洪範本義未行於世而最得意乃在千家

詩和今稿已失僅見於坤凝曹孝柔敘云惟有青皇忘貴賤磁甌瓦鉢一般春何等識見也色即是空花上露無中生有耳邊風何等胸襟也生平自有看花癖不在時人夢想中何等安閒也便是草蔬堪飽煖不須裘馬自輕肥何等素位也雪裏漫論調鼎事暫於茅舍共芳樽何等抱負也封事一函無剩語章中字字盡葵花何等忠烈也作菊詩千言今存手澤三十首年六十九歲終嘉靖時人

張大來字履吉九歌其別號也萬歷時人少穎敏篤於學閉門謝事終歲不出戶限爲文閎肆古奥義烏駱公方璽見而奇之遂冠一軍與溧陽陳百史爲束髮交以科甲相期許溧陽登一甲而大來猶困諸生嘗從京師以書相慰云科舉不廢自當立致青雲也性至孝不有私財得館穀必以奉父父有疾不脫衣

冠以侍殁之時水漿不入於口者三日治喪一秉家禮鄉黨至今稱之母在堂值歲饑舉家藜藿不充必求精糈以奉深以凶年飢餒失養爲痛女弟二疾痛相關較在室有加大來雖功名淹蹇晚年益以學自勵寒暑弗輟六經而外如左國莊騷史記文選皆手自校讐年六十二歲卒子玉珩恩貢生

吳國聘郡庠生字仲玉著有先後天圖說河圖洛書解日永修短解錄有朱子正綱目十卷數十萬言前篇四卷四百六十三頁後編宋元兩朝四部十數萬言皇明典要錄八卷數十萬言計五本其餘天人性命地理險要嘉言懿行雜說箴規甚夥時年七十而精神爽健欲讀易經以精其義初買妾不知其有夫也既覺立使其夫攜去又有山在社橋東一日晨往見樹上挂一囊取視之內有銀四十餘兩曰此必行人遺也因坐樹下靜

侯良久一人倉皇而來尋覓不獲曰吾命休矣詢之始知爲上干人也因有訟事變產得金入城點綴至此大便不料忘取中途始覺今失之吾命休矣國聘卽以原物與之其人請留十金爲謝笑曰吾欲此盡留之矣十金何爲其人泣謝而去

朱鐈志慕恬淡不規勢利日以詩酒自放因以愚名齋翰林金華鄭叔美記之裒詩成卷武夷丘錫序之

朱遠意度閒雅吟咏饒格調所著有山樵槁

趙鎙字濟川性慈惠好施家素封客有以稱息爲鎙謀者對曰余家自有舊田園無虞凍餒必竭爾心計致求贏餘爲子孫長其驕傲非吾意也與人相見粥粥若無所能有緩急輒走告無不應嘗詔其子曰濟人之困如救焚拯溺然因吾心之所不安盡吾力之所可辦何暇斟酌何忍瞻顧哉少緩須臾則計較之

私起而慳吝之情勝雖勉强周卹非仁人君子之用心矣年饑窮民無所聊賴嗷嗷待哺者枕相藉焉爲之惻然會發賑不繼錋慨然捐穀以資當事高其義聞於上恩賜義官

胡鎮字惟安父瓚爲名諸生鎮生七歲尚不能言人皆疑其有負父志年十四出見白鶴舞其前心愛之不能得遂熟睡既覺即洞達陰陽造化之機凡人間吉凶休咎無不先知人咸稱爲奠邦先生

趙惟印字見寰事親最孝父心有所欲不待徵色發聲惟印早如其意而爲之父死惟印廢賈歸事母或勸之曰君昆季多賢足侍堂上以時歸省可耳惟印曰我之念母恐母之念我暮年之精神有限與其浪跡他鄉致老母憂思何如日侍庭幃俾老母無他顧慮乎雖家貲坐耗所不恤也

王九霞爲人孝而好義鄰邨有負債鬻妻者代償之而完其妻有以子質錢者詢之舊戚屬也即贖歸族有死而無棺者既助其棺又助其葬王莊後大路泥淖陷人捐石甃之爲坦道精岐黄博濟窮民雖嚴寒酷暑奔馳不倦

王倬字碧峯明萬歷間人少時以所得遺產盡讓兄子而徒手立業樂善好施鄉黨稱爲長者暮年嘗病膈恍惚見宅西邊皆化爲巨浸一白衣道士浮水來授一藥丸曰愈汝病吞之驚喜而夢覺明日曳杖於門外果有道士從西至遽持之告以病道士探懷中出藥如夢中所吞狀服之病遂愈

王嘉錫字子遇邑庠生少從繆昌期遊通程朱之學兄爲族長宗祠有積蓄若干貸人取息歲大祲人不能償遂逃去無賴者誣其乾没陷其子繫之獄嘉錫度不能與較乃鬻己產二十餘

畝償所負事解無賴者徇未快居數月風波復起嘉錫罄其田悉輸入祠不與校常誦古語曰元氣養得固疾魔那能侵其刻意厲行如此繆師羅魏璫禍被逮嘉錫追而送之見其備受毒刑痛忠臣義士末路至此遂絕意進取子汝瀾

李長倩字維曼號瞻麓文定曾孫崇禎七年進士性伉爽以忠義自許喜周人急親知間求無不應初知歸安縣中書王某毒害民至私刑馘耳恃姻黨援結有司橫里中鄉人莫敢誰何長倩廉得其實立捕之權貴請乞書盈案不啟視巡按御史欲釋不得卒抵法在任五年多善政舉卓異第一行取至京當權者以前事積憾乃遷禮部主事教習駙馬都尉鞏永固後永固合門殉節人以爲稟長倩之教轉員外郎擢江西按察司僉事提督學政以母病未抵任歸丁內艱國變不與福王南渡服闋赴

覲授福建提學副使南都不守黃道周擁唐王入閩將僭號長
倩曰殿下監國則可神京未復而改元則甚不可時羣情苟安
謂海濱可恃長倩獨苦諫王王嘉納其策而不果行諸臣諂附
鄭芝龍陰阻大計惟道周長倩不阿鄭氏道周請自往江西募
兵長倩首倡捐俸賻行大僚乃各佽助軍餉賴以給唐王昧大
義不救魯藩宗室有才望者悉羈縻翦滅長倩伏地痛陳以縱
斧然萁爲戒皆閩臣所不能知不敢言者後奉命督餉抵建甯
大兵已踰仙霞嶺知事不可爲仰藥卒累官至都察院右都
御史太子太保戶部尚書子淦
李清字心水一字映碧思誠孫崇禎四年進士授甯波司理多
所平反擢刑科給事中謫浙幕旋起吏科轉工部俄出封淮府
國變得不與福王立進工科都給事中遷大理丞南都失守方

奉使祭南嶽復不與歸隱邑之東園四十年不窺戶蔡中丞士英徐相國元文先後特薦皆不起清居言路中立無依傍於封疆門戶刑獄數數爭之始入刑垣上言熊文燦剿寇不宜撫又以大司寇甄淑多入少出疏駁之謫外起吏科上言諸臣持門戶於內不若奠封疆於外封疆固門戶亦固矣又言門戶之鬭兩敗之道宋洛蜀朔可鑒宜量懲一二人以靜論議不報南渡初屢疏通主德協同僚言多憤切先是崇禎中清請定開國靖難及正德天啟諸戮臣贈謚不果行至是復疏請而李善長等十四人方孝孺等七十八人陸震等十四人左光斗等九人有追謚者有贈官追謚者又惠宗子弟貶爵無謚清更爲疏請於是允熥允熞允熙暨太子少子或復爵或補封皆予謚焉自居東園手不離帙史學最專勤著述書千餘卷　國初修明史

命徵淸書子枡以南渡三垣諸錄記上之　聖祖南巡垂問

御書多識畜德額表其閭枡別有傳

李沂字子化號艾山幼孤而事母孝少補庠生鼎革後遂謝去而隱於陽山海子池側與從兄沛瀚以詩歌自娛深入盛唐之室江淮南北言詩派者以陽山爲正而陽山之詩醕雅典則以沂爲依歸沂和平坦易遇物無所凝滯獨於名義不少假王文簡士正司理揚州步行至邑固辭不見王益以爲重不强其見人兩賢之晚好神仙聞芒碭山有道士不遠千里跨一驢往尋之道士曰子李艾山耶子家有火警沂平日不輕去母側聞而大驚卽歸道士以幻術授沂謝曰某爲道來非爲術來也歸果有火警而母無恙語人曰非老母吾不返矣著鸞嘯堂詩集二卷沛字平子諸生崇禎末舉賢良方正不就負才尙志工書翰

從事詩文究漢魏三唐之旨瀚字籀史明末貢士後棄帖括杜門誦讀百家之書靡不淹貫沛著平庵詩集瀚著嚴庵詩集瀚子國宋字湯孫號大邨康熙甲子舉人有螺隱居集

王尹字莘野生而聰穎幼而岐嶷讀書一目數行英年游庠文譽出儕輩久困棘闈閉戶讀書不談外事著有文集並識字引兩卷

楊最字汝爲號紹泉臨泉鄉人少具夙慧英敏過人一目十行下十三補博士弟子員能以程朱之理運班楊之文嘗讀孟子至大人不失其赤子之心數章歎曰周子太極通書張子西銘正蒙其原於此乎郡邑仰其名者望之如山斗其易簣詩曰七十七年癡夢久向時碌碌此時休功名富貴朝晞露妻女兒曹水上漚保得性眞歸大夢獲全膚體正荒邱承家孝友兼淸白

翼子貽孫式穀謀可想見其爲人

姚貞泰鳳壇鄉人明季土寇之亂閉門自縊

國朝沈豹字恆文坊郭人明季爲武弁在督師史可法帳下供役入國朝爲吳淞副將晉銜都督以事逮詔獄得釋遂露頂披緇而有妻妾人稱沈和尚時報恩寺大殿自嘉靖中被燬織造周天成重建以豹董其事後卒於雨花臺有五備堂集見乘風居聞見錄喔城王覗存云恆文詩風流秀善纓帶欲飛其爲名流鑑賞如此

高一新字春吾少負英姿不可一日目擊時勢之壞不惜屈身曹掾然明歷垂衰賦煩役重每以議論忤當事之旨顧身屈矣而建立多所未逮乃棄去薄游陪京覩宮闕之壯麗江山之雄勝壯心勃勃不能自禁遂入籍課政思效一得且以酬數年寥

落之感不以其試之小而鄙夷之也於是疏通壅滯汰滌煩尤課府積弊爲之一掃凡水部之以課政稽能否者莫不顧一新稱善不置迨　清興而東南煩苦尤借節以疏汰八九倘所謂補救之多方非耶至於敦篤友愛敬禮賢士濟人之急扶人之危至今人猶嘖嘖稱之

朱霖字用梅諸生性豪邁喜誦游俠諸傳遇有不平者輒慷慨直言利害一無所顧吾邑舊例鄉圖輪辦催科邑用里遞漕用倉夫總書旗衞相比附借名科索谿壑無厭霖奮然陳情當事俾有憚不敢肆故陰受其利者衆至今鄉人猶歌思在口惓惓不能忘

朱家楨字立夫父敬軒殁時家楨甫九齡母錢氏早勵貞操備歷艱辛始克成立順治閒由歲貢授巢縣司訓整飭師道歷任

六年殁巢之日紳佩銜感祀入名宦家楨學行見重於溧陽陳百史同里張鹿牀百史過邑常問起居鹿牀稱其抱道植義好賢樂善有聞於明季云

張芳字菊人一字鹿牀又字濟翁又號械庵拙叟順治辛卯舉人壬辰進士歷官常甯宜江知縣以寬簡爲治旋引疾歸築園亭於縣治東南竹樹池塘密邇城隅有紫綿書屋蹬喜樓諸勝偕邑中耆宿觴詠其中精神矍鑠望之若仙詩古文辭直造古人堂奥遠近纂修邑志家乘輒走書幣延聘求指義法如巢縣志古塍朱氏家乘皆其鑒定弁首著述甚富無子多散佚朱徵君垣稱其風疏雲上一世逸才又稱筆墨謹嚴齒牙非易借今於志乘譜牒中得見吉光片羽洋洋灑灑沛若江河眞名手也

宣穎字懋功一字茂公崇德鄉古遜郇人性至孝有逸才少與

諸昆季及嚴用求戴霖生輩砥礪問學有聲庠序旣長偕朱亮工從溧陽馬章民講藝於三茅峯下馬公欽其德器及亮工獲解去章民又大魁天下穎謹以拔萃科貢入成均章民寓書慰之曰大器晚成行當以衣鉢傳生也已而終不遇乃鍵戶著述罔羅羣籍淹貫宏通時人稱爲學海晚年假館邑之靑元觀葛仙公鍊丹處也丹井猶存著南華經解張菊人序而梓之至今風行海內穎不樂仕進授讀養親親歿廬墓三年沒世之日遺書數十種亂後盡佚

胡岳字秩宗一字五公明季諸生博覽羣籍爲文淵懿樸茂有古大家風工吟詠與同里少宰王無近冏卿張圯上結社聯句旗鼓相當崇楨閒督學金公創建三臺閣募諸紳珮岳之力居多順治縣志岳主纂輯體例謹嚴迥異近時面目子虞胥亦諸

生能詩佐岳校勘邑志女爲張圯上冢媳士驪妻與姑陳氏殉
順治丙戌廣州難
江五岳字已山一字遜之明季諸生布衣江秋水兄也秋水名砥見前
志詩文洒落有致嗜金石留心文獻宋紹興修學宫碑爲五岳
遠祖賓王手筆歲久失跌仆於荒榛五岳伐石重立順治壬辰
重修縣志與胡岳同肩其任子愼修亦諸生與邑乘校讐事女
繼張士驪室
王明道字有功生而仁孝性成資尤英敏弱冠即登庠序試輒
前茅順治九年壬辰以恩拔膺首選十三年丙申選授浙江常
山縣知縣常山地瘠民貧積逋累累百姓多避催科爲盜賊明
道至之日集紳士耆老於庭而謂之曰吾奉　天子命宰是
邑邑民皆吾赤子也世有父母見子弟之難而不顧之者乎民

之爲盜一困於征徭再困於凍餒豈得已哉吾與爾民約歷年積逋吾爲爾請蠲現年條糧吾爲爾請緩爾能反盜爲良前之所爲弗爾較也於是民皆感化各安其業明道又念治化必先學校因捐俸資首倡重興黌序鼎建明倫堂朔望必集士子而課試之於是士習文風翕然丕變嗣以內艱去任復於康熙五年補授廣西融縣知縣履任之始値饑饉洊臻爲民請命設法賑饑全活無算粤俗民疾競尙巫祝當疫癘大行明道於楚中延名醫開局施藥回生起死功亦偉焉自是粤民始知有醫藥云致仕歸里足跡不履塵囂晚年謂諸子以正心誠意爲學於宋儒周程張朱之書多所發明惜編未成而殁康熙三十七年戊寅崇祀鄉賢

李瀅字鏡月一字鏡遠又字鏡石李文定元孫順治乙酉舉八

淡於名利遍游名山大川足跡所至詩文盈篋尤邃於經學參互考訂多所發明子儒琛字鄴如康熙丁巳舉人丁巳李譜作己酉

李淦字若金一字季子自稱滄浪水樵順治丁酉進士博學好古少負才名縱橫今古懸河注瀉好山水遊窮極幽險雖破衣食之資觸寒暑而不輟所作游記最多有紅研齋礪園集妻徐氏字幼棻能詩早逝王漁洋讀幼棻遺草寄季子詩載入藝文同族李潤字朗玉有芝嵋集李漳字盧生亦能詩

李楝字吉四一字松嵐楠之從弟有楚游草李介石云楝父滚早歿母吳苦節教其二子楝栻皆成名同族李綺木字芝山李騎字西駿同里李勅字天敘李汝儉字子固貢生又有李特俱工詩

高勅字覲之生明神宗乙酉幼端凝既就外傅不甚敏捷然嗜

學出於天性弱冠訪四方名士不惜負笈以從故學日進而文詞整靜不事藻繪有先正風味甫壯更名登第補弟子員即志存匡時不爲溫飽計籍有聲譽賓興適舉竟屈場屋再試失利乃以誦讀餘陰稍權生計不十年遂累家數千金逮光宗甲子以後老成凋謝邪佞充廷釀成一不痛不癢世界勅雖側身草澤而傷國脉不振遂慨然奮筆上述祖宗德澤以感發都人士忠義下指陳方來禍患以鼓厲在廷諸賢志氣梓刷其篇以徧傳海內希君之一悟諸當事之交相儆動也嗣是而寇起關洛難發幽燕悉如所料辰巳午數年水旱洊饑人將相食勅太息以爲天之警我下土如此而人情日趨於殘薄因焚香自誓茹素三載勅慮一家之積無以及遠而所居聚廬不下數百凡來貸升斗者減其値十之三更不自給者朝夕爲糜賸之夭壽之

變勅聞之飛馳奔走悲號恨不赴湯蹈火殉之又以所居來龍發跡西沿岡之原近山十數郵俱託命焉頻年爲射利輩鑿石燒灰受傷不淺勅捐重貲購得之其害迺止又慮繼嗣志操不一一落人手事復難知於是立契明著利害捐入宗祠與宗人共守之以垂久遠順治己丑秋勅病歿

竇宗泗字長源臨泉鄉人明季諸生讀書過目不忘善屬文洋洋千餘言陶經釀史光采炳蔚識者以偉器目之 國朝定鼎遂不應試倘徉於絳巖山水間啜茗賦詩成就後學足跡不入城市者數十年

高邦彥字君求以孝友聞博學通敏忠信爲基繩尺是守爰舉賢良不就遂高尚其志傾身交游冠蓋過從殆無虛日歲饑賑濟樂義好施捐貲建橋往來頌德邑僉憲王自新稱其賦性純

慤仁孝惇行之士爲當世所難得云同族斯譽亦以能文名邑令錢公舉賢良固辭不就人尤服其高父明寰殁哀毁幾死

楊元勳字聖調明會元瓊芳子順治戊子舉人壬辰進士醴陵知縣以能文名

趙昌祚字孚蒼康熙庚申舉人丙子進士蒲圻知縣文章政事震播遠近

方嵩年字繼溪方曰岱字秩宗一字慕齋方碩字俁士諸生俱隱居耽吟詠

李扶字枝大康熙己卯貢生巫拱字价人孫遠字無近徐楷字聖木許遴字次宮姚孔鑑字藻如均工詩同詠赤山湖櫂歌載藝文

周肇吉少有壯志磊落不羈爲不得於父流落江湖間及三藩

僭叛慷慨仗劍從郎制府於軍歷職有差繼又從靖海將軍施琅蕩平臺灣以功進左都督未赴疾作告給於家嘗慨然曰我昔時志壯氣盛今且髮種種矣馳驟於金戈鐵馬閒垂二十年而一階未就命也夫遂欷歔泣下未幾以積勞病卒

戴英字堯章順治戊戌會試　欽點同考初任北城兵馬司副指揮管理街道理煩治劇調任詹事府掌印主簿出任江西撫州府清軍糧捕通判剔弊除奸卒於官百姓莫不飲泣擬爲建祠子永佐永佑永佐府庠生官訓導改授主簿永佑朝考縣丞臨雍跪迎　賜克食硯銀

趙一棠字養正邑庠生與溧陽馬世俊同學不爲風氣所惑發爲文章多粹然見道之言暮年則搆小齋三兩閒坐臥其中讀書焚香消遣世慮馬世俊贈以詩曰柏雨梅風翠影齊名花灼

爍曲欄西小亭祗許流鶯入新箔何妨乳燕棲得句有時惟擊竹攤書無夜不燒藜瀟湘好景憑誰賦宅傍潺湲水一溪詩詞清麗寫一縈高致如畫

孔霖字傅巖文忠公孫中翰尙萃子孝友好學孔興曾字振聲康熙辛亥拔貢亦文忠孫孔衍霍字崧南均工詩文

戎正中字應侯康熙丙午舉人王華字少由輅弟經大經字立誠康熙辛亥貢生弟大綬字北溪黃耀字子發焯弟王輅黃焯俱見前志

劉詮字二乘李長聞字又耳均以詩鳴句曲

李枬原名葉字木庵清子康熙十二年進士由檢討歷官內閣學士進工部右侍郎三十六年視學浙江在道聞母喪奔歸明年即家起工部左侍郎疏乞終喪三十八年正月　翠華南巡枬迎於宿遷飛舸召登　御舟特蒙　聖祖親閱河工枬扈

從歸仁隄　上諭隄水原委奏對稱　旨服闋赴職轉戶部三十九年主會試擢左都御史疏凡數十上其言河務如挑新河以通清口聯木筏沈鐵釜以殺水勢塞顏家莊決口使黃河循行北岸毀雲梯關北壩使下水暢流入海又宜乘時深浚河底不致隄勢日高民居日下等語皆先後　俞允復撰治河策上之其他如論督撫覆奏不當詆毀言官巡撫察吏安民當許出境咨訪藩司宜停遷本省巡撫以杜虧空兵餉就近支放以便兵民撥糧儲海運以急拯東省饑民遴刑部司屬以慎重命案俱關國計民生之大者又言報災率於六七月及　旨下全蠲而征歛已過半勢不復還之民至來春農器牛種方在百難又重以催科臣恐窮民難沐　天恩請嗣後遇災本年所征停至來冬奏銷預蠲其次年額賦則弊除矣枬性嚴明任戶工

二部值大興作夙夜勾稽雜事秉憲五年持大體務平恕於刑獄尤矜慎福建徐氏坐磔柵揭十五可疑白其冤　上諭諸臣當以爲法又守備楊明楊州張瑞生泰州李開之等皆坐大辟貴州陳氏坐淩遲罪情未協排衆議出之四十三年冬以疾乞休未幾卒於家　賜祭葬五十二年舉　旨入祀鄉賢祠載國史漢名臣傳

王泰晉事親孝親疾醫治不效則割股以進夜禱於天願以身代與弟泰時同爨二十餘年無閒言泰時字天與初泰時二子與兄一子同時出痘兄子甚危泰時禱於神願以己子代已而果然患者叫號自言其事康熙癸巳泰時子兆麟舉於鄉出宰咸陽凡寄家書必以愛民慎刑爲戒

王兆麟字在郊性穎慧讀書一過即成誦事親至孝親稍有不

悅卽降階跪而請命許之乃起路過蘇州見有孀婦棄其子而他適者詢之曰年歉乏食耳兆麟卽馳歸與叔泰廷共捐銀十兩穀十石以保全之康熙癸巳舉於鄉　世宗登極考授內廷教習第八引　見賜元寶二克食八發往陝西承辦軍需大將軍出具考語居官循分辦事勤敏初任咸陽後調神木是縣與額爾都司接壤有臺吉王子宿於旅次報稱盜刦金珠千有餘金意在圖詐兆麟刑訊其家人具得其實後因公罣誤降調泰安府經歷屢署肥城等縣兆麟以剛正不能諧俗故歷仕未顯

王恂字約庵明少宰祚遠從子也幼隨少宰歸句容越數年以父命掃墓黔中遂就試普安籲府庠康熙壬子奉　詔選貢督學洪屬意於恂恂不屑就甲寅吳逆之變阻滯黔南音問俱絕

父在句爲聘葛氏恂在黔巳娶賈氏生二子矣恂殉賊難訃至葛聞有遺孤請往撫之賈亦於黔攜二子歸與葛同守郡守陳鵬年詳請　旌表恂著有約庵詩集

王忬字慧人邑諸生少宰祚遠姪康熙閒纂修家乘表章遺佚語多精核作傳畧二十七篇簡而有法罔羅遺書訂爲專集王氏文獻賴以不墜著有竹里館詩集惜亂後散軼

王復宗字元一號挹霞爲少宰夏明之姪孫洱海道尹諧之次子母蔣氏感異夢而生秉姿韶秀穎異軼倫一目十行下爲兒時五經史傳輒成誦十歲能文十四歲應學使者試即補弟子員越歲擢高等食餼膠庠能文之聲溢於鄉國詩賦詞章援筆立就著作之富卷帙盈笥次第付梓爲世所傳珍秘甚夥康熙己酉登賢書　朝廷需才孔亟未捷南宮即授楚之天柱令當

莅任初值吳逆甫平　王師蔽江而下船艫供億之煩民不堪命天柱以彈丸邑又係逆氛蹂躪之餘悉索敝賦無以支應人心洶洶復宗不避上臺震怒爲民痛哭陳情乞紓疲憊書凡十上而開府韓公方允所請民力賴以少甦嗣因徵解楠木水脚之費幾半於正供復爲民詳請減免致拂楚督徐公之威亦弗之顧民復邀惠實多且於兵農錢穀之外輒加意於造士天柱屢遭兵燹無學宮乃捐俸修建簿書之暇時召多士課文講學一時士氣文風蔚然以起又因天柱褊邑補弟子員者舊額八名力爲詳請增廣二名逮今歌誦不衰在任八載善政之多深入民隱者未易悉數開府丁公特器重之欲行力薦會疏於徐總制而徐以私索未遂意寢其事復宗處之淡如也以勤民過瘁攖疾於任賫志以歿李枬譔傳

王鵬字培清天柱令元一子也生而穎異聰慧軼倫隨父任所篤好詩書無宦家氣習登康熙甲子科亞元授山東蓬萊令其邑地瘠鮮知禮教鵬爲之勸農桑興學校勤撫字緩催科以實心行實政未三載而民風丕變黔黎感戴深入骨髓頌聲載道撫軍陛見　皇上詢邑令優劣撫軍以鵬對遂行取入都擢戶部河南司主事乙酉典江西鄉試一時豫章名士搜羅殆盡得人之盛蔑以過之榜後便道請假省墓覆　命後轉本部清吏司員外郎外遷福建福州府知府下車之始諭所屬縣令以清廉愛民爲主上憲核其文章政治加器重不一載坐庇護屬員罷職士民愛戴醵千金爲贖固卻之垂橐歸里時門人魏定國承宣山左延至藩署未幾以疾卒魏定國譔傳

趙一鑑字耀甫愛閒靜樂琴書不慕榮利與人誠一久要無二

雖聰明絕世而望之渾然如愚人暇時角巾藜杖散步平原曠野閒聽樵夫牧豎歌吟上下陶然自樂或以仕宦利祿爲一鑑言一鑑曰吾但飽餐麥飯穩臥煙霞吾願已足軒冕珠玉任有福之人取之非吾分也

張玉珩字勷衡坊郭人六齡隨父口授毛詩歷歷成誦舞勺應童子試見賞宗工屢試棘闈薦而不售康熙丙辰恩貢　廷試以知縣用吳逆之亂軍興旁午加納者先用玉珩無貲補官降授廣文不能即得仍以舌耕爲業刪集諸家講義彙爲一卷名曰輯略又取昔年所閱所鈔合成八卷名曰隨書纂成家乘四卷自銘其墓

胡惟新字子賢讀書遊京師由內閣中書出爲廣西桂林府經歷轉永甯州知州卒於官永甯民風強薄惟新之任即與士大

夫商所以挽救之術盡革其俗之積敝者

胡惟貴字鳳羽始祖宋侍郎則字子正五世孫世昌避居句曲五世祖琛字朝獻號耕隱博學能文閉戶著書高祖鎰字陵庵曾祖濟字大用號竹泉祖柱字艮擎號西塘蔚爲儒宗父文燭號思塘傳家孝友惟貴舉康熙庚子大賓長子其艮次子其賢均能詩見尤侗壽藏銘序又有胡其性字秉初皆知名士

張明際字際可天資秀異鋒鋩四出刱讀不勌少年徵逐之習淡如也應童子試即嘖嘖有聲尋補邑庠益厚自愛閉戶授徒日與二三同志講習討論非婚喪慶弔不出制藝外兼肆力於古學其文詞制作高華瑰麗有前人風味乃爲數所厄未能遂志食餼三十餘年序貢赴都考授訓導謁選無期遂以明經終爲人曠懷高致奕畫皆臻第一最善屬對精工多出人意表邃

於易學四方問奇字者踵相接時人稱其篤學好古至老弗衰
云族弟明校字監夏重倫篤義妻鄒氏歿思其賢終身不續娶
張明煜字季昭明際弟性穎慧從伯仲二兄治舉子業既因不
得志去學蕭曹爲刀筆吏未匝月值縣試令明煜唱題因私與
所親識童子講解邑令李聯芳名進士也見而異之召詢家世
並叩其素抱因大駭奇謂之曰此地不足以辱子子亦不應妄
自菲薄以墮乃家聲倘憂貧乏吾佐子以膏火明煜受命而退
於是感奮益用攻苦越明年遂補弟子員未幾新學使者按臨
明煜入場而病兩眞未完昏憒莫省及案發名反褎然前列閱
卷時見點次皆及其草藁衡文者愛莫能釋故有此格外之賞
拔既而食餼邑令周公尤寄其文嘗季試拔置冠軍謂其學醞
養粹可拭目以俟高飛乃九戰棘闈不獲一售歲壬戌循資出

貢 廷試授訓導追授六安廣文而攖疾卒生平著作甚富嘗訂張氏家乘族孫廷超爲之序尤精數學卜事奇中爲時人所稱同時楊廷照旭初劉誼子正劉覲梧岡楊登雲履青郭先春梅先皆與明熤馳騁文壇有聲句曲

鄒發邑廩生字遯庵通九經治周易三禮著述十餘種皆以維持人心風俗爲急家範要議磯論尤用意文也惜不遇鬱鬱死

葛震字星巖淹貫史學於歷代帝王各以四言韻語括其始末起自盤古訖於有明爲詩史十二卷同邑曹荃爲之註釋故名四言史徵俱錄入 四庫存目

潘遂先字景初著聲音發源圖解一卷其子命世續錄入 四庫存目分四聲爲六聲曰初平次平終平初仄次仄終仄專以牙一音定宮商角徵羽以十二舌音定平仄六聲分配十二律

七十二候不用古法立說頗異
李東櫄字興耜東櫰見前志弟能詩李昌允字耀先昌魯見前志弟
諸生哭父一目失明人稱其孝與昌魯不愧爲難弟難兄云又
有李璧字雲和工詩烏棲曲沈歸愚尙書選入別裁集李應梅
字夢卿李嘉賓亦長於吟詠
王吉士字藹廷朝艮字瞿士祚鞏字授玉世興字卜三皆邑中
知名士朝艮以下皆邪琊望旗
笪江龍字農庵御史重光見前志族孫能世其家學工詩善畫笪
立彩字鳳初亦以能詩名
蔣成所戴圩村人少敦行誼康熙四十七年江南北遭水患成
所遊六合見一夫婦號泣甚哀成所問之曰家有二老年近八
旬數日不飽不得已將妻鬻於王姓感結髮情相敘僅片刻是

以悲耳間所鬻幾何以二十餘金對成所贈銀如數俾贖婦歸其人拜謝去成所不問其姓氏其樂善好施類如是

戴傑字立齋邑庠生　國初仍前朝流弊十年輪充里長又有百餘年輪充值區頭若當此役未有不蕩產者康熙庚戌正值輪區眾皆憂懼而傑特毅然仔肩其任於十七鄉中舉二三同事凡徵解錢糧俱親齎上司既無差押需索之擾復無尅扣侵蝕之虞眾皆免累厥後呈請上憲永革此役傑之力也又本鄉與上江溧邑接壤奸匪不法之徒往往厠身其間私宰耕牛窩藏盜賊四方農民每受其害傑特倡首嚴禁驅剔民沾其惠

鄒緒字紹衣隶文子秉文爲知名士凡所著作雖片牘隻字莫不膾炙人口而緒以奇特之姿崛起其後好讀書具論世識其制行嘗以古人爲法遇事輒慷慨激烈某歲鄉邑被災飢民坐

困緒以赴義急公爲胥人媒蘖流離困頓幾不獲免卒能直節端行不爲所屈邑侯宋公有國士之目

胡承昭字協萬家素封承昭生而狀貌魁梧言詞慷慨人多以奇器目之而又仗義疎財揮霍不吝居吳下有夥某賠累千金人皆欲嚴究其夥承昭置若罔聞其度如此

戴元鑣字霖生文鋒子少穎異嗜學諸子百家無不覽爲文古岸不羣又喜談黃老之術嘗師事溧陽芮巖隱馬章民能得其衣鉢霖生淡於仕進雖工舉子業每屏跡不入棘闈曰吾讀書明理而已居家設義田立條約合族咸奉爲楷模

趙國藺字棟明善文章妙年著聲太學識馬章民於未遇時延以爲師課諸子未幾馬君大魁時人服其藻鑒晚年隱於酒歌云從此到終身盡爲閒日月因以醉吟自號焉

張琳字原璐郡庠生性明敏有識文宗韓柳尤工詩著旦園初稿六卷同族張明覺字睿先工書善畫尤長於詩詞著燕遊二集壽八十五張夏字草庵恩貢生資稟不凡所著有星香草樂水軒集唐詩張琪張延羲延成俱工畫羲字竹嶼善寫蘭竹皆孝子常洧裔孫乾時人

王遇隆字南村邑諸生孝友性成講關閩之學精華內蘊終日端坐不妄發一語於綱常倫理商酌古今又未嘗不侃侃言也嘗集子弟告之曰人無澹泊甯靜之學雖出處得正而嗜欲名譽足擾其心則器不遠大將來措置設施必有坐受其病而不自知者嘗以不及事親爲憾人或道其先人輒淚隨聲咽語不能續當諱日祭雖滌盞封楮必身親之曰聊以盡吾心耳報稱奚與焉一日與仲兄方授論時事微不合語觸兄兄不覺也次

日昧爽長跪於仲兄寢門外仲兄急問故相抱而泣撫伯兄之子如子孫如孫待其成立克家而後已治家嚴肅内外秩然凡一切飲食嗜好服飾起居有人所不堪者遇隆甘之及遇歲祲不惜千金賑濟而隱其名於他人親族鄉黨待以舉火者數十家今知之當其時不知也好行陰德不自沽名本實心行實事如此子道復辛酉副榜

駱子上孝廉鳴騶兄也由諸生考授州佐少受學邑名進士張芳以能文著稍長補博士弟子膽略幹濟不類呫嗶迂闊士康熙中逆藩初定諸軍校矜功勢横擾害居民有總戎某者尤不戢下縱其子無賴吏不得問鮮衣怒馬丐取於市不慊則奮擊一日直入子上質庫中箕踞慢罵子上命左右批其頰捽出之市中皆咋舌謂禍不旋踵總戎果大怒詭其詞咨總督三省軍

門王公將廷鞫之子上聞不俟命具冠帶往謁軍門被毆者卒
健卒數百列轅外將擊之子上曰我軍門正犯豈若輩所能魚
肉乎速偕我見軍門衆不敢逼子上直入軍門階下揖王公數
之曰我　朝新定天下戡平逆藩以江南爲濱海屏障命總戎
鎮此地所以定黎元禁暴客戢士民安商賈也今縱子爲暴暴
横都邑無乃非　朝廷設兵意乎且公督三省兵民一草木皆
受庇焉乃以私護將門子而草菅百姓更非所望於明公也爲
歷言軍校不法事王公首肯者久之喃喃語左右罷其事蓋總
戎私致意於王公而王公正直不聽也嗣後諸當事嚴立諸軍
禁約將校稍稍歛迹焉方子上赴轅時諸親朋閭里知其事者
無不爲之惴懼子上處之從容正詞免難節鉞爲之霽威昔柳
柳州狀段太尉逸事上之史館紀其戢暴卒謁軍門責郭尚書

語千載有生氣今子上以書生抗顔制府抑總戎子暴横商賈賴以無虞子上其庶幾焉

俞茂兆字來元邑庠生母胡故茂兆哀毁骨立附身附棺咸盡其禮事繼母如生母弟茂龍少負僞才愛之彌甚延名師教之每值課期茂兆即命僕持小几坐塾外俟其稿成閲而退如嚴師然夜置酒於室招茂龍偕飲飲必盡興懽呼談笑視閲文時如出兩人繼母問其故曰吾弟爲文勞苦飲之酒以酬之然家庭之樂則亦無逾乎此矣父爲仇家謀陷茂兆隻身匍匐艱苦備嘗白其事於撫憲冤乃得伸

王烒字萬先工書法善篆刻事親數十年承歡就養子職恪供年四十餘依依孺慕父嗣昌壽八十二無疾卒烒猶哀毁成疾不數年歿時乾隆癸酉年也鄉鄰咸以孝稱之

高作梅字和羹乾隆閒諸生性孝友耿介第三姪幼孤多疾須以背負之則痛始減其疾一年數發作梅每徹夜不眠子烈欲進諫作梅曰吾先人之視諸孫一也第五姪生三齡而失怙恃痘毒纏延越四年而後愈作梅夫婦盡心撫育同於所生始得以至今日此即其姪對人語也長養姪女以至於嫁卒年八十有二聞者皆嘆息咸稱其慈愛云子烈恩貢生

張有義字宇淑英奇倜儻智謀過人乾隆閒官本省提塘有能聲晚年家居值歲旱奉檄勸賑首捐數十金爲紳富倡而巨貲立集購米平糶一鄉賴以無飢邑令贈額獎之曰誼周桑梓

裴宗藩字維屏性謹厚精瘍科爲人治病輒有奇效不受酬傳子德滋而業益精有人目中生菌俗名螺螄旋德滋以刃刮之遂愈

高溶邑諸生世居崙山側天性純篤事父近修孝養無違在兒前尤極恂謹艱大事輒身任之析產時讓腴取瘠悉惟兄命幼從同里鄒竹溪游家貧力學雖凌寒溽暑不少懈故於經史皆淹貫爲文縱橫排奡筆力雄奇不入尋常窠臼奈運蹇屢試風簷不遇溶嘆曰得失命也死而後已志也半塗而廢吾何甘由是窮且益堅遲至年四十六始博一衿嘗語外孫鄒愷曰學不患無成特患無志耳今予老矣不克自奮爾輩妙年及時發憤勿自暴棄又曰業患不能精無患有司之不明昌黎之言豈欺我哉生平誼敦古處貌樸言訥與笪文炳丁學洙輩爲文字交至則把酒論文信宿乃去居崇儉約戒奢華終身未嘗衣裘帛其於鄉黨也排難解紛是非嶄然言不阿狥事有不平者一經排解無不服晚年安於恬退不義富貴視若浮雲惟放懷於酒

每遇良辰邀朋載酒臨水看山乘興而往提壺引酌帶醉而歸蓋適其情則心常樂老子曰知足常樂若溶者可謂得之矣

戴溱字九川邑庠生精堪輿著有地理易簡集羅線眞正解今皆亡

王湘字江亭業岐黃得青囊秘授有求診者雖劇忙即出以應不受一錢或既診而三五日不至輒自造其門曰汝疾良已乎何不就診也診脉極細判生死其應如響有人疾革久誤聽庸醫投虎狼劑湘力爭至以身任其人卒賴以痊

鄭懷珍字錦山武生東陽鎭人應嘉慶癸酉科武鄉試留堂有某縣生舞刀力竭幾遭不測懷珍挺身出接舞自若主試百菊溪制府諭之曰今科中彼不中汝渠雖落架幸遇爾救殆渠先世有陰德爾技勇固佳其如額滿何懷珍既下第改業岐黃尤

專精於瘍科凡異症一奏刀即愈自製膏丹皆珍品療貧拯困不受饋尤人所難

裴錡字受堂鑑從弟（鑑載先正）監生官中書科中書弟鋙字安船俱工詩同邑駱傑駱石雲亦工詩又有許超字軼才仲藝字敘公皆乾嘉時詩人

謝萬世字芳林諸生幼聰穎讀書過目不忘及長丰神秀朗文名籍甚教讀嚴而有法弟子著錄者甚衆性沈靜寡欲足跡不輕至城市道光閒謝氏以財雄北鄉諸昆季行競尙奢靡按譜求食倍極精巧萬世深以爲憂嘗咏方恪敏嘉蔭庵牡丹詩云富貴不曾遭浩劫只因閒散在山中又云若非太傅栽培力看到子孫恐亦難其蓄意深矣

嚴名蓀字樹芳歲貢生性廉靜授徒里中勉後進以立品爲先

妻死蔡年三十餘遂不續娶

俞輔廷字儒珮曾祖大悅操計然術貿易於宿州祖父皆繼之輔廷幼穎敏從同里戴生遊嘗以遠大期許嗣因家事改承祖業咸豐三年捻匪圍宿州輔廷醵金助官軍練勇擊退之迨粵寇陷金陵乃返里奉母避難於如臯之岔河旋以僦居湫隘分厲於揚州之興化遂家焉輔廷事寡母以孝聞母病親嘗湯藥不離昕夕事兄亦恭謹與羣從怡怡白首終無閒言性拘儉律己至嚴於親族中子弟不率教者必懇切開導多方激厲俟其自化雅愛收藏書籍字畫護惜倍至學易二十餘年用力致深兼善占驗絕不輕筮雖援例就職而淡於仕進殆精於易而爲嘉遯則吉者也子守仁字靜山亦以孝友稱云

倪瑩字致和諸生賦性樸厚邃於易咸豐閒粵匪入境瑩避難

渡江卽以卜供菽水承平後歸里不預外事課徒之餘嗜篤堪輿家言登山尋穴不辭跋涉里黨有貧不能葬親者嘗爲擇地不受其謝著有選擇捷覽稿一卷風水經眼記一卷自誌云示子孫備不虞幸勿妄以問世

張延富字錦海性孝友好施父德周估於外六齡就讀鄰村母鮑多病每自塾歸至母前問安母食亦食母疾呻吟則依依膝下移時含淚而出飯已熟不忍啜也待兩弟極友愛粤匪之亂流轉負販辛苦萬狀肅清後始啟肆倉頭使兩弟家居課耕米鹽之計不以相累旣弟婦失和議析箸阻之不能則以手置產悉讓於弟所有積負獨任之曰吾弟不慣操勞一飽之外無所得償負也會立析券延富以治家無狀忽搥胸大哭兩弟亦哭諸子皆環泣莫能仰視戚友無不欷歔太息書券者筆爲之閣

異時兄弟歡好如初里黨嘖嘖羨之尋以負重積勞成疾而卒卒之日有老嫗傴僂入哭甚哀子姓莫識誰何或詢其故始知其夫爲趙姓寶應人因歉歲挈眷南來不數年家室完全皆延富佽助之力其慷慨嗜義多此類也

曹施龍字雲侯早年失怙輟耕就賈稍獲贏餘即嗜義若渴不瑣瑣爲利計嘗有鬻妻償債者幼子分離夫婦生別不勝悽楚施龍踵其室廉知其情遂焚其劵復捐貲代還別主令其家室完聚

曹政益字謙受爲客雲陽道光辛卯高寶興泰等州縣被水災黎過雲陽日計千數政益因設局散給口糧賑濟飢民議敘八品

王民華字鑑衡年十六粵寇之亂適父疾篤晝夜侍湯藥不倦

母以賊兵逼近留其兄侍疾使率諸弟避去民華痛父之病留連不忍母責之曰汝欲與父併命耶果爾是不孝也民華乃涕泣拜母出至半途聞父歿一慟幾絕寄其弟於戚某家歸而治喪葬畢挈弟至東臺不數年見任居停稍稍得事撫貲比弟長又爲完娶民華爲人勤儉謹愼外柔內剛臨事有决同輩無不推服居停豐於財好行善舉民華多贊成之弟民康民泰皆蚤卒撫養其孤俾完弟婦之節人以是益重之平居好讀史鑑古今興廢人物得失了了於胸雖儒者不能難也年六十二無病而終

韓晉鏞字純甫諸生南巷人咸豐十年粤逆再陷句容村里爲墟有族弟某賈樊川饒於財晉鏞攜其子往投之某拒不納私商其母請以田質許之劵書六十千實予其半不一年貲用秏

竭止餘錢五百時歲將暮售春帖度日晉鏞素工書至是無過問者天大雨雪絕食旅舍子甫六齡顧之曰予忍死跋涉至此者爲兒計也今偃蹇若是天殆不欲存韓氏後矣語畢而泣其子亦泣不得已就食粥廠某紳心異其爲人歛錢以贈鏞不受欲投河者屢矣適同鄉朱姓者操賤業哀其窮代謀一郵塾去樊川五里由是父子得棲身所同治初年江南平父子返里而族弟某田產在本邑者公私皆仰賴族人人謂晉鏞盡報之鏞謝曰彼賈人不識大義予尋其隙使彼傾其家我心誠快何以見祖宗於地下卒待之如初

陳桂芳字筱山陳巷人諸生性方嚴取與不苟陳氏在北鄉稱巨族公欵頗鉅經理數十年絲毫無染設條約以戒同族力禁浮惰見鮮衣游手者必面斥之俗爲之變尤敦風義某婦不得

姑歡生子三日姑逐之其夫倉卒不知所爲桂芳賃屋以居方爲區處卒至室家完聚其善全人骨肉多此類

汪四名某啟肆於城中聞鄰衖喧嚷哭泣聲汪出視係江北婦因夫病負債售身以償且備後事婦不忍離故哭泣衆懼反覆故喧嚷汪惻然問所欠若干並醫治需若干以六七千對汪如數給之慰勉再三事遂寢數月調養病良已渡江返閱三年汪得咯血症腹脹欲死適渠夫婦南來視汪驚曰何得此症恐非吉然某有秘方可活因在野尋草數莖服之立愈又三年症復發遂卒而汪之昏嫁畢矣

劉長恒字北山號霽嵐邑廩生幼失怙與兄長晉育於母李氏各授一經稍長始就外傳既食餼就塾於赤山得館穀奉母時聚族議建祠毋謂恒曰君子營宮室以宗廟爲先盍以所積助

之乎在赤山時見圩埂兩旁所停柩漂沒暴露出貲令人瘞之咸豐六年遇賊不屈被刃以筵抵之得無恙七年城復諭辦團練積勞外獎五品花翎虎忠壯公陣亡秣陵重建四賢祠設位以報功焉十年城陷避居如皋遂卒

孔廣元字俊昌幼失恃侍父讀書天資穎悟家素貧遂棄儒爲商父有疾廣元急歸親奉湯藥歷寒暑不倦及卒哀毀骨立服闋益自勤苦列肆於揚州之邵伯埭兵亂攜眷以避里黨往依者甚眾散穀賑金絕無德色亂定歸里見遺骸徧野出貲掩埋遺黎無告悉爲資給建祠復祀收族敬宗一時稱義士焉

趙貢廷諸生東郭壚人能文工詩遊廣東某學使幕著有墨緣集子五人次德恭咸豐十年殉難棲霞山同里童生吳大恩亦以耿介餓死

諸老道者馬文毅公僕也名兆元江南句容人老而蔬食喜佞佛故稱老道云文毅公撫桂林遭變拘賊中四年抗節不屈語具公家傳及新都朱昉所爲殉難紀畧方賊遣騎收公時弁縛其僕次及老道賊以其老縱之去老道大呼曰吾得從主入地下甚幸豈效鼠輩叛主以圖富貴貽千古罵名耶奮然隨公行公至箕踞大罵老道亦詢詈不絕口公遇害賊亦竟殺老道或曰老道僕也於法不應銘邵某曰嗚呼老道之死烈矣所稱殺身成仁者非耶吾見今世士大夫訾謷人輒詈曰奴儕嗚呼奴儕乃有是是宜銘銘曰生也主從死也主依其遺骨窆於斯見毘陵邵長蘅青門文集

明察院題名碑萬歷四年巡撫宋儀望重立於句容亂後訪得之共七十四人而鄉貫可辨者僅十三人其中次第悉依原碑

著錄識者諒之

蹇義字宜人四川重慶府巴縣人洪武乙丑進士　八年以吏部尚書任　熊槩　邢宥　周忱　李敏　鄒來學　陳泰字時亨福建縣人　李秉　崔恭　劉孜

宋傑　滕昭　畢亨　牟俸　王恕　彭韶　李嗣　王克復　□鍾　何鑑　朱瑄　彭禮　魏紳　艾璞　羅鑒　張鳳　王縝　鄧庠字宗周湖廣宜漳縣人成化壬辰進士正統九年以都察院左副都御史任歷陞南京戶部尚書　張津　李充嗣　吳廷舉　陳祥　毛恩義　陳鳳梧江西廬陵人嘉靖四年以都察院右都御史總理糧儲兼任　陳軾　侯位　陳克宅　歐陽鐸

夏邦謨　喻茂堅　丁汝夔　歐陽必進　周延　張恆

彭黯　陳洙　屠大山　周琉　曹邦輔　張景賢　趙忻

周如斗　朱大器　宋儀望字望之江西永豐縣人嘉靖丁未進士萬歷二年以都察院右僉都御史任明年以功晉副都御史　胡執禮陝西永昌衞人嘉靖己未進士萬歷五年以都察院右副都御史任陞戶部右

侍郎起戶部左侍郎贈戶部尚書

孫光祜 山西州人嘉靖壬戌進士萬歷八年以都察院右僉都御史任歷陞南京工部右侍郎

郭思極 直隸魏人隆慶戊辰進士萬歷十年以僉都御史任

余立 廣西馬平縣人嘉靖壬戌進士萬歷十四年以副都御史任陞大理卿起兵部左侍郎

周繼 山東歷城縣人嘉靖乙丑進士萬歷十六年以副都御史陞任南京戶部右侍郎

李泳 江西雩都人隆慶辛未進士萬歷十八年以僉都御史任

劉應麟 江西鄱陽人隆慶戊辰進士萬歷二十年以僉都御史任

朱鴻謨 山東　　縣人隆慶辛未進士萬歷二十一年以副都御史任陞刑部右侍郎贈刑部尚書

陳錠　謝登之　陳道基　趙可懷　翁大立　林潤　張佳胤　陳惟芝　方廉　海瑞　王元敬　周孔教 此碑尚存應列金石中因字跡漶漫續采補錄於此

明學院題名記萬歷丁酉焦竑譔 見舊志藝文 今碑已佚按正統元年始置提學官而考棚移句容實始於萬歷乙未至雍正甲寅仍移省會今據上江志及散見舊志中者補錄於後

彭勛 字祖期永豐人 孫鼎 字直錡廬陵人以上正統 葉巒 字峻甫莆田人 嚴洤 字宗源興化人

以上天順
陳選字士賢天臺人
薛綱字之綱山陰人
戴珊字廷珍浮梁人
婁謙字克讓上饒人
司馬望字通伯山陰人以上成化
王鑑之字明仲山陰人
林塘字廷玉侯官人
方誌字信之鄞縣人
陳琳字玉疇莆田人以上宏治
劉玉字成栗萬安人
黎鳳字乾兆新喻人
黃如金字希武莆田人
張璿字仲齋晉州人
張鼇山字汝立安福人
林有孚字以吉莆田人
蕭鳴鳳字子雝山陰人以上正德
陳伯諒字執之福清人
盧煥字堯文光山人
劉隅字叔正東阿人
章衮字汝明臨川人
邱養浩字以義晉江人
張相字子良臨清人
聞人銓字邦正餘姚人
馮天馭字應房蘄州人
楊宜字伯時衡水人
馮天馭再任
胡植字立之南昌人
黃洪毘字協泰莆田人
趙鏜字仲聲江山人
吳遵字公路海甯人
周如斗字允文餘姚人
吳遵再任
周斯壽字子才甯州人
耿定向字楚侗應城人
周宏祖字元壽麻城人
鍾繼英字心瞿東莞人
周禧字以吉蘄州人以上嘉靖
謝廷傑字宗聖新建人
李輔字子卿進賢人
褚鈇字民威榆次人
郭莊字子莅甘肅人
李學詩字子興安陽人
李時成字惟仲蘄水人
王國寶字伯楨耀州人
房寰字仲伯德清人
詹事講字明甫樂安人
柯梃字以拔海澄人
曾象乾字體良泰和人
饒位字立之進賢人
陳子貞字懷雲南昌人

碑立於萬歷二十五年此碑之後錄至雍正十二年止

趙之翰邳州人 楊宏科餘姚人 黃陞睢州人 楊廷筠字仲堅仁和人 史學遷字惟良翼城人 徐鑑見舊志 熊廷弼字飛伯江夏人 王以甯字禎甫山陰人 駱駸曾字象先武康人 過庭訓字成山見舊志以上萬歷 易應昌臨川人見舊志 毛一鷺字序卿遂安人泰昌元年 孫之益字思謙邛州人 周邦璟字柱明麻城人 陳保泰字自公東安人 賈繼春見舊志以上天啟 李懋芳字國華上虞人 甘學濶字用廣鄰水人 倪元珙字賦汝上虞人 亓璋字還浦濰縣人 楊希旦見舊志 張鳳翮字健六 宗敦一字凌霄南昌人 金蘭會稽人見舊志 陳起龍上江志以上崇禎

國朝順治二年督學分上下江兩員康熙元年合為一員雍正三年仍分二員

陳昌言字道莊潭州人 蘇銓字次公交河人 李蔭嵒字莪屏永城人 楊羲字崑岳洪洞人 石申字仲生灤州人 藍潤山東人見舊志 張能麟字瑞庵大興人 胡在恪字念蒿江陵人以上順治 孫

蔭驥字清溪南安人梁儒字宗洙漢軍簡上字文選巴縣人虞二球字天玉定海人解幾貞字蘭石韓城人邵嘉字令儒富陽人劉果字木齋諸城人田雯字綸霞德州人趙崙字閬仙萊陽人李振裕字維饒吉水人高裔字素侯宛平人許汝霖字時庵海甯人邵嗣堯字九鍼猗氏人魏學誠字齊禮蔚州人楊中端字子大磁州人張泰交字伯谷陽城人張廷樞字思園韓城人魏學翮字運青遂甯人張溶訥字耑木海甯人張元臣字懋齋銅仁人胡潤字京棠通山人余正健字惕齋古田人林之濬字象潮惠安人謝履厚字坤侯昆明人鄭任鑰字維啟侯官人以上康熙法海字淵若滿州人俞兆晟字叔音海鹽人鄧鍾岳字東長東昌人張廷璐字寶臣桐城人

晉縣令周札晉書有傳見呂志

劉宋縣令顏繼祖見大泉寺碑並見景定志

唐縣令樊珣邑人見金陵詩徵　李越成見茅山志李含光表　縣丞魏煊　主簿承瓌見張孝子碑　崔子佺　縣尉李芬　張隱朝　章　仇　章嘉勗以上並見唐縣令岑君德政碑

楊吳縣令黃鸞太和開任見十國春秋

南唐縣令李哲查文直以上均見景定志舊志作查文恐誤張緯見徐鉉文集縣尉張知白景定志

宋知縣杜紹紹聖中滕及崇甯元年董苹宣和五年舊志作董卒恐誤鮑慎辭大觀間任趙希夔嘉定十年舊志作希亮丁宗魏紹定二年吳淇三年舊志作吳琪趙熙六年豐雲昭端平三年王之經嘉熙元年蔡蓍三年丁埴淳祐二年趙汝攣八年吳衍十一年惠昌寶祐元年趙孟銑二年奚季虎三年趙汝檣六年史十之開慶元年朱顯達景定二年以上均見景定志縣丞万俟傳宣議淳熙三年主簿錢公瑾登仕郎嘉祐四年見建康實錄鄭安平熙甯蔣棣迪功淳熙三年劉博光世子見舊志縣尉陸元常熙甯中鄭兵常李用昌迪功淳熙三年以上均見宋碑文陸絳慶歷間任見茅山志儒學江千里見宋五瑞碑

元縣尹謝潤至大間任見呂府志殷貞至順間任田郁大德間任成天瑞延祐間任林中節至正間任以上俱見元碑張士貴見至正重修學記並舊府志范都蠻至正間署見重修社稷壇碑

敎諭劉元明泰定間任見鄉賢祠記 孔逢吉邑人見舊志藝文 許亘知至順間任 訓導

江聞震泰定間任見鄉賢祠記 湯囦後至元間任見元碑陰 謝瑛至正間署見重修學記 主簿

張薄張琛後至元間任均見元碑陰

按順治志元秩官表不列縣尹第於丞下或注至正間尹卽趙靖程恭李允中李溥張士貴孫正六人也乾隆志乃揭出列於縣尹又誤士貴爲承務不知承務郎乃士貴階耳舊志丞中註承事承務者皆縣尹不然有元九十年中僅六尹耶且六尹皆至正間耶

按趙靖至大間任程恭泰定間任李允中後至元間任李溥孫正乃至正間任也俱見元碑

明

知縣汪宗之貴溪人 周宜卲烏程人 張夢斗以上皆嘉靖間由府佐署甫蒞任卽修學宮見乾隆志碑文 丞張士林正統間署見明碑 主簿先處亘見舊碑 傅珪正統間署見明碑

唐進士劉三復會昌乙丑見金陵詩徵沈如筠大中間見唐詩註劉鄴咸通間見續乾坤正氣集鄉貢姚謩見大泉寺碑

宋進士張綱政和癸巳許定宗宣和間見許譜戴九成紹興間見戴譜高寶淳熙乙未進士拜丞相加太保光祿大夫見順治志張銓淳熙戊戌江萬里寶慶丙戌高元龜見景定志顏魯公祠堂記

舉人胡世昌大觀戊子解元許乾解元許賡虞咸淳庚午解元以上皆采家譜及墓表博學鴻詞許萬壽眞州教授采家譜

元舉人胡芳叔見元碑文貢士王恤字明六任金沙令采家乘

明進士鄒昊宏治十二年官右都御史張明弼崇禎十年見太學題名碑舉人周禮永樂十二年鄒昊宏治八年陝西榜王安宏治乙酉周介嘉靖己卯陝西榜解元吳淵萬歷辛卯副榜李茂材萬歷辛卯李思謨萬歷癸酉李長盛崇禎戊午李長似崇禎壬午兵部職方司主事以上均采家乘

國朝舉人李瀅順治乙酉高淳籍李為霖李沐俱順治戊子李葉改名枬高

錫範 高錫旬俱康熙己酉 李儒琛康熙己酉 李國宋康熙甲子 李炳石康熙丁卯

北榜曲靖同知 李棟康熙壬午 李蒸康熙乙酉 趙國銓康熙乙酉 李鱓康熙辛卯 李基宏康熙

癸巳古田知縣 李玉臺雍正乙卯 李光國乾隆甲子 副榜 李漢順治辛卯 李長煒順治甲午

青田知縣 李國宋康熙壬子 李國相康熙癸酉以上均采家乘

復三茅禁山記華陽洞天金陵福地羣仙之所都會景福之所興作故其壇館之盛薦享之殷修奉之嚴樵牧之禁冠於天下其所由來舊矣聖厤中微官兵共守望拜之地多所荒蕪若乃眞靈翔集玄況肹蠁興復之迹必假異人天佑丁丑歲貞素先生王君棲霞始來此山恭佩上法徘徊地肺偃息朱陽永懷舊規期在必復先生潛德內映符彩外融名士通人道契冥會凡縞紵之贈贐信之資悉奉山門以成夙志於是由艮常洞至雷平山十里而近入於隸者盡口贖之禁芻蕘不得輒至墟墓不

得雜處藝樹薉野植松爲門川梁必通榛穢必翦建方壇於雷平之上造高亭於艮常之前朝修有致誠之地游居有稅駕之所羨巴古陌秦望舊封肅然清光復如開元天寶之歲矣先是紫陽之右有靈寶院焉眞臺故基鞠爲茂草先生殫罄貲用克口殿堂有開必先無遠弗屆都督武陵康王奉錢百萬梁王造殿一區有道之徒咸助厥事曾未周歲惟新舊宮皆先生之力也昔大隗致襄城之駕庚桑化畏壘之人是知道心惟微其應如響時則有若道士經若虛協規同志是攝是贊幹事以恪咸物以誠績用不愆斯實攸賴先生以保大壬子歲夏四月悉書夫屋之數疆畔所經請命於京師申禁於郡縣以授茅山都監鄧君棲一能事既畢數日而化期命玄應昧者不知夫仙階咸召諒非一揆若乃神清氣靈骨籙標映受之於天地心虛器冲

玄德充蔚基之於性也昭冥垂教啟煥靈迹行之於勤也故策名紫素飛步黃庭流功儲慶必參相合然則先生之道其殆庶乎雖歘翛不留冥升日遠而高風可述遺範在人進而紀之翰墨之職也鄧君企慕前躅見託直書己未歲秋八月東海徐鉉記

重建學記奉議郎古栝吳君淇來宰句容當軍事方殷軍須旁午之時內事拊摩以不失聖天子愛養元元之心外謹供億以不違賢方伯綏靖邊方之略旣內外兩盡上下交孚田里晏然絃歌有裕深惟觀民設教王政所先化民成俗令長之事而是邑也厥田惟下厥賦中以下田供中賦故其民勤其用儉惟勤惟儉不見異物而遷焉故其俗最近古易以入德而望是邑者三茅之山峯巒回環竹樹深密有泉石之勝而無巖崖溪谷之

險隱君子之所宜居相傳以爲秦之亂茅氏兄弟實居之若武陵源然其居之安遂往而不返而誕者乘之以爲於此昇仙焉使聞者遐想至者企慕庶乎遼東之去有時而歸緱山之會有時而復幸旦暮遇之則九醞之觴可得而飲五百歲之桃可得而食駕鶴驂鸞可騰躍而上也而理卒無是則始愧其誕憂其窮竊取屈平九歌司命名篇之意以名其山之隱君子以爲仙駕雖不可望而死生禍福之在人容有可得而轉移者蓋俟吾山之隱君子在天之靈實司之使世之貪生而畏死懼禍而徼福者爭趨之以庶乎久生而無禍而理復無是則又窘於說之窮愧其誕之覺並緣傳記所載吾夫子問禮老聃之事肖土木像二名其倨傲鮮腆者爲老聃而以其謙以自牧者爲夫子曰老聃吾師也孔子吾師之弟也庶幾夫知敬吾夫子者必知敬

其師知敬其師者必知信其徒之說不知老聃以清淨沖默爲
道豈誕者所能師夫子旣聖不居不恥下問儻以所嘗問爲師
則問官名於郯子問每事於太廟彼夷狄之長駿奔長執豆籩
之人皆師乎故爲前之二說則自誣其山之隱君子爲後之說
則不惟厚誣吾夫子併與其所自以爲師之老聃誣之其誕可
勝誅乎雖然爲是說者東西南北之人非吾邑之人也彼其以
誕承誕以愚詐愚而吾邑之俗近古而易以入德者自若也然
則興學以道之以正人心息邪說閑先聖之道非賢令長事乎
君於是撙縣費之浮計學廩之羨益之以邑人之願助市材之
美諏工之良涓日之吉撤舊宇一新之殿陛邃嚴儼王者之制
堂廡廣修仿侯泮之規宸章有殿先哲有祠而士知所尊校文
有廳肄業有齋而士知所勉下至庖湢積貯之所僕隸之舍各

稱其宜總之爲屋六十而牆之袤丈者百經始於紹定庚寅季秋之朔閱十有六月乃成計米以石厥費凡四百有五十錢以緡凡三千八百有四十工以日凡萬有一千二百而公不告匱蓋以均節有道私不告勞蓋以勞來有方既成屬宰記其事宰惟君之此舉所關者大不但爲子衿城闕而已方緒次顛末君復以書來言古之學者必至大學而後成大學之道在明明德余故以明德名堂而手書以揭之子盍爲我申言其義宰惟明德天所均賦惟先明己之有是而後能明人之德故明德必自致知始夫苟致其知矣則是非明辨而異端可得惑乎知至而後意誠心正則無妄念無邪思而憑虛御風等說可得入乎由是而身修則視聽言動罔不由禮安有自放於禮法之外由是而家齊則家人婦子各盡其道安有自絕於倫類之間又由是

而推之以治國平天下則堯舜禹湯文武所以爲先明其德反是則周穆秦皇漢武所以爲耄荒而不可救藥也君曰然此固吾黨之士不待告而知者雖然是道也豈吾黨所得私哉當刻之石以正誕者之罪爲愚者砭云歲壬辰陽復日丹陽劉宰記幷書數原王遂題額

句容縣均豁和買記有一言可以懷天下曰平而已平之義聖者莫能易也我國家於民役和買之制豫給緡錢責償於後實利之云故貸以春輸以夏秋補於其不足歛於其有餘熙陵仁風動盪有截蜀范忠文公嘗筆此舉於東齋記中歷祥符熙甯法浸以立緜鏹而及鹺鹺亡而額自若殆失初意顧罔不受命則有平之義存焉耳邑隸建鄴者五合一府所應輸均之五邑宜也有爲紹興時相鄉曲地者指上元江甯爲寇擾焚盪之餘

無所從出遂併抑之溧陽溧水句容三邑蔓延迨今邑不以告固有待焉溧陽溧水源源撙裁弊久未除莫句容若民之戴白者相與言吾屬供賦夥將奚辭不容已吾言者偏耳雖然利害著謹毋言當有爲吾平之者淳熙庚子郡丞張君埏果嘗有請於去郡調守零陵之日事雖中止其說不誣逮慶元六年少保吳公琚以重臣居留舊任所部興利除害之責又邑令趙君時侃雅意爲民亟疏顛末累數千百言一再白公公慨然動心即日露章乞歲捐郡計以寬民力天子既從公請乃召觀察推官劉君叔向而語之曰句容增賦之弊吾欲斷自今始出州家萬三千緡爲之代輸朝奏九重而暮拜曰俞之詔然則奉行德意之盛可無其人子其爲我條均豁之要劉君於是贊美不暇畢智幕府稽實簿書家有壓征戶有畝稅一金以上等殺秩秩不

使黠胥竝綠肆欺民受虛賜凡均豁之目絹疋二千十九綿兩萬一百六十不平之賦剗於一朝槪之旁邑平矣顧其事未及示民而吳公疾病致爲臣而歸適太府卿王公補之將指餉軍就攝帥事樂成前人之志復得劉君力右其說薦形剡奏圖功收終時趙君去令已久齊君礪來繼之奉命益虔計等均豁濃墨大字揭諸通衢稚耋聚觀曰此吾趙令君權輿之齊令君緒成之吾黨何能報耶君謙不自居方與民歎詠天子之德之閎二帥之請之力舊令之慮之遠府寮之畫之精此其歸美之忠推行之善豈爲一日計哉沉居宣宣隸建鄴視句容爲一道從往來者得君句容之政廉以律已明以決訟惠以養民威以戢吏邑自常賦外一毫不妄取予而學宮社壇犴獄遠路與夫董征之廨銖累羡財繕治一新知所先後類非苟於應縣課者所

能及也當路諸公列上政績行爲時用矣有如均豁一事雖倡自趙君而委曲推行無復遺恨則君之有功是邑尤多夫以天子之加惠二帥之將順趙君之建謀劉君之叶贊必得當世名能爲文詞者垂之永久而遠以屬沆失所擇矣沆去年秋仲解貴池縣章回視三年撫字催科僅不乏事莫能大有建立動人耳目故重違君請且以自媿云爾君世爲青社人今家錫山實淳熙名臣次對華文公之子治縣有聲不問可知沆獨取其大者書焉蓋革弊爲難而三數君子相承一心拔本塞源損上益下難之尤者自春及冬君法當代可無以告後之人俾知革弊之難相與謹守庶乎稱物平施之意偕宋無極爲斯民者何其幸歟嘉泰四年三月三日奉議郎提轄行在榷貨務都茶場潁川韓沆記幷書

趙時侃申豁和買役錢狀照對時侃所領縣在使府屬邑最爲僻陋壤地磽瘠賦重民貧無問歲之凶豐動輒轉徙時侃竊嘗循流遡源而攷求其故本縣元額和買絹八千四十九疋綿三萬八千九十兩後因江甯上元兩縣房廊營運店業之家蕩然於兵火之餘人戶多是流寓遂權將在城人戶合納和買絹一萬餘疋綿一萬一百六十兩敷下外三縣抱納本縣添起和買絹二千一十九疋已是重困而和買綿一萬一百六十兩不及溧陽溧水兩縣乃獨盡令句容一縣抱認紹興閒宋侍郎知建康日申請除減諸縣前項續增和買絹不幸句容一縣獨無時相產土於時觀望卻出榜曉示謂句容逐年催驅稅賦數足只將溧陽溧水縣元抱認城下兩邑捐數除免外而句容例增之絹獨認之綿不與焉猶以爲未也則又以句容縣合減絹二千

一十九疋之數再行均減在其餘四縣則是將句容縣合減額外增添稅賦卻與上元江甯溧陽溧水四縣再於額內除減自是民始不堪矣至淳熙七年本府通判張朝奉任滿差知永州上殿嘗以句容租稅過重爲請得旨行下蒙上司委甯國府趙通判前來取會而邑民貧困無力相繼陳雪未奉施行時侃請言坊郭所科和買之不均在城江甯上元兩縣有房廊之家少者日掠錢三二十千及開解庫店業之人家計有數十萬緡者營運本錢動是萬數並無分寸和買句容縣有房廊及開解庫店業之家富者家計不過五七千緡而止營運本錢不過三二千緡而止其日掠房錢一百五十六文足者卽趁納和買絹一疋開解庫店業之家營運業錢每一貫文足卽納和買二寸二二釐八毫各家歲納和買絹不下五七疋則府城之人何其幸

而縣郭之人何其不幸耶此特坊郭之不均耳時侃請言鄉村所科和買之不均且上元與句容境壤相接阡陌相鄰句容縣上等人戶每田一畝起納和買絹一尺六寸二分六釐三毫和買綿五分五釐五絲上元縣上等人戶每田一畝只起納和買絹三寸一分和買綿二分二釐則上元之村民何其幸而句容之村民何其重不幸也均是屬邑也均是赤子也其稅賦大不侔如此其他諸縣如江甯每畝止科和買絹六寸如溧陽溧水雖等則細算不同亦無有重如句容者夫減免之恩旣不能例霑而合放之數又均在他縣人戶日貧而稅賦日增斯民有轉徙而已痛哉榜文數語之禍也噫其忍言之哉時侃職在字民訪求利害無大於此重以催科撫字之責叢於一身政拙心勞不敢偏廢雖催理之際究心盡力不敢輒違使府比較期限以

上勞督責而此身如據針氈而坐未嘗一日敢安也苟於是時不能激切而詳言之豈惟無以紓邑人鬱鬱不獲伸之志亦將上辜使府布宣寬大勤卹民隱之意矣時侃區區之意欲乞鈞慈於比較諸縣催科之時念邑民困於稅賦之重其來已久摘出句容一縣別賜寬假以蘇民力不勝大願仍乞斷自鈞慈特賜敷奏將本縣例認之絹二千一十九疋獨認之綿一萬一百六十兩撥還上元江甯兩縣在城人戶名下仍舊均納施行庶使一邑之民共戴天地父母無窮之恩

大卿李公大東躅和買榜契勘本府近準轉運使臺牒據管屬句容縣市戶朱裕等狀本縣係山邑不通舟楫坊郭之內多是貧民下戶應干貨賣物色並是入府城打發下縣所得甚微每遇官司推排卻有一項虛樁營運錢六十五貫一百七文計買絹

八十六疋三丈官折錢四百三十三貫七百五十文白乾敷認於編戶名下陳乞比附江甯一體除免本府幷江東運司遂委本縣丞薄尉同共講求利病本職照得本縣每歲於田產店庫上已均敷和買絹八千二百四十餘疋坊郭房廊賃錢上已均敷二百二十餘疋卻又白敷坊郭市戶八十六疋有奇謂之虛增營運錢每遇推排別置一局深局固鐍關防備至凡邑之民次第高下號十等戶雖負販小夫下至植蔬鬻餅之徒稍能經營皆在焉內擇一八董其局事令自相糾決銖較寸量譁然爭競甚於仇敵雖民力有限虛額常存必欲抱認八十六疋而後已遂使詐力者以多爲寡弱者宜寡而多結局未幾詞訴蠭起其弊非一日矣本職以虛增八十六疋計之爲錢僅四百三十餘緡緣事關州郡經賦申府施行奉知府安撫留守制置殿撰

大卿臺判上件絹科之本縣坊郭民戶遞年推排擾害不一不止催科追擾而已案帖縣自九年爲始與蠲除本州自行抱認仍具申轉運司本府已帖句容縣遵從自嘉定九年爲始蠲免本府自行抱認仍具申轉運司照會了當合行曉示永遠爲照除已出版榜句容縣門懸挂曉示民戶知悉如本縣不遵使府已行蠲免妄作名色催理許被擾人具狀經府陳訴切待追捉縣吏典押送獄根究從條施行

華陽宮記畧曰句曲山之華陽陶隱居之上館也陶以上館自居以中館處弟子以下館延四方高士累功修德上館居多是以引珠泉以煉大還修本草以和名餌設大慈於官而向道者心化置靈符於井而飲水者患愈功成事遂而館名遽立於天監之時眞積力久而華陽始建於天寶之際惜乎爾後干戈鏖

聚於中原烈焰熾延於深谷天后便闕嘯聚者屈之清虛東窗兵刃則藏之三峯鶴馭遠九轉丹爐隳垣圮神居跡屏上士暨至我朝海內清肅祥符天聖真風振興皇祐以來廼有沖隱大師道正莊慎質者天才超頴德操邁逸心恬淵靜身樂清虛侍從師資安養斯館爰及政和三年已逾六十六載榭漏弗塡畏傾弗支於是起役山崑鳩工雲集征材蔽谷揮刃摩天昔惟茅茨今且革之昔惟土階今且甃之按宋政和中宣德郎敦衛記

集仙橋記知縣游冠卿題縣之南橋作於元豐之三年元祐改元之秋歲適大水輿梁爲之輒壞往來病涉愁歎滿道乃請於府而新之購材董役未踰月而功就而橋素無題榜因其路入三茅遂以集仙名之且爲小詩以記歲月興廢云南橋頹廢長官羞新作川梁代濟舟上應星文橫北極下飛虹影落中流嘶

無子產乘輿惠謾絕襄公葬道憂路指蓬山仙世界品題今爲邑人留予舊歲過集仙橋得石上段於平易堂牆南角惜其不全好今年六月十六日風雨終夕又得石下段於堂之西破牆底因粘綴成文併以疇年築地所得龜趺坐此石然隱伏顯露雖各以時向使予不先得之顧今斷石將安用焉特不過礎柱砧衣耳橋屋七間工役浩大而興梁之復未知何日覯是詩者可以知邑之事力視昔不侔云又四日誌

紀瞻墓周應合考證晉書穆侯諱瞻有宅在烏衣巷今有古碑在縣圃易弁堂碑字磨滅僅辨其額云晉故僕射散騎常侍大將軍開府儀同三司紀穆侯之銘後有胡克充跋未詳何代人字漫不可辨知縣山陽真元弼題云紀思遠之碑自東晉明帝時逮今元豐癸亥歲僅千餘年可謂遠也已然風霜剝裂字皆

漫滅惟題存焉其石亦斷而爲二僵仆於道旁幾爲農夫野老所壞故置之縣宇之東軒屋壁閒葢以其古物可貴爾後之好事願常護之勿使毀也知縣邘城張倜題云元豐癸亥邑令山陽貟公元弼取紀穆侯碑陷東軒壁閒且識歲月後百三十四年寶慶丙戌邘城張倜得之邑後圃榛棘中拂塵而觀題額尚存因誦古物可貴護使勿毀之語益信前輩所謂風霜湮淪磨滅散弃於山崖虛莽未嘗收拾良可惜也初明帝引穆侯於廣室論社稷之臣屈指君便其一班班史册觀此則銘章頌美又下一等遂買石作趺移置於易并堂左

資政管元善墓白時中撰誌銘銘曰管以國氏世遠而分龍泉著姓自公有聞公姿粹秀渾然德器種學績文川流岳峙暨于從政激濁揚清有施有守偉其休聲濟是顯融持槖珥筆獻替

綵綸左右密勿出殿方面入躋廟堂謀猷來告愍恤有章惟其
令名詔于後裔勒茲堅珉幽宮永閟
趙總管士盱墓周應合考證墓誌云士盱字岩老太宗皇帝第
八子周恭肅王之四世孫也靖康丙午八月生于睦親宅丁未
之變公在襁褓養于乳母李氏李適梅氏相與保毓甚謹晦其
姓氏紹興己未虜請和公始得同親王居廣徠歸年已十四矣
追念父母泯迹朔荒嗚咽流涕殆不能生聰敏長厚以近屬賜
名授官及冠奉衡山祠祿于金陵攬形勢之雄壯歎中州之榛
蕪謂茲土裏江表淮王炁所聚且距河南地近恢復之本當道
於此指日疆土還職方之舊則歸父母邦不遠矣故樂與軍師
游譚兵家事以資異時執戈衛社稷計於焉謀居蓋有待爾始
則卜築南郭外咫尺城闉且有清勝之趣鄉貴大夫慕公高潔

競與論交車轍闐門殆無虛日公雖天性節儉然雅好賓客有解貂換酒之風居既安不事榮進朝廷嘗以公行尊屬近欲命襲爵主禖公聞之巽謝甚力時議高之故凡奉祠者六食員外監征之祿者三而公處之裕如淳熙辛丑有以公之節行升聞上深嘉歎特命進秩積階至武經大夫以上均見建康志

重修建康府句容縣南廟記直邑之南陸走無半舍地方南鈐有正順忠祐靈濟昭烈王祠廟土人呼為南廟地勢寬閑風氣和會平岡長陸虎踞龍走蓋天造地設所以宅靈氣而顯異跡廟旁有碑委仆於荊榛草莽之閒殘缺漫滅字不可識圖志不載莫知云何故廟之廢興亦莫詳其所自然制度未廣卑陋褊迫不足以稱王之休功盛德且歲久土木力盡乾道壬辰衆議出緡錢大而新之邑士許恭李立等倡其事衆應如響猶未敢

遽興工前此民病無井可汲屢穿不得泉遠近之人歲以王之誕日集祠下至於酌陂水而飲及是乃與致禱願以鑿井得泉爲驗既而鑿未及深飛泉溢湧日漸澄澈隨盈衆心鼓舞卽日諸役畢舉居人盡力工人盡藝相勵趨事曾未閱久績用告成殿寢翼然堂陛肅若夾以修廊周以層垣雪脊朱扉交錯相映百用具修無一或缺於是壯而不僭華而不奢過之者撤蓋止呵輿馬不敢及門咸低徊踴躋改容振服而後去淳熙丙申中秋之吉善言被命試邑始至三日祇謁祠下於是磬折而入載拜於庭瞻仰俯視威靈如在未幾交代朱君光謂善言曰王之德此一方也其來久矣水旱必禱痛疾必呼是皆感於精神發於夢寐曰雨曰暘如操左券今廟之北有張墓廣袤數百畝經界法行官蠲常賦民亦不敢佃據東有石柱前有陂池相傳爲

王牧馬飲所又有前光後光二廢寺孝宅硯池悉近王廟謂爲
王之故居遺址甚多先是邑尉鄭兵常傳上封事經久未報心
疑致禱方焚香而香爐動搖旋轉不已衆皆股栗尉且拜祝曰
爲禍耶爲福耶禍則動而不已福則動且告止居亡何有詔趣
封計香爐動時實詔下之日居民有張姓者將捐巨木助營繕
是夜有木自仆平地如截民懼盡施其餘人愈敬信如是靈異
蓋不可一二數光久欲記其事因循未能今將去此奈何子盍
爲我次第而勒之石善言曰公言不誣事有攷據其何敢以文
陋辭因念是邑土瘠而民貧故往往短於財嗇於施今廟之興
也所費絫鉅萬而民貧爭捨樂赴如影隨形非王有大功德於
是邦之人其何能爾於戲禮有祭典有祀皆謂有德於人有功
於社稷自昔而然不可廢也今王精爽千載不昧其呼吸風雲

化災爲祥振耀陰兵助順討逆尊爵美號華於一門祠宇之盛徧於天下矧是邑也爲顯跡之地邑人事王如事父母則血食於此也宜矣按祠之記及諸家說王實吳興烏程人生於前漢又曰其先今武陵龍陽州人也然則今之墓田豈王未葬此乎抑生於吳興顯於句容歿而葬於是乎併書之以俟識者至於王之靈跡著驗蓋天下所共知載於祠山諸碑既已詳矣茲不復云始摭是邦之人耳聞目見者而爲記之淳熙四年蒼龍丁酉七月既望奉議郎知句容縣事趙善言謹記併書宣議郎丞万俟傳廸功郎簿蔣棣廸功郎尉季用昌始終都會首許恭副會首李立同立石南宮古乘

贈總覇高公碑銘高氏自吉安徙揚城復徙句曲者其地於今爲句容之驪山驪山之高其稱益久自公復大著公諱仁行敏

一宋理宗景定壬戌科武進士初授湖南昭勇將軍宋端宗景炎丁丑歲遷制置大使帝昺祥興己卯年因國變隱居爲元人所逼拜總霸提領大使征交趾有功進封平南侯固辭不受乞歸田里銘曰烈烈丈夫逢時之顛忘家許國摧剛挫堅仁智信勇所向無前去逆效順戰勝陲邊旣明且哲不屈於元功成告退理所宜然鑱文于石後嗣永傳元至元廿九年九月九日右贊善大夫劉因撰

元故處士南山張公墓誌銘戴亭張民瞻諱雲霓世居句曲曾大父邦顯大父日昇父思恭俱隱不仕公年十一父歿母楊氏守節教養諸子習科第業乙亥歲時事變遷公奉母避地天兵四臨麾城摲邑公亦被獲哀懇主帥以有母聞因歎其孝而釋之險阻備嘗儉勤自勵生理日益於其定省溫凊一無虧母八

十有四以壽終哀毀踰禮遐邇傳慕公處家以睦待人以寬功緦同爨堂宇蕭森嘗書公藝百忍於屏爲所守法以好學知務修德三語爲座右銘公兄旣喪以恩義撫其姪天麒猶子而天麒亦以道事公也雍雍一門舉無閒言公弟早世每痛悼之欲繼其嗣弗果而以邑南黃堰田入崇明寺羅漢院立祠祀之用永香火邑進士胡芳叔多其義而紀以文鄉里有懷譎滐惡之民忿爭辨訟公往諭以義理則皆靡然服從莫不稱美有古人風晚年脫去世械屬家子姪葺園築亭豆觴爲娛若將終身焉一日謂其子曰余年九十八人生三樂之一也然所念者父母之劬勞耳吾父壽止三十有一豈不痛哉況桑榆晚景歲月幾何爲吾祀先遠會賓親以盡余意諸子承志維謹置祭肆筵姻友宴聚鄉鄰至者幾千人詩文稱是又四稔戊辰冬諸子在列忽

曰吾謝斯世汝曹勉旃越信宿後復曰己所不欲勿施於人言之者再及明而終享年九十有四生於宋理宗端平乙未十一月二十有八日昆仲三人公居其次家句曲南山因自號南山處士子昂學士扁其廬娶李氏先公廿六年卒子三人長天麟年六十有六先公三月卒次天錫次天福女一人適條事蔡公之子孫男六人文寶文昌文圭文明文昱文遠孫女六人曾孫四人琛瑜瓚玹公歿於元明宗天歷元年十月十五日是年十二月初八日丙申安厝於家西南柏莊之原附先壟治命也里戚倪吝夔狀其行請銘於余銘曰身潤非富維德之新家齊有道維天之掄勤儉自立孝養慈親道義爲守化誘鄉鄰孰咎孰勛克謹克純顯顯赫赫傳於後人天歷元年十二月饒州路儒學教授秦元高撰

句容縣戴亭里張公奉祀田記前鄉貢進士里人胡芳叔撰慎終追遠民德歸厚矣先哲此言蓋懼世道日降民心弗古而厚德之化有所不行也當時去先王之世爲不遠遺風流俗未泯而猶以是慮焉況數千載之下習尚澆漓有人於此能佩聖賢之訓反淳古之風是可尙也已若吾邑雲翼張公則其人也公世居邑之移風鄉戴亭里爲士族之望其先君九三居士素號長者妣楊氏有子四人公其一也居士年三十有一而逝楊方盛年誓不他適儉勤雍肅撫育諸孤故公兄弟咸克樹立內教之力也年八十四而卒季弟友義歿於至元乙亥之兵時三月二十有七日也幼弟生八月而孤及長繼嗣他族諱雲龍惟仲弟雲霓與兄同居事母孝友純篤人無閒言一日公語雲霓曰吾兄弟夙罹閔凶親不待養罔極之恩何以報之惟謹祭祀致

其如在之誠而已雖家有廟歲時有祭吾心常若歉焉吾將假曇瞿之事以寓吾無窮之孝可乎雲霓曰諾遂更搆祠於崇明寺之羅漢院浹旬而成供設髹飾一切完美奉其先神主而以友義祔焉因以腴田之在通德鄉黃堰東者爲畝四十有畸授寺之魁衲心月及其徒寶璋執券主之歲資其入以奉祀事歲時致祭晨夕香燈朔望忌日設伊蒲修佛事以資冥福咸取給焉其所贏則歸之於寺悉無所覆循爲定規於是亡者之享祀既得與常住相始終而存者之孝思又得以攄其素蘊報本之道可謂厚矣古之所謂君子蓋若是也今年春心月狀其事請記於余余既同里閈又素重公昆季之爲人因謂之曰遠者人之所易忘也二公能追之豈惟先世有懌於後人哉子孫觀之皆歸於厚矣豈惟一家有及於古人哉遠近聞風亦歸於厚矣

鄉以移風爲名二公有移風之實使觀風者見之甯不表揚以厲薄俗哉蓋誠之不可揜如此固非有意於令名亦非深泥於因果而爲之也居士諱思恭字叔敬公諱雲翼字鵬舉公弟諱雲霓字民瞻

望遠樓記望遠樓者何句曲張君通甫所居也曷爲以望遠樓名卽其景之所及也其所及之景何面浮山而背容岫左茅峰而右絳湖也然則何遠乎四山環立兩溪交注烟雲之吐呑日月之出沒一舉目而宛在几席閒也通甫之所造乎張也張氏始居戴亭次居浮山慶歷辛巳復遷西城瓜瓞綿綿久而益盛居室湫隘殆無以容於是建大廈十餘所而正卿翁遂作斯樓於其室之東南蓋淳祐辛丑之所造也傳歷許久震風凌雨木腐瓦脫通甫念伯祖之遺跡兵燹之餘葺而新之年已七十矣

故欲筆其始末以示後人俾無忘先世之基構也嗟夫盛衰迭更陵谷變遷城郭是而人民非者多矣朱甍畫棟化爲灰礫結組彯纓降在皁隸歲月幾何江山不可復識矣而張氏斯樓獨巋然若靈光者其故何哉其不以乃祖父種德於冥冥中而造物者嘿爲之呵護耶夫非樓不足以望遠非人不足以傳遠通甫年彌劭睦於宗族周於鄉黨好賢樂善老而不衰曾孫滿前芝蘭競秀此天之所以壽仁人而昌其後也其於傳遠也何疑若夫憑檻倚柱吟風眺月覽一境之勝概寫四時之芳景吾知正卿之意亦不專在是也吾且欲與通甫登斯樓之上廻覩遠岑頫窺倒景試呼陳玄毛穎而一憑弔之京口俞希魯用中記

元故西巖處士朱公墓志銘公諱士林字桂芳其先潤丹徒人曾大父安福徙江郡之句容居古隍大父崇生三子長南強宋

補貢進士公進士公之子以仲父南野之無子也命公爲之子
繼乃有子士毅三歲而父母歿公友愛篤至怡然同居始終無
閒宗兄榮祖蚤世進士公將取諸孫以爲後而未果立慊然中
懷一日寢疾感發夢寐公聞惻然以子承命進士公大喜自慰
而疾良愈娶錢氏早卒公方盛年義重伉儷弗忍再娶終身公
由禰祧爲後仲父謹實致孝矣而進士公之即世也執喪以心
禮同情至仲子見善爲後宗兄亦异居以承祀矣而撫育視諸
子賓於公以室其子二人其秉心立行類此公自幼侍進士公
持身治家事有所法克佐厥成其處昆弟艱瘁儉約樂以自任
視遊佚侈靡漠然若無見者且毫髮無所私其睦族姻雖疏遠
貧窶必謹無弛鄉黨故舊不以貧富盛衰有所易訓飭後進勖
之勤家謀疑發蒙終告無隱與人雖厚怨未嘗謀所以報至性

持重無或戲慢衣冠儼然恪守常度其言論非以誨人不妄發其有所爲一視禮義何如利怵害迫無所顧慮故觀德者咸有取焉公四子長君美次君善出繼於宗兄次君義君羲孫男六人紘紳綬皆壯有室彌孫嗣卽善慶尙幼孫女一人適陳元善曾孫女二人公自號西巖澹然有拔俗出塵之意以至順二年正月二十七日終於家年六十九其冬十月十三日葬於大培之原先事其孤狀行實使其子紳乞銘於予如右古者三物之教其行實必本諸孝友而德行道藝敬敏任卹睦姻及有學者有州閭族閈月書歲考申之以鄉大夫賓興之禮教育選舉以實而無遐棄當是時以公之篤行其必在所舉乎夫銘以稱美孝子之志君子樂道人之善況公之成就若是哉乃謹敘而銘之曰惟古教令本於里閭德行道藝敦篤以書教也其誠舉以

其實賢能長治成人有德我視於公孰云無人於流遡源孝友
睦姻孰玩於華而泯其實悠悠古風誰因誰極似續持守曷哉
有成潛德幽光於墓爾銘儒學教授古潤郭昇撰幷書篆
元故儒士朱公仲明墓誌銘公諱昱字仲明其先潤丹徒人七
世祖墓在焉高大父諱崇大父諱南强宋太學生自號東溪文
行爲鄉里推服考諱士昌號玉山又徙元林因家焉公其長子
也幼穎悟絶人齠齡與羣從兄弟肄業家塾師命題課其徒公
詩恆魁衆作年十六求師於外時嚮林陳先生登父以經學教
授京口公從之遊卓舉通敏同舍生皆下之義山郭先生元德
職教潤庠以公名薦儒司公弗屑也以侍親辭後玉山旣喪卹
哀茹誠內營外禦與弟晟竭力治喪事甫葬晟感疾久不瘥或
告曰是葬殆不利後嗣盍改卜乎公曰葬爲先人非子孫計也

今欲改以求利果改復不利奈何若然則必試其可乃棄耶言
者語塞乃重貲購名醫師療之愈衆乃服晟學業尤精勵與公
協心同力克裕厥家事母盡孝養甘旨之宜溫凊之禮晨昏未
嘗少懈每晨坐齋閣所講說皆修身治生爲子弟楷式者如是
積數十年亡易鄉邑以經明行修舉之者再先公五年卒始二
弟昇昺皆幼延明師訓廸聞成都青陽君輔學博而文粹厚幣
招之併館其家十餘載敬禮不衰二弟學旣成擇配皆名族友
于之義藹如也故鄉閭稱文行之能世其家者必公兄弟焉公
於姑氏失業來歸厚賙其匱乏且訓其子學一視諸弟女兄適
同邑張氏家亦索歲時致饋絡繹不絕男婚女歸聘遣如己子
祖母曾氏先塋爲人所得出帑贖歸之歲爲拜掃古隍故廬族
人居而有之弗較也先業有山植木蕃茂家求分昇公惟取祖

塋旁者培養之餘悉不計天歷己巳歲大祲有司勸分鉅室聞者咸避公慨然出粟五萬斛以濟貧者至正壬辰秋軍興募民納貲公出緡錢二萬命從子繹曰拜爵非吾志汝父以勞助吾起家而不食其報汝其往受爵繹遂授茅山巡檢公素封無驕色行事一視義何如義當爲必勇往無憚於利未嘗屑屑計毫髮遇事果敢議或未決從容一語無不得其要領尤善容忍人或侵侮不寘懷抱其至性類此娶儲氏生子三紓絢繪女三長適蔡潤夫婦俱早喪次適張琞幼未行孫男六穆秩和穟秉乘孫女一生以元貞元年乙未之三月十二日卒以至正十三年癸巳之二月十六日春秋五十有九葬東庄先塋墓側治命也先事其子紓狀其行來請曰惟先君子自少勤勤克承基緒以迄於茲終之日涕泣曰吾死不爲天但老母年九十在堂弗克

終養吾抱恨九泉矣言訖而逝嗚呼痛哉不肖孤忍死將以明年甲午月日營葬事願乞銘以掩諸幽予與公姻家也誼不獲辭謹敘其世次行實事如右且爲之銘曰文身之華德行之實華浮則史實勝斯質惟公卓然文行俱懿雍雍詩書憲憲孝悌不徇於仕而業其家伯仲芊芊德音靡瑕種不求獲其實有待猗嗟後人嗣慶勿怠松江同知京口俞希魯撰文瓊州教授嘉定楊如山書并篆

朱君黃原墓誌銘持敬諱維曾大父南强宋太學上舍生鄉里稱東溪先生大父天祥父君實質厚有文持敬生而穎異學未得師而攻書葺文不肯碌碌居人下偉軀幹善言笑方弱時雖其大父行及其宗人耆老無不異之比長好接納一時縉紳士咸樂與之遊性倜儻且博雅嗜古坐一室瀟然置圖書几格閒

暇時則披卷謳吟爲樂與弟綽日以文相師友爲詩不習凡近偶有所得人或與之酬和亹亹不倦與論事之可否人之是非得失不詭隨不苟異覘其才誠足以表見一時亡歟也而弗如其心以詩自放田里閒號黄原耕者艮使圩其曾大夫墓在焉乏守冢之人祠屋日就頹圮乃力爲興理求方外士居以守之爲文告於族捐其田贍之爲悠久計其立事不苟簡類此得肺疾由冬及春日益加甚恒戒令母知一日獨泣謂其弟及予曰吾老矣但母年八旬吾年五十而不能盡人子大事死而有知其能瞑目耶吾死慎勿亟葬以明我不終養之罪又曰若得文如趙仲衡叔者銘我我無恨言訖而逝權遭罹大禍居衰經中聞其喪亟往哭其弟若子俱以其言云嗚呼持敬與予爲中表至誼生又與予同年文字交遊辱相知非一日臨絶之言又諄

切若是豈可以文學疎薄爲解而忍不銘之耶持敬生延祐甲寅五月十八日至今癸卯得年五十其卒之日二月三日也娶張氏子男三人遠近遜女一人孫男二人其子不忍用其貽命將以明年月日葬於先人之塋禮也嗚呼自予挈家而西俛仰數十年故家文物零落殆盡求能以學業世其家若吾持敬者豈易僂其指哉充其志槩未易量也而止於此命也觀其臨終戒其子以緩葬其志豈不悲夫銘曰彬彬行能天所賦乎天旣賦之天何妬乎抑人之所嘉天所惡乎何夭而賤者必賢而不肖者壽且富乎殆與若人茲其亡悟乎亦曷知其故乎趙權譔

石樓岡建祠堂碑記宗族之有祠堂以義起者也禮曰庶人祭於寢蓋先王之制自天子至官師皆有廟惟庶人則無廟此非獨限於分亦勢有未逮耳自嬴秦尊君抑臣天下無敢營宗廟

者至漢時始建祠堂於墓所祠堂之制所由來也夫三代盛時人人親其親長其長雖在庶人亦疇忍弁髦其祖宗而秦越其族人者後世人心風俗漸即於偷祖免而下伯叔昆弟視若路人不有祠堂何以盡仁孝敦禮讓基德化聯九族爲一體哉我張氏自九七公徙居石樓岡歷十數世子孫繁衍雖蒸嘗有事而合饗無所余致政歸謀之族衆卜地於趙岡園之東南特建三楹衆咸踴躍從事不逾年而祠事告成嗚呼幸矣祖祠既建始遷之主妥焉支屬之祖祔而不祧焉人各尊其所自出可以觀孝矣祭飲於斯合族於斯尊卑咸喻老幼懽忭可以觀仁矣周豐曰宗廟之中未施敬於民而民敬蓋春秋祀享序事以賢序次以分襲封之貴靡不肅共頑虣之夫於焉愓息禮讓於是敦也聚九族於一堂對几筵而時省好醜互形賢者修而不率

者徽德化於是基也此非仰宗祖之靈而佑啟無窮者乎抑余又有慮焉者嘗見世有負貲席勢輘轢周親託宗規以逞其私者余衰老薄德罔能率眾今特爲其所當爲至澤遠年湮積怠生玩得毋有傲僻自恣陽假宗祠以示尊陰視宗祠如贅疣者乎此又與於不孝不仁而滅德棄禮之尤者矣余故於祠事之成謹志其義以勖諸石俾我族世世子孫升斯堂也惟祖宗是念無墜厥家聲斯幸矣至於祠墓前有隙地後有餘址後之賢者能修葺而廣大之此則余之所厚望焉夫張文炯記（按文炯明初人）

明故鎮守萬全總兵官鎮朔將軍特進榮祿大夫後軍都督府右都督贈溧陽伯謚僖順紀公神道碑銘嘉議大夫太常寺卿前翰林院修撰同修國史東魯許彬撰通議大夫都察院右副都御史五羊羅亨信書光祿大夫少傅兼太子太師禮部尚書

毘陵胡濙篆額景泰四年正月二十八日鎮守萬全總兵官鎮
朔將軍特進榮祿大夫後軍都督府右都督紀公以疾卒於官
訃聞上爲之震悼輟視朝一日追封溧陽伯賜謚僖順復爲文
諭祭詔有司治喪葬自萬全舁櫬還京其弟勝將以明年日月
歸葬句容之長嶺山先塋之次國家著令都督之葬法當樹神
道碑勝來乞銘按狀公諱廣字聲遠其先應天府句容縣白兎
鎮人祖移居茅山鄉住上世多積德力善代有顯者以譜逸莫
考也大父諱圓八舊隸戎籍洪武癸亥以老疾命子雙僧代之
雙僧驍勇善騎射從太宗皇帝起義靖難累以功授營州右護
衞副千戶公之伯父也歲壬午卒於小河戰永樂丙戌弟旺襲
之以雙僧戰歿功越級陞隆慶右衞指揮僉事公之父也既卒
公襲官公自少傑特有大志累從征迤北多樹勞績宣德紀元

之初庶人高煦反宣廟親征命公與諸將爲前鋒先圍其城罪
人既得而能聲益著庚戌冬命公總操中軍馬步乙卯春詔在
廷文武大臣閱武將臺以校優劣而公之騎射籌策無出其右
者陞都指揮僉事正統壬戌秋鎭守萬全偏裨員缺詔舉才智
出衆者充右參將太子太師成國公朱勇以公應命既至日與
總戎訓諫士馬籌畫邊務罔不盡心在鎭數年烽塵清而兵民
安堵公之功居多歲乙巳秋虜酋也先悉衆寇邊臨大同太上
皇帝親帥問罪之師公扈蹕以行抵大同而還八月十日駐蹕
沙嶺召對稱旨陞都督僉事仍守萬全越八日虜衆大肆剽掠
公率輕騎出戰城南擒獲賊將猛禿兒等數輩得其人畜器械
其年冬十一月今上皇帝嗣位念公飽歷風霜邊功夙著陞都
督同知充參將賜白金文綺景泰元年六月虜酋入寇截我糧

道公率眾逆擊於南坡自辰至晡轉戰益力賊悉北遁捷報加
公今官賜賚甚厚明年夏公率鐵騎二千巡邏萬全左右遇虜
寇數千掠我邊陲乃揮兵大戰擒殺名將也先禿兒等數輩餘
不能支悉棄其甲冑追奔逐北奏凱而還五月八日賊復攻圍
萬全公督將追至閔子口虜潛伏兩山山險路狹我軍未及成
陣而賊夾攻之他皆危懼公麾眾曰此正大丈夫遇盤根錯節
別利器之時也下令軍中擡營而行隨其所遇地勢廣狹毋廢
紀律有不用命者必斬以徇由是將校賈勇前驅莫不以一當
百麾旗吶喊聲震山谷如是者三晝夜全軍而還辛未春議徙
保安衛於雷家站眾皆難之公獨身任其責再閱月而城成人
不告勞多公區畫有方也三月命充副總兵冬十一月佩鎮朔
將軍印充總兵官公性凝重器識宏遠雖已身富貴手握重兵

未嘗恃勢傲物故在鎮十有餘年而罔有過舉人皆謂其有古
名將風初公之大父以子貴贈明威將軍指揮簽事祖妣周氏
贈恭人考以公貴加贈昭勇將軍都指揮僉事母何氏封淑人
至是以其官秩追贈三代公生洪武乙亥十月四日距卒之年
得壽五十有九配朱氏有賢行克勤內助子一曰順甯甫二齡
側室張所出女五長適河南都指揮李貴子文次適長陵衛指
揮陶廣次適錦衣衛百戶馬陞皆朱所出餘二在室側室劉所
出也觀公平生奉母惟恐或怠爲將智勇兼備卒交游一代之
巨公祗事列聖涉歷久用志篤故能建功國家流光史册致身
富貴垂裕後昆豈非古名將之流而今之不可多見者歟銘曰
明聖之興有命自天必有輔翼名臣之賢氣機翕會雲龍風虎
有勳有烈左文右武桓桓紀公勇葢萬夫疇克當之拉朽摧枯

邊境以安功書册府帝嘉公能股肱心膂公於事上一誠不貳智竭臣職鞠躬盡瘁公於馭衆有紀有綱撫如春和令如秋霜歿有襃封丹書鐵券公之冥靈服膺寵眷我作銘詩垂示後昆後有考者請視斯文景泰四年歲次癸酉九月九日宣議郎工部營繕所吳郡楊春鐫

高母張孺人墓誌銘賜進士及第翰林院侍讀吳郡瞿景淳撰文賜進士第南京大理寺少卿滇南楊廷相書丹福建按察司經歷邑人陳詔篆蓋孺人姓張氏京兆尹守約公之季女驪山高君諱壽字邵德之妻僉憲淡然公之孫婦也孺人性質溫厚夙嫻女訓雖生長富貴而雅好恬淡在室時即以莊慧稱年十七歸於高君益婉順而將之以勤儉林隱公及配湯氏孺人之舅姑也端方嚴毅孺人朝夕視膳羞惟謹終罔失歡相夫子以

敬處妯娌姻族和而有禮御婢媵奴僕肅而有恩居常寡言笑非有故足不及中門之外邵德爲邑庠生篤志好學以家之內政畀之儒人黽勉相須主中饋工纂紉賓祭問遺斟度惟式蕃播耕作謹之以時綜治贊成無少廢誤姪渭幼失怙恃孺人撫育備至後夫婦相繼淪歿遺孤七歲又曲加存恤務在安全更舅姑喪於所當爲尤必竭其心力邵德君之卒年五十有七時孺人年五十有一貞靜自閑哀思過禮暨服除衣惟青素愈執勞鞅以匡庇厥家仲子溱遊太學例期當選承歡膝下無志於遠宦孺人舉親老祿仕之語反覆溫諭不得已遂奉母命拜深州判肩輿迎養孺人遺書慰之曰汝但廉清慎毋曠乃職足爲存歿之榮吾不能遠來也仲子在深歲餘怏怏不樂曰吾老母不能養而戀此五斗紅腐何爲者哉解綬而歸所餘常俸悉以

奉母孺人曰此朝廷養賢之嘉惠也汝兄弟三人均受焉噫孺人綱維於內井井不忒而兄弟之閒藹然承順亦庶幾於柏舟之雅棠棣之風者矣自邵德之卒至孺人之卒又三十二年中閒婚娶資給爲費甚殷孺人劑量有方皆得豐嗇每遇歲時大集子婦孫曾列于一堂啟誨諄切所言無非織紝耕讀事詞氣從容聽者感服故家之長幼閒閻中外秩秩莫不畏孺人之義而樂孺人之仁且約三令子至於卓立而諸孫亦彬彬然有矩度家聲日益宏大若孺人者其始終全德復何愧哉卒之日嘉靖癸丑二月一日距其生成化庚寅七月十日享壽八十有四男三人曰潛娶陳繼張曰溱深州判娶湯曰浡娶笪繼許孫男十四人曰錞娶徐繼居曰釪娶傅繼楊曰鋗娶曹曰錄邑庠生娶劉曰鍇娶張曰鏢娶居曰鏸聘何曰鉏聘徐曰鋋娶張曰鍢

娶傅曰鐵曰十五十六十七俱未聘重孫八人曰楙曰段曰傑曰重三重四重五重六重七重八尙在襁褓重孫女二曰重女曰倖女亦幼卜是年冬十二月廿五日歸葬於張墳西山之次前期仲子漆遣子捧狀乞余銘墓余曰唯往年有文爲孺人八十壽稔知孺人之令德者況重以請義何可辭因誌其略而銘之銘曰家有懿範惟內之由吁嗟孺人厥德允修溫恭肅雍京兆之裔吁嗟孺人高門之紀安富而壽福亦孔殷維子及孫螽螽彬彬烝嘗四海子心之惻桮棬千年尙存口澤西山之窆體魄是藏銘辭耿耿永閟玄堂

顏墳庵碑記余里閒距顏魯公墓約五里許六世祖竹安府君慨仰丹衷慮或匱祀悉以所近祠山田一頃八十餘畝外山地百廿餘畝永入供奉府君因歸窆是山之麓若願葬首陽山者

然世有燃指焚身捨宅入寺者矣然士林恥談以其志徼福利也如我祖慕義激忠傾貲而無所覬覦者豈流俗所有哉設身歷夷險稍闕節義其不愧隱衷所慕亦明矣方安史構亂奸宄效尤唐室屢顛一木難任乃顔氏獨任孤忠奇烈僅見幸而遺墟未泯廟貌如生君臣之義無所逃於天地之閒誠所謂曠世景仰者也乃或見殿宇荒涼俎豆寥落且非典常血食遂忽之爲疑冢不知二公精誠貫霄壤卽錯認顔標亦不失表忠至意矧縣籍昭垂夫豈無稽而誌予每登眺林麓謁廟思忠掃墓思孝悵望顔公所捐軀者何爲吾祖所捐產者何事不勝天理人心不可磨滅之感於是謹爲譔述僉詢同宗勒之墓側萬歷二十四年仲冬吉日元孫宗光謹撰按宗光姓朱氏見乾隆志

勅旌朱氏義民坊記正統九年旱甚豈惟民俗嗷嗷邊境脫巾

呼譟者尤急於時一簞一命一粒一金孰不自封孰甯自舍我
祖碧潭公名不列搜粟職不與軍需好施活邇民者不知凡幾
且躬齋二千餘糧遠爲之賑此非科徵額解督率致然也起於
惻然憫時艱之一念聖天子發優詔以旌其閭歲久而棟撓榱
朽叔祖仰居公恐君賜隱則先德替引爲己責殫綿力以新之
費覺更倍夫碧潭公富非甲一邑也而捐廪不惜仰居公富非
甲一族也而捐廪又不惜此見天地閒義舉悉由心生匪由外
强使闔軍國事皆共濟若此何臣非忠使闔祖功事皆獨任若
此何子非孝顧隱衷豈爲博忠孝名第觀我宋鄉賢東溪公祖
訓奕葉昭垂大都爲人臣言依於忠爲人子言依於孝以故世
服心飫樂爲義所當爲一齊民佩祖訓尚復能爾使當年博經
生義諒所遵述益多落成而刻石以紀詎止旌吾閭倘過吾閭

誰非臣子況有不費可効之君親者因事因時油然興比屋可
封意萬歷二十三年孟春之吉元孫宗光薰沐頓首撰書

前光寺重修大殿碑記 寺在張廟東

聞之纘前業者功同於開創況從而張之乎夫以數千年遺刹方頽廢是懼而規模益大輪奐益振顧不偉歟前光寺自晉太康以迄 本朝順治歷加整葺具詳補建碑中矣康熙五年周君本時偕衆善信擴天王殿而廣之至十五年大殿之材以歲久不支周君本時復偕許君兆貞學閔爲倡首而周君本運邦鼎等又競勸其事衆大姓皆踴躍輸金重修然後易其朽材固其垣宇風雨既除莊嚴特盛而古刹煥然更新矣夫佛自拂衣雙樹薪盡火傳豈在蹟相而象教之設精微斯寓故飛錫建基吐金開鑄法門龍象往往措心但諸君子以居家長者而屢振宗風尤爲奇特耳若寺僧之董

其事者有法師輩高節苦心非惟劾勤拚竭囊橐則又馬鳴龍樹之流振殰綱而維絕紐者歟嗚呼帝戲方石天開深池祥河輟水寶樹低枝尊神百物猶時時呵護況人心之向善者乎則愈嘆佛力之感通矣康熙二十二年歲次癸亥邑髮弟子宣頴薰沐拜譔

重修張大帝廟建設萬年燈碑記護國維神妥神維廟而其有爲輪爲奐歷千萬禩而聿新者非人爲之神爲之也祠山大帝幽明挺秀山澤鍾靈誕自漢時生有盛德風雲同其飈發日月等其照臨屢代加封兆人悚仄是以庀材鳩工宏茲棟宇翬飛鳥革挹彼高華巍然煥然其由來遠矣昔狄梁公巡撫江南奏毀淫祠千七百餘所而帝廟傳之愈久愈加崇焉蓋涼德不足以佑民微勞不足以定國譬諸春花同夭海東豈若帝之聲靈

赫濯亘古彌光乎我　朝鼎興以來雨暘時若災沴不聞屬籍容山共欽明賜峻德無以克酬鴻功不能爲報爰葺廟貌以展夙心時在康熙十有六年許子兆貞捐貲以爲倡首張子邦任拮据以勸厥成因之士庶同心疇人戮力用搴棟隆之材遽易榱崩之勢苞茂克成無憂雀鼠圬墍克舉不廢塗丹嗚呼梃閉旣告而後生安曼碩有歌而萬民若奚斯作勞張老獻頌驗之曩哲僉有同心豈世事獨至於今而人情不如夫古前光寺僧智集慨然念前功之不易而歎偉業之難忘請余一言用垂不朽余嘉續之有成乃援筆而爲之記迨至乙亥之歲許子兆貞張子邦任邦統輩議設萬年燈於帝座前蓋以帝方照耀人心而燈亦與爲照耀帝方昭垂千古而燈亦永與昭垂是眞帝德同天而燈同日月也帝廟傳之愈久而愈加崇燈亦傳之愈久

而愈不替矣聲靈赫濯亘古彌光夫豈誣哉因弁爲之誌其末
云康熙二十四年歲次乙亥仲冬之吉賜進士及第翰林院日
講官世居潤州歐陽旭撰邑弟子庠生李杜書丹

楊氏世盛藏有漢銅洗一高二寸口徑五寸

[illegible]止寶
[illegible]其萬年
永寶用

按篆文似尊非洗錄之以質好古者

又藏一魏造象高四寸三分厚一寸四分寬三寸四分

象背文　　　　　　　兩旁文

妙因難尋沖源罕惻佛　　佛弟子馬難陁
弟子馬恩躰悟苦空心　　佛弟子馬阿升

玄水鏡爲日父母造象
壹區願法界衆生同發　清信女牛賤妃
菩提　天保十一年正月十三日
漢甎陽文長八寸五分博四寸席紋中有莫字六蓋隧道甎也
曹方瑋得之
漢建寧元年八月制作
義臺花甎久佚丁酉得一甎是咸和九年篆字陽文兩面皆焦
文與咸和四年不合非義臺故物
句容花甎極多積垣敗甓閒往往見之有晶文有壘文有蕉葉
文有水浪文有半錢幕文有車輸文又有富字似富貴甎文有
潛字曹字瑋字朱少字皆正文楊珊祖式皆反文似陶者姓名
其爲漢爲晉爲城爲倉不敢臆斷錄之以質諸博雅者

近年葛仙庵後土中掘出花甎千餘有長八寸博四寸者有方廣八寸者頂頭及旁皆有萬字紋東鄉亦掘得甎數十皆萬字衺紋長廣厚重較勝前甎按舊志葛仙庵後即葛仙翁元墓甎砌土中如墻豈其仙翁之隧道耶

郭莊廟圓教寺有古鐘一高五尺天順五年南京孫明鑄造亂後尙存白馬莊西萬壽菴有成化十八年鐘今存

接引庵古磬大如盆盎鐵鑄正德二字餘不可辨兵燹時寺僧置諸塘亂後取出擊之餘音嫋嫋庵在福祚鄉

百培山明初張斗南以富戶分築南京城垣自洪武門至通濟門乃置百窰於此其運塼但以手傳之七日畢集所分築處此山窰餘塼甚多蓋時不復敢他用也

佛說四十二章經短碣行書三石一嵌崇明寺壁二存東門張

氏家不書年月下署句曲在家佛弟子某某沐手敬書姓氏漶漫難辨末署沈氏鐫

又存重刻禊帖一石跋語模糊似云前明從井中出不書姓氏年月跋署名處亦漶漫難辨

七萬廟有天順五年碑記廟距治南四十里又都包圩之南有王祚遠重建後白橋記今均存

周尚書墓誌明天啟壬戌周命新撰尚書名仲武字安世生五季時仕宋歷官兵部尚書父敬直官侍郎因諫議違時隱居句容子孫至今繁盛墓在後黃莊邨

按流寓如漢許光杜契晉李整鮑靚六朝薛彪之韋載唐吳筠秦系顧況劉商張賁等方外更夥志局剋期告成竢續補

續纂句容縣志卷二十終

續纂句容縣志卷末

邑人張　瀛分纂

志餘雜俎

新志纂成卷帙過於舊乘識者見之難免貪多務廣之譏第罔羅山埜充牣厨下以待良庖昔人云史遷於酒肆帳簿無不可點化瑣瑣記載獨無與同纂輯之餘剩炙遺羹棄之可惜隨筆箸錄以續雜志附諸簡末

明朱國楨湧幢小品云高皇系出句容歷世墓皆在朱家巷既遷江北熙祖葬泗州爲祖陵仁祖葬鍾離爲皇陵上都金陵之癸卯追封立石句容上自爲文題曰朱氏世德之碑實宋龍鳳九年事既卽大位刻石于臨濠之陵并祭四代祖考既得泗州圖帖立爲祖陵則幷祭德祖懿祖而句容碑墓俱停至嘉靖十一年縣人都御史王暐上言其地祖跡明載天潢玉牒聖祖碑

文中乞加崇封遂命南京禮部侍郎崔銑巡撫都御史夏邦謨巡按御史劉良卿提學御史馮天馭勘上自句容縣西門出行十一里過二小山地名通德鄉有一土穴樹根在內原係櫟木四枝屈曲向上枝頭各有五指鄉人異之呼爲龍爪今枯朽惟有穴西田一段各衆稱卽朱家巷故址量丈尺得地五畝見今民楊春爲業自巷基西行一百五丈斜坡土脊一段株木一顆木下一穽故老相傳朱皇帝家墳量丈尺得地三畝遍生荊棘並無邱壠石碑西北古廟一所壁畫神像并書句容朱安八字榛石香爐上刻朱鄉社二十八戶置凡七十六字總是一片荒坡上曰既無實跡且罷

禮親王昭槤嘯亭雜錄云笪侍御重光句容人居官有直聲常劾明珠余國柱二相國弃官而去不知所終有吾邑金氏子隨

其舅氏之官甘肅遇道士於漢龍山年九十餘作江南語狀貌偉然頗善書法自云曾爲諫職以劾權相去官然自稱繡髮眞人不言姓字居里金氏子屢叩之不告也後金氏子歸告諸士大夫皆云其狀彷彿侍御然終無左證也

俞樾茶香室三鈔粱陶宏景眞誥云山形似已故以句曲爲名注云今登中茅峯巔前後望以大茅爲首東行北轉又折西行北轉又折東北行至大橫反復南北狀如左書已字之形

眞誥又云艮常北垂洞宮口有秦始皇埋藏白璧兩雙入地七尺有小磐石在嶺上以覆埳處李斯刻書璧其文曰始皇聖德平章山河巡狩蒼川勒銘素璧若掘即可得始皇所履山川皆祀以玉璧不但句曲而已按此則李斯之篆天下頗多矣惜無人掘而出之

明李日華六硯齋筆記云唐自天寶年相沿至南唐時俱于昇州句容縣立官場鑄造上古鼎彝壺濯之類款識精整歲久間亦有青綠者然不足貴也按此說未知果否如其果然則近世所得古器可疑矣

朝陽洞在浮山脊南里人張隱樵兄弟嘗栖息其內深入數丈有泉甚冽卽古仙人每客至流出精米爲侍者竊鑿之而化糠處前搆菴燬後復建

六硯齋筆記云宋元祐中有中貴羅淳一學道華陽意隱居之藏有丹砂異書一日穴墓惟鐵繩縣一空棺其壙甃環繞相次成文曰華陽隱居幽館勝力菩薩捨身釋迦佛陀弟子太上道君之臣修上乘之六道　之三眞憩靈岳以透迤遊太空以棲神書蹟神妙是隱居手書墓既開遂摹此文以傳元祐六

年林希子中所傳如此蹟未得見

宋周應合景定建康志云唐世置鹽鐵轉運使王揚宋都大發運使在眞州皆於江南岸置倉轉運今下蜀鎮北有倉城基並鹽倉遺址後有河入大江里俗呼曰官港卽古漕河也韓子蒼嘗居下蜀集中有與曾宏甫同行下蜀詩下蜀追隨日歡言一散愁籃輿隨坂路小檝渡潮溝

景定志云句容郝澄以丹青自樂周文規能畫鬼神冕服車器人物昇元中命圖南莊最爲精絕乾隆志誤爲明人

宋紹興二十四年秦熺紿告還建康省祖墓遊茅山因留詩華陽觀有家山福地古之魁一日三峰秀氣同之句留守宋旣卽鐫板揭於梁間有和其韻題於牌側曰富貴而驕是罪魁朱顏綠鬢幾時回時秦氏權震天下誰敢譏之熺詰其所自來不可

得睨與道流皆懼禍

江浦鄭鹿苹選卜地于句曲北鄉石墨邨之君山以爲生壙劉檢討巖誌之其略云句曲山多而最勝鹿苹所爲生壙者其山自崙山而來有空青武岐芙蓉東華石龍天王諸峯迴環于百里之內山故產小石黑如墨故云石墨邨而君山獨巍然冠於岡隴之上與諸峯遙相揖其中有泉甘可飲有林木可憩有洞谷可棲云云

赤岸邨景定志載宋時湖條云其湖南至赤岸王右丞詩帆影丹陽郡楓攢赤岸邨在赤山蘆蔆亭右

金陵待徵錄云朱元介搆別墅於龍潭見顧文莊集

涵碧樓秦殿撰大士和董文敏陳麋公詩龍潭魏某爲之勒石

沈豹既落職遂披緇衣有妻妾數人爲織造周以成董修報恩

寺大殿費逾十萬工匠感焉建華屋於其家

桂枝庵爲明總兵謝登雲遇難處事見孫守勛霞山集宋述之云集中如攝山張漢傑墓正統十三年碑漳橋謝將軍登雲墓黃孟班倪姓張祥生三孝子傳及節婦五人傳曹君成傳皆佳

明萬歷時上元盛時泰游句曲醉撾御史張肖甫戟門大鼓張曰此狂生必仲交也邀入痛飲達旦而別見北山詩話

明俞彥字仲茅江甯人萬歷辛丑進士曾祖表冒李氏毋禱茅山而生登第後疏復姓見金陵詩徵

朱緒會建康實錄跋云首有許嵩自序許氏爲丹陽句容舊姓晉有許邁唐有許淹多識廣聞許叔牙宏文館直學士獻詩纂義十篇嵩豈其族人乎

隨園詩話云詩人陳製錦字組雲居南門外與報恩寺塔相近

樊明徵秀才贈詩云南郊風物是誰眞不在山顚與水濱仰首睦離低首誦長千一塔一詩人陳嫌不佳余曰渠用意極妙惜未醒耳若改仰首欲攀低首拜則精神全出僅易三字耳陳爲雀躍樊博學好古尤精篆隸之學余所得金石兩漢文字皆所贈也卒後余挽聯云地下又添高士伴生前原當古人看

金陵待徵錄云倉聖廟舊在府治西後移雨花山傅制軍祠祀之祠成樊明徵求古樂率弟子肆習之以妥以侑

宋紹興十八年戊辰科題名錄四甲一百五名江賓王字彥齊改作朝翁小名佛保小字季說年五十三曾祖讃祖仲文父述道本貫建康府句容縣坊正鄉南陽里是科建康府五人按仲文仕本府助教見崇明寺塔碣因與朱子同科此錄乾嘉閒猶存鄺忠肅公埜字孟質明湖廣宜章人性至孝父子輔爲句容教官教埜

甚嚴埜爲陝西按察副使在任久思一見父乃謀聘父爲鄉試考官父怒曰子居憲司而父爲考官何以防閑馳書責之埜又嘗寄父褐復貽書責曰汝掌刑名當洗冤釋滯以無忝任使何從得褐乃以污我封還之埜奉書跪誦泣受教

陳忠愍公選字士賢號克庵明浙江臨海人督學南畿須冠昬祭射儀於學宮令諸生以時肄之作小學集註以教諸生按部常止宿學宮夜巡兩廡察諸生誦讀除試牘糊名之陋曰已不自信何以信於人局試各屬生員爲師範生拔句容李瑛冠其曹

句曲山房造熟水法以沉香釘插入林禽中置瓶內沃以沸湯密封瓶口久之乃飲其妙莫量見元建康路教授孔克齋詩云等閒一勺笑相嘗未識仙人有禁方泉挹柳汧調熟水火分丹竈試新湯雪山空憶頻婆果炎海爭思篤耨香何似華陽來小

飲花蕟酌龍洞天長

畢著字韜文歙縣人金陵布衣王聖開室年未二十隨父官薊邱父與流賊戰死屍爲賊擄韜文率精鋭劫賊營手刃其渠輿父屍還葬金陵之龍潭于歸後夫婦偕隱沈來遠序其詩稾有黎花鎗萬人無敵鐵胎五弓五石能開又云室中椎髻何殊孺仲之妻隴上攜鋤可並龐公之偶惜不傳其父名還葬金陵龍潭蓋終隱於句曲者也其紀事詩云吾父矢報國戰死於薊邱父馬爲賊乘父屍爲賊收父讐不能報有媿秦女休乘賊不及防夜進千貔貅殺賊血漉漉手握讐人頭賊衆自相殺屍積滿坑溝父屍輿櫬歸薄葬荒山陬相期智勇士慨然賦同仇蟻賊一掃淨國家固金甌村居云席門閈傍水雲涯夫婿安貧不作家明日斷炊何暇問且攜鴉嘴種梅花

明江甯顧文莊公起元金陵名賢詠六十首均有評語末爲雪浪大師洪恩洪恩上元人出家報恩寺後住持寶華雪浪山故稱雪浪大師云文莊評云風期俊爽議論亹亹動人詩字有晉唐風流詩云恩公實散聖俊氣邁寥廓當其獨往時肯受梵網縛游戲衍三車矯若雲中鶴肉眼多所謀徒爲智人謔

明余大成登寶華山詩松子落何年纖枝長水邊斫開新襇雪移出遠林烟帶月啼幽鳥兼花灌冷泉微風動竹籟淸韻自天然此山志所載也金陵詩徵徵異纖枝長水邊作虬枝出水邊二聯作澗深猶積雪林遠抹輕烟三聯對句作烹茶汲野泉不知何人所改似較勝異時修山志者當補註於下兩存之

金陵新志云許堅嗜魚炙火上不去鱗腸食每和巾帶入溪澗浴坐乾風日中衣服黯氣人惡之多夢中吟詩太虛觀有堅放

魚池舊傳堅放食魚全骨化生魚去按堅字介石江左人見南唐李氏不遇拂衣歸隱茅山仙去南唐中書舍人潘佑有送許處士堅往茅山詩采入藝文

宋周文璞字晉僊僑居建康嘗往來姑蘇武林多句曲之詠陸劍南寄以詩云信哉天下有奇作久矣名家多異才

宋張正卿居崇德鄉之西城湻祐辛丑搆望遠樓數楹高出雲表四方軒蓋過者莫不登覽而嘯咏一日或銘之曰西城之陽山盤水迂彼美君子維此樓居爰登斯樓聊以送目絳霄一握滄溟一粟不書姓字其後鄒陽祖續二十八句成三十六句頗乖前旨故不全錄

唐顧況字逋翁至德丙申進士嘗爲韓滉判官隱句曲茅山自號華陽眞逸工畫山水素善于李泌得其服氣之法能終日不

食全家居茅山鍊金拜斗身輕如羽暮年一子卽亡追悼哀切其年又生一子名非熊三歲始言在冥漠中聞父吟苦不忍乃復來生非熊後及第自長安歸慶己不知況所在或云得長生訣仙去矣

辛文房唐才子傳云會昌五年諫議大夫陳商放榜初上習聞非熊詩價至是怪其不第勑有司進所試文章追榜放令及第授盱眙主簿不樂拜迎更厭鞭撻因棄官歸隱王司馬建作詩送之一時餞別吟贈俱名流不知所終或傳住茅山十餘年一旦遇異人相隨入深谷不復出矣

唐語林云李贍漢三子有文學氣貌淯古非其人雖富貴不交也屢遷司封郎中歸隱茅山徵拜給事中不就兩京亂竟不罹其禍

北山詩話云凌汝弼宰象山修學宮築岳頭陳兆二塘田四千頃民賴之多善政以勞瘁卒於官民奉祀象山名宦立碑建祠

按汝弼名傳崇德鄉人成化辛卯舉人乾隆句容縣志未詳事實補錄於此

明王珉字宗潤一字竹坪平居克盡孝友親喪竭力營葬一遵家禮弟璿令萍鄉每以清慎勖屬之處鄉里是非不白者必以理喻無不信服尤篤於學問好吟詠於地理星命之術亦究心焉年八十膺冠帶以終按王璿承仙鄉人成化元年舉人正科表誤作濬珉載耆年敘述未詳今以金陵詩徵小傳補之

嚴紘正科表作鋐明宏治八年舉人十五年進士而呂府志作江浦人金陵詩徵亦作江浦人官左布政則皆同考呂志宋進士張識張諮楊之道巫鉞江適道徐時昇巫孝立均誤作江甯

人江巫二姓宋時科甲最盛不應誤列他邑呂志之誤不可枚
舉嘗閱同治上江志幷將句容宋明科甲纂入過半又不止嚴
紘一人而已今因釆嚴紘詩入句曲英靈集故幷及之
宋黃山谷跋荆公書陶隱居墓中文云熙甯中金陵丹陽之間
有盜發塚得隱起甎於塚中識者買得之其書蓋山中宰相隱
居墓也其文尤高妙王荆公常誦之因書於金陵天慶觀齋房
壁間黃冠遂以入石
宋咸湻毘陵志張存句容人自稱三茅山人題横山詩有云當
時不葬曹横墓千古猶存芳茂山句容舊志失載
金陵詩徵云元笪元德金陵人官教諭按茅莊笪氏聚族而處
子姓繁衍金陵京口皆係句容遷出今録其詩以俟考證琴趣
云枯桐渾不理朱絲古調高彈識者稀風蕩楊花春去遠窗横

梅影月來遲閒中不盡登臨意妙處深涵動靜機千載淵明應冷笑無絃清咏少人知

金陵詩徵云句容張緯字時裕成化壬寅貢儀封訓導好學善書樂於敎育與施倫同詠崇明古塔詩

南史云宏景妙解術數逆知梁祚覆沒預製詩秘在篋裏化後門人方稍出之大同末士人競談元理不習武事後侯景篡果居昭陽殿詩云夷甫任散誕平叔坐談空不信昭陽殿化作單于宮

唐書藝文志句容有王府參軍殷遙硤石主簿樊晃橫陽主簿沈如筠江甯有右拾遺孫處元處士徐延壽皆有詩名殷璠彙爲丹陽集殷遙與王維結交同慕禪悅志趣高尙多雲岫之想而苦家貧死不能葬一女纔十歲日哀號親愛憐之者賙贈埋

骨石樓山中工詩詞宋不羣而最多警句杜甫常稱許之有詩傳於今王維哭殷遙詩載藝文中

梁寶誌法師嘗於臺城對武帝喫膾昭明諸王子皆侍側帝曰朕不知其味二十餘年師何爾師乃吐出小魚依依鱗尾帝深異之今秣陵尚有膾殘魚

宋太宗太平興國七年舒州民柯萼遇老僧牽詣萬歲山取寶以杖指松下令掘之得石上有篆文乃誌公所記運祚興廢之數朝廷寶之

宋敏求東京記太平興國七年誌公降見城市

李維楨華山記云小坎號龍池有蜥蜴禱雨輒應拜經臺東址復有龍沼視西池稍狹亦有蜥蜴鄉人禱雨較西池更驗

又云華山嘗掘地即今戒公池得棺廣六尺長十有二尺發視之惟

一鑪歸之中貴人

廬山紀事遠公臨滅時誡其堂曰白蓮重開吾當再來後三昧和尚入山白蓮池中蓮花盛開一時江州傳昧公爲遠公後身昔阿育王造文殊金像泛海至漢江州刺史陶侃欲迎供寒溪寺舟沈失像遠公住東林像自聰明泉湧出遠公寂後藏像錦繡谷復失所在一日三昧和尚禮遠公下方塔塔旁數十土木像中見一像耳門放光數蜂出入引手拂開金容爛然視之其款卽陶侃所失文殊金像也遂以石建瑞相閣供像一日建塔殿觸址迸土得遠公遺鼎盆傳昧公爲遠公再來

唐李德裕鎮浙西中使齎詔書賜德裕謂書記劉三復曰子爲我草表能立搆否三復曰文貴中不貴速德裕以爲然三復又請曰中外皆傳公文請得以文集觀之德裕出數軸三復乃體

而爲表德裕尤喜遣謁京師三復句容人會昌乙丑進士仕至刑部侍郎宏文館學士有集十三卷事詳舊唐書劉鄴傳中

宋宰相編年錄紹興十八年正月乙未殿中侍御史余堯弼右正言巫伋論參知政事段拂天資陰邪何以蹤居政府

宋周煇淸波雜志云煇憶年及冠從父執陳彥育序游鍾山陳題四詩於八功德水菴之壁止記其二陳素與先人友善先人嘗次其韻雄壓吳頭控楚腰千峯環拱治城橋黃旗紫蓋旋歸漢古刹淒涼尙號蕭北嶽經行匪濫巾相陪來現隱淪身春蘿秋桂還吾輩白浪紅塵付若人皆書於壁二十年後再過之皆不存矣按原唱云寒騎瘦馬度山腰目斷靑溪第一橋盡是帝王陵墓處野風荒草暝蕭蕭十年塵土暗衣巾亂走江鄉一病身西邸將軍成底事北朝開府是何人彥育作類書自言今二

十年矣如荔支一門猶有一百二十餘事其博洽可知

清波雜志又云煇居建康晚赴張德共會於西園呼數輩爲侑酒酣忽有傳府命呼其人時張安國開府方兩日其人臨去求自解之說衆謂但以實告況社中二客不至必留鈴齋翌日詢之如所料初歌者旣去坐客駱適正卽席賦煇嘗賡和不記也適正句容人

明張景賢封翁孔祉邨人宅後有蘆溪田數頃自號耕叟春祈秋賽每與田氓野老歌康衢以適其趣薛文清公瑄贈之詩曰溪山自昔喜追遊八十霜華未滿頭黃鳥鳴時春簇樹白鷗飛出水平疇清閒行誼眞堪樂壽域光陰自可留鸞誥沾恩身未老有孫持節按西州

酉陽雜俎云句容縣赤山湖鯉魚食丹砂鱗尾皆赤烹食味美

列朝詩序丹陽孫炎字伯融長六尺一足偏跛長於歌詩至正中天台丁復同郡夏煜皆以詩名日夜相切劘下筆快掃百紙可立盡常與煜對飲賦詩務出奇相勝每得一雋語搥案大呼謹聲撼四鄰嘗見劉誠意以寶劒遺伯融伯融作詩以爲劒當獻天子人臣不敢私封還之其詩曰寶劒光耿耿佩之可以當一龍祇是陰山太古雪爲誰結此青芙蓉明珠爲寶錦爲帶三尺枯蛟出冰海自從虎革裹干戈飛入芒碭有光彩青田劉郎漢諸孫傳家惟有神物存匣中千年睡不醒白帝血染桃花痕山童神全眼如日時見蜿蜒走虛室我逢龍精不敢彈正氣直貫青天寒還君持之獻明主若歲大旱爲霖雨

明曹義字子直一字默庵句容人永樂辛卯舉人乙未進士選庶吉士轉禮部員外吏部郎中拜吏部侍郎終南京吏部尚書

崇祀鄉賢有默庵集永樂中姑蘇陳嗣初爲翰林五經博士閣老以下多以詩文質之默庵題張眞人枯木竹石絕句云一聲霹靂墮天星驚起潛蛟出海溟烟雨滿林秋漠漠竟從何處弔湘靈陳以爲非唐人意後更不效此體一意唐人爲法從子雲南僉事景字廷璋中書舍人冕字廷瑞梓其詩凡五卷華亭曹安爲之序默庵集余得其梓本和平蘊藉一洗元季纖體之習明詩綜未採蓋未見也曹氏簪纓爲句曲盛族備載邑志科貢表李石麓相國之先世爲其佃戶云

曹冕字廷瑞句容人義之子以能書選入四夷館習字授鴻臚寺序班內除辦事陞中書舍人有可齋藁高穀送中書舍人曹冕省親詩英英五采立朝端因拜西清最好官通志已書曾被寵封章遽上得承歡春輝寶樹親顔悅誥捧金花御制寬歸到

庭闈稱慶罷還將五字向人看

明倪文僖公云蔣安中魏州人金國子助教以道諫不聽棄官隱居揚之儀眞明醫道一傳爲埜山處士又傳爲靜隱公元揚州路醫學教授又傳爲伯雝元進士入國朝用薦爲翰林修撰辭以疾出爲蘭陽丞又傳爲用文徙居句容龍潭以文學德行歷事三朝遂家南京生四子主善太醫院使主敏主孝主忠

明詩傳云用文六歲賦萬年松詩師爲避席事獻陵於東宮卽位後特賜諡寓居南京全節坊夫人像紗帽宮裝仁宗所賜宮女也長子主善繼父醫亦賜宮人莊氏李氏宮女二人王金蓮之變世宗危甚乃用藥下血而愈加宮保銜亦金陵醫家最顯者也

明江永年自稱柳汧外史元劉大彬茅山志久而板爛柳汧重

梓首冠歷朝誥敕附後志一卷皆明人碑記詩也鏤刻不及元本之精然篇次無所改易廸笪蟾光重修面目盡非矣劉志仿眞誥體例古雅絕倫張天雨手書楷法渾勁原本尙有存者若好事者摹印以傳并掇江笪二志及近事依原目以續之則善矣北山詩話云柳汧遠祖賓王與朱子同年家有當時試錄又有宋刻句容縣志少時與祝京兆倡和盛仲交元牘記云句容隱士若江君者可謂難得矣

明李瑛名山百詠自序云宏治己未春里中老友二守王公思舜致仕訓科戎世安偕孫上勉王孟德張世安黃貫之許廷節許本澤諸君作茅山之遊凡所至仙宮古跡靡不形之歌詠勉步唐詩韻者三十餘首并歷覽形勝各賦近體一律名曰名山百詠又有里人胡漢張紳序

元張雨字伯雨一字天雨原名澤浙之海昌人乾隆志誤作錢塘人棄家爲茅山道士名嗣眞自號眞居又號句曲外史有眞居集雨父逢源字淵甫本九成之後宋末爲漳州簽判有月泉精舍吳人周大靜爲許宗師弟子得楊許遺書雨師事之入開元宮從眞人王壽衍爲道士趙松雪見其字勁健贈以雲麾碑令師法之書果超越飲酣伸紙作大草尤妙小楷變率更家數世稱二絶嘗入京師名振一時壽衍復偕入朝被璽書賜驛傳欲官之非其志也卽自誓不更出因居三茅所著出世集三卷碧老元會錄二卷尋山志十五卷

唐李渤少室仙伯王君碑云王法主諱遠知年七歲日識萬言宅華陽師事陶宏景精融道教弛張化機貞觀閒解化年一百二十六追贈大中大夫謚昇眞先生弟子王軌能嗣其宗法

金陵詩徵靈寶讀書負奇氣鬖髩跣足坐大茅山頂三十年不出山趙善香帥金陵訪山中高道一見奇之淳祐五年秋大旱召赴闕禱雨曰雨不須禱上曰亢旱奈何對曰臣聞民者天之赤子陛下憂民若此雨當旋至臣行不能格天臣心有足知天是夕果雨上大悅民舉手曰湯仙雨也召住太乙宮力辭還山寶祐六年正月三日說偈有云笑入寥天外乃一笑而逝按靈寶姓湯名志道茅山三十七代宗師賜號靈寶先生

張之翰西巖集梁塵外山中吟序云道士梁塵外中秪余舊識於茅山多作詩樂與吾曹游嘗贈余古律數篇使人讀之不置蓋一二之傑出者近攜山中吟藁來京師觀者無不稱歎按梁塵外名大柱句容人茅山道士

劉鄴唐之忠臣也傷李德裕以朋黨抱誣死海上乃申直其冤

追贈官爵時論高之僖宗廣明元年黃巢入長安帝西狩鄰時爲左僕射追乘輿不及與崔沆豆盧瑑匿將軍張直方家賊捕急三人不肯臣俱被戕元泰定閒鄰入句容鄉賢祠而綱鑑以鄰附於韋路韋保衡 路巖其短劉瞻瞻復相鄰懼延瞻置酒瞻歸而薨人以爲鄰鴆之也嗚呼豈有鴆人劉漢藩哉既能鴆瞻則當此危亂之時何難行背逆以圖富若貴尚肯不屈於賊截脰洞胸一瞑弗視耶況前直德裕世高其義今反戕害賢輔爲世詬病吾知其必不爾也以暗昧之事誣忠良而證諸人言實秉筆者之過嗚呼德裕抱屈一時而鄰能伸之鄰含冤千載而誰能白之耶

吳增能改齋漫錄云王子眞有道之士富鄭公嘗客之於門元豐中神宗賜號沖熙處士元符三年游茅山受上淸籙先是茅

山中峯石洞忽開其地乃眞誥所謂華陽洞天便門也自左元放仙去卽閉闔千歲矣至是復開又前期累日甘露洊降道士劉混康曰似此必有異無何先生至受籙之夕仙樂聞於空浮之上山中刻石爲記其事而給事中龔深之亦爲之詩曰華陽新報洞門開應爲高人受籙來試問玉門沙遠近未饒元放是仙才按子眞名筌茅山道士

唐張辭咸通中下第游江淮間有道術嘗養氣絶粒好奕耽酒嘗游鹽城匪類乘其醉相與競力令見而縶之旣醒爲述德陳情二律以獻令釋之今存述德一首云聞風嘗有蕙蘭馨鼎族家傳霸國名容貌靜懸秋月彩文章高振海濤聲訟堂無事調琴軫郡閣何妨醉玉觥今日東漸橋下水一條從此鎭常清後入茅山爲道士仙去

洪邁華陽集序嗣子堅銳意蒐拾論次將刊鏤垂世未克而没後二十三年慈孫池州使君釜乃出捐家貲寘郡學壁有跋云已酉金師南渡所過焚掠先君方待浙憲居金壇倉皇挈家奔句曲之西舘戴氏一夕兵卒至家人僅以身免去未一里烈焰燭天數十年手澤悉爲煨燼

戴惠明句容柳橋人南宋末官舍人慨宋室之不振有懷罷老遺安陶公歸去之義棄官歸隱六合之竺塘里

三聖廟宋人以祀倉聖引羅泌路史謂籍筭開聰建號爲三聖語嫌附會今金陵建倉聖祠以史籀許慎程邈王次仲史游配食實合崇報之義吾句容建廟當遵其制按句容三聖廟碑非祀倉聖

秘書郎廟其靈異載舊志軼事中而未詳其始初疑生爲是官没而廟食及閲張廟南宮乘唐天寶間祈雨立應敕贈水部員

外郎宋乾甯二年贈司農少卿兼禮部尙書廣惠侯賜金紫乾道元年加僕射始知唐宋以朝職勅封於神矣

金陵待徵錄云胄山以形象名訛爲紂遂立妲己廟淫祀何所蔑有此本於舊志之俗說也蒙疑鄉人訛謬不至若是及登胄山見廟額曰達奚將軍達奚廟有二一在此山一在甲城有元碑尙存見舊志始信俗說之訛

歸善庵舊志云黃巢至此歸善歿後肖像祀之此沿俗說之訛也俗說並訛鈐塘爲劍塘謂黃巢投劍於塘而歸善豈知巢寇並未至句容後爲李克用所戮亦未歸善

張王廟舊志云俗稱祠山大帝佐禹治水有功葬句邑及閱廟譜云帝諱渤前漢吳興烏程人或云武陵人則俗說之誤可知

句容登瀛門正門閉塞改建稍偏實因向離多火災自移置後

邑中無延燒患而俗傳爲劉青田所制以厭王氣顧無可辨證姑聽之一日徘徊南郭外見舊門影中建一小庵高六尺許寶盈尺有咫諦視内有石碣好事者鏤刻大士像碣旁隱署萬歴四年字始知門爲萬歴時所閉而像則近人所增飾者也今見乾隆志載巡撫宋儀望移建而碑文失收

晉潘公墓在治北四十五里芙蓉山下壙塋久夷人無知者邨人採樵見壜甓疑爲窖藏啟之空無所有惟一罇罍土滿其中古錢雖多卒鏽敝無用所出甎間有完整文見金石志中按舊志失載想爲古之宦族沈埋千數百年而始見或者靈爽不泯歟留心風教者當重修其壟而樹石也

句容舊爲大邑古墓最多城南鳥翅岡下有塘數畝捉鱔者手探其穴得古錢數百文曰五銖再探得古鏡一光瑩可鑑知有

異以桔槔車水涸見朱樟二一和已破一尙完整急取土封之塘底土皆五色惜鏡久售去此亦近事（邑人王吉士有登烏翅岡詩見藝文中）

句容治西十數里地名石獅圩二石獅高丈餘長亦如之對峙田間形狀雄古石色黦闇將雨潤汗欲滴近二千年物也石柱二高二丈餘正書梁故侍中中軍將軍開府儀同三司南康蕳王之神道字甚明顯邨居多侯姓遂誤傳爲侯景墓一何可笑

按王名績高祖第四子七歲能察洗改解書之弊居母董淑儀喪哀毀過甚二十五而卒舊志南康誤作南唐列徐鉉墓前

後漢許光字少張中平二年由汝南徙居句容都鄉之吉陽里後仕吳爲光祿勳識字亮拔奕葉才明子向字元甫有文章機見吳中書郎孫副字仲先器度淹通風格淸簡晉剡令甯朔將軍下邳太守西城侯曾孫卽護軍長史謚也遷給事中散騎常

侍謐兄邁嘉遁不返謐亦更名穆專靜山廬以修上道卒葬邑西大墓按大墓爲許氏世塋舊志誤列副墓於梁列光與尙墓於唐矣

戌山沈襄王廟祀劉宋建威將軍沈慶之每年三月朔日出行神靈顯赫咸豐四年粵匪竄擾下戌宮宇盡燬總統忠武張公國樑督師至此哭於二月二十五夜夢神示以王駕出行之日出師必捷於是傳檄戒嚴屆時會勦諸軍神勇百倍賊盡披靡斬馘無算忠武感神冥助面諭紳士俟削平禍亂入奏加封重新廟貌會公殉節事不果行嗚呼遭時不偶神亦無異於人矣

赤山湖始於蕭梁唐天寶中改名絳巖見樊珦記宋修景定志則詳列湖條備言貯水捺水之義又於蘆蘼亭北刻水則爲瀦泄之準竝見察柱以便磨刻葉龍圖又置石柱以示定矩蓋秦

淮發源茅山瀦爲此湖湖淤則下流皆受其弊與金陵水利去
會城水患不從此施力皆妄動也但不易辨耳
近湖白米圩樊珣所謂溉田萬畝贍戶九鄉利良普矣故明道
先生治之修埂捍患端賴有人不然金陵其可虞哉
或謂水漲由於發蛟非人力能制按陳榕門先生伐蛟記言蛟
之徵驗其地冬雪不存夏苗不長鳥雀不集土色赤有氣朝黃
暮黑上沖於霄卵既成形聞雷聲自泉間起而上其地之色亦
自顯而明未起三月前遠鳴似秋蟬悶在手中又如醉人聲此
時蛟能動不能飛可以掘伐又蛟畏金鼓及火山中久雨立高
竿挂一燈可以辟蛟夏月田間作金鼓聲以督農則蛟不起即
起而作波疊鼓鳴鉦多發火光以拒之水勢必退
順治志云按涇陽呂公枏谿田馬公理修全陝通志有曰民之

初生一夫一婦而已再葉之後其裔滋多至於十葉則一人之裔可以百計自古迄今烝民之生不知幾千葉矣乃戶口反不若古昔之盛豈皆民之避役而隱漏之也抑養之者之未盡其道也蓋天下之民賴上天之養養失其道則戶口日以耗養得其道則戶口日以增譬之池寬則魚鱉集林寬則禽鳥集也姑以巴蜀言之蜀民主戶一而客戶數十一戶應役而數十戶輔之故役雖煩而民不知疲猶夫池林寬而禽魚集也吾雍則異於是里無遺戶戶無遺丁死亡在於期月之間冊籍繕於十年之後故人雖死而其丁猶存戶雖耗而其役不免無惑乎雍民之日困而戶口之日耗也牧人者誠損其戶數稽其存亡甯爲保障之計不僅存繭絲之心如尹鐸之寬又從而膏澤之如召伯懷保之如文王則　國家之本當固如磐石矣嗟乎二公之

議非獨爲雍之民也天下郡邑或可通行

周仕舊志馬政議曰句容額設羣長八人督衆養馬五百匹鬻賣以備草料數極不敷自宏治七年復爲寶應代養馬四百五拾匹增羣長十九人草料之備價徵之累水深火熱使民命促迫不亦可哀矣乎隆慶以來馬鬻其半容之民視昔已少甦矣嘉靖時巡撫都御史曹奏請盡賣郡邑種馬歲徵備用草料銀若干兩解京大司馬謂問國之富數馬以對遂沮其議今賣馬之半歲徵草料銀解府者師其遺意也仁人之言其利溥諒哉

按舊志有馬政僅錄一條以存其蹟

邑解元朱獻酯治家格言

凡人一生最不可令此心一時放下此心一放作事便有舛錯

立言必多乖違甚至嗜慾之念乘之而起驕奢淫佚無不叢生

皆爲此心之放故也曾子之愼獨孟子之求放心孔聖之不違仁至造次顚沛可想見聖賢存心之密宋儒主靜主敬亦皆身體力行實落體認處

常想人一生富貴功名莫非天數亦止修其在我者而已每見閥閱之家子孫竟至凍餒又有少壯時或功名得意或席先人成業坐擁富饒習於奢縱於人世勤苦饑寒之事絕無聞知久之恣睢敗度日習非爲豪侈折福縱慾戕生有壽命夭促者有衰老衣食不足凍餓而死者由此觀之非天與之不厚也自作其孽於天乎何尤人能常以此等監觀便知所儆懼

常想人在世無一事不當諳練無一事可露鋒頴每見少年新進之輩見人則舉止驕矜遇事則敢言敢作多至放肆以是取人之怒招人之忌往往有之是皆沒受用處蓋從來大富大貴

之人必有沈重渾樸之氣胸中含蓄無窮外面絶不露分毫色相此乃氣量宏遠志氣沈潛自能重載非與詭譎險詐中懷不測者比此大約立心忠厚不可澆漓舉動端嚴不可浮躁乃立身之大本也

常想我立心浮淺氣體輕躁或與人言也則盡露生平或摘人短也則過加貶責偶爾得意則喜形於色偶爾失意則憂見於容或爲已之事則不暇顧人或爲人之事未能徹終始凡此皆無大受用處亟宜速改者也

有一友言人一生不貪不淫不驕不吝便是大學問大受用此言可敬

李文定公一生忠厚含容不肯報怨其封翁永懷公微時曾爲人所侮至受大辱文定公常以父讐有欲報之意含容不發者

數十年竟遲至拜相時適讐人病死文定公大喜曰天報之矣免增我一番嫌怨也如此度量如此立心誰人能之

常想我每起一念時意之所發多不能制即如或要拜一客或要往一處遊覽或要買一物或要做一衣或要與人說話或思吃飲食或怒而責罰一人諸如此類不可殫紀但凡意念一動即不能制便立刻要去做及事後每追悔前時之誤至後念起時依然如前不能自禁總由浮躁之根未除遂至一發而不可抑當於此時勉强收斂加意檢束使浮動之念遏而不行即此便是大學問且有大便宜當時時儆惕

人一生胸中有大主腦執守不移然後隨時隨事依傍而行方不至有大出入處功名富貴聽之於天不可强也亦有安享一生不費困苦而自得者此必荷蒼蒼之眷注膺祖宗之積累其

人根器非常實能承載吾羨之慕之而不敢望之若夫持身一節此實可以自必聖賢理道體認無窮已何能力行其一二惟是於應事接物之間立心忠厚矢念寬和鍥刻之意一毫不萌此卽是積德之本作善之基所當永矢而勿替者也人之富貴貧賤亦何盡之有貴不至極品不止富不至陶朱不止彼長材宿學偃蹇一生者非人乎裋褐不完半菽不飽者非人乎亦有因求貴而取殺身之禍因求富而罹非常之害者此又目前之彰明較著者也且工於求富求貴之人心術叵測舉動奸險卽富貴偶得或及身而蒙禍或子孫而覆敗皇天之應昭昭不爽何如安分循理聽其自來不致壞乃心術之爲得也多矣

人之遭時得志亘非偶然而窮蹇不舒亦當自尋安身立命之地胸中淵博於詩古文詞落筆浩浩俱能成家眞草字法實得

古人精妙威儀舉止安雅可法能如是吾一身中即有所以不朽者名山之藏其人之傳豈伊異事又何必浮慕乎顯榮且可免俗人之疵議夫豈不善

教訓子弟必先從心術始心術既正後及威儀威儀有方後及世務必使內外無愧經權合宜方爲承家之子至於剛克柔克又因人而利導之

凡遇人當有春風和氣使人可親可愛不論貴賤賢愚總不可加以矜驕輕忽之氣胸中要有分量一毫不可見於顏面非禮之色切不可動念無益於己徒損陰騭立心要逐日在好一邊去做思天地付託之厚祖宗積累之艱諸凡敗行亟宜猛省倘或不德日積月漸告惡滿盈致干天譴恐受罰匪於其身將及子孫矣念之

常想我與人同坐久之倦怠遂自圖安息此亦是不敬處亦宜改之

凡居家以寬和含忍爲主若有一事至因不能順序而行必至使氣其人若以逆來彼此奮激反至僨事不若寬以待之婉以教之人雖至頑若到情理極至亦自有開悟之處

凡人遇横逆之人從容喻之以理彼自能聽受遇暗昧之人明白曉之以理彼自能悔悟若於其時彼既狂悖亂常我復氣象浮躁言語震怒非惟不入愈至相爭勢必僨事子輿氏云賢不肖之相去其間不能以寸正如是也須是平日委婉開導臨時含容曲喻卽下愚之人亦漸爲陶鎔且己於其間有無窮便宜處宜審思而熟處之

居心寬而静接物謙而敬立言謹而誠處事明而慎

中庸曰君子素其位而行素字內有安於分所當然盡於己所宜然之意蓋一生有一生之素一年有一年之素一月有一月之素一日有一日之素一時有一時之素一事有一事之素守得素字樂天知命隨遇而安有無窮受用在內惟識者思之

予每見李萊馭待人不論貴賤上下俱有溫柔和藹之氣謙恭退遜謹厚端莊不妄發一言絕不輕舉躁動總由心靜意閒自然舉止安泰居身節省儉約見人美衣甘食不爲心羨諸凡做一事發一言無不慎重顧慮好勝好名之念全無一毫萌於胸中眞可師可法可親可敬之人也又見他飲食衣服飢飽寒煖時時自爲調理無不合宜有一友曾問云李年翁眞善爲保養者李應云予先天極弱遂時時謹慎不肯將精神妄費耳又云若閒居無事每日將通鑑古書定課看多少頁數既可檢束身

心不至放蕩又可資以博學不至將時日虛度誠至言也
予向來好言人短此予之大病也人有過惡人必忌諱我於當
前直揭其私或於他人前明暴其短或無事閒談將某人生平
過端一一告之於人不惟人之聞之干其大怒且敗德損行莫
甚於此君子隱惡而揚善聖賢教人立心於厚每每如此又況
訐發隱惡其人必成讐怨禍將有不測者孟子曰言人不善當
如後患何己明爲告之矣總之沈靜謹言自不致招尤取咎念
茲在茲
予作事常有錯誤立言或不當言而言至不覺察觸人忌諱或
紊亂無序總皆心中不定不靜故也觀於大學定而靜靜而安
安而慮慮而得至於得則言行未有不合宜者可以思矣
人之立身他勿具論但能孝於父母友於兄弟和於妻子於此

三者中有眞摯莫可解之意有權忻不容己之情卽此便是積善之本且一堂雍熙朝夕晤對天倫之樂無踰於是況和氣致祥無窮好事又有因之而至者乎

大凡自家要做一事必先胸中思量一番或與有見識人商議斟酌再或博謀廣問則此事之失者鮮矣先賢云愚者千慮必有一得蓋言人不可不慮也

韓魏公一生包荒故能成相業

吳遣二名士使蜀武侯甚偉之後二人伏誅武侯云此二人只是黑白太分明黑白宜在心不宜在口

器虛則貯之滿則覆之木小則培之大則伐之故可虛也不可滿也可小也不可大也

氣忌盛心忌滿才忌露

兗州刺史王昶爲人謹厚名其兄子曰默曰沈己子曰渾曰深戒之曰吾欲使汝曹顧名思義不敢違越也夫物速成則疾亡晚就則善終朝華之草夕而零落松柏之茂隆冬不衰是以君子戒於闕黨也夫能屈以爲伸弱以爲强鮮不遂矣夫毁譽者愛惡之原禍福之機也人或毁己當退而求之於身若己有可毁之行則其言當矣若己無可毁之行則其言妄矣當則無怨於彼妄則無怨於身又何反報焉諺曰禦寒莫如重裘止謗莫如自修斯言信矣

兄弟同居忍便安莫因毫末起爭端眼前生子又兄弟留與兒孫作樣看昔張公藝九世同居只一忍字斯言深當玩味

唐堯戒戰戰慄慄日謹一日人莫躓於山而躓於垤謹字當時時在心

武王盥盤銘曰與其溺於人也甯溺於淵溺於淵猶可游也溺於人不可救也溺字只是自家不覺得宜時時自省

立身不高一步如塵裏振衣泥中濯足如何超達處身不退一分如飛蛾撲燭羝羊觸藩如何安樂

磨礪當如百煉之金急就者無邃養施爲宜似千鈞之弩輕發者無宏功

事以密成語以泄敗

衆善之門曰虛百福之基曰慈萬事之幹曰決能言不能言之謂默能進不能進之謂止能勝不能勝之謂讓默有餘辯止有餘榮讓有餘勇

醇今五十矣前此日思進步後此日思退步名利色聲一齊收束進念休矣退於何極退者何惟檢點一心而已矣此心不存

險刻不崇希冀不起驕矜不敢放逸皆退也噫難言也若得此身完完全全此心乾乾淨淨全而歸之勝於拖金曳紫多多矣

句容縣教諭張履雜說示諸生

夫子論士曰行己有恥告魯君曰知恥近乎勇記曰物恥足以振之故學者不可以不明恥

恥莫甚於干謁伺候公卿之門奔走形勢之途足將進而趑趄口將言而囁嚅旁觀且爲之慚汗謂其人不自知則羞惡之良安在謂其人固自知亦何忍爲此態邪

一介之取萬鍾之受苟其非義皆屬可恥以其失本心同也一介而苟卽能矯於萬鍾亦所謂好名之人能讓千乘而見色於簞食豆羹者也豈能逃識者之鑒

程子謂居閒得賄甚於寡婦嫁人寡婦嫁人今人皆以爲恥至

居間得賄相習爲常事矣而程子之言乃爾其故可思也

衣冠之士蒲服公庭與人爭訟縱理直得申已爲辱父母遺體況其不直譴責是加其爲恥可勝言乎故苟事非至不得已斷不宜輕訟前權守李公與各屬士子約今府尊沈公戒訟說並剴切言之

士子科場作弊獲罪甚重縱或倖免而置身罪地與被罪何異余嘗有句云制行固多端存心貴知恥充彼穿窬類動念干不齒天刑豈遽加已覺四支毀一動念且然況身犯之乎韓昌黎云唯古於詞必己出降而不能乃剽賊今之爲時藝者乃或句摹字仿以弋科第充其類與穿窬何異斷而絕之亦養廉恥之一端也

夫子告原憲以邦有道穀邦無道穀爲恥孟子以立朝而道不行爲恥今逢有道之世不預求可達之道而徒從事於庸爛之

時藝一旦置身朝列果何所持以自効以此思之且加以十年學問可也何汲汲應舉爲哉

服物不如人廬舍不如人祿位不如人皆非恥也唯學問不如人乃眞可恥如今人易如古人難能恥不如古則其過人也必遠矣

居官以公罪削職猶可言也獨至以贓敗其恥乃歷刼難洗漢岑晊父豫爲南郡太守以貪叨誅死晊年少未知名往候同郡宗慈慈以晊非良家子拒而不見是并累及子孫矣可不懼哉

獨寢不愧衾獨行不愧影恥之工夫如此其密也蘧伯玉恥獨爲君子伊尹恥其君不爲堯舜恥之境界又如此其大也眞能知此者尟矣

古人恥獨爲君子而今乃或不恥獨爲小人古人恥其君不爲

堯舜而今乃或不自恥其身爲桀跖相去何其遼哉

不知命無以爲君子命不可知也知其爲必有命則其知命也至矣假推測而知非知命也此康節之所以不畬橫渠而慈湖之所以誚西山也

有謀焉而得亦有不謀焉而得有不謀焉而失亦有謀焉而失要之得失皆命而謀不謀無與焉者也然則君子將廢人事乎曰烏乎廢守正而已矣

知窮通得失莫非定命何營營者爲

夫子言君子固窮小人窮斯濫凡人欲爲君子當先辨一餓死之志餓死亦何容易欲堅餓死之操又當先立一必爲君子之志夫不爲君子卽爲小人孰是士也而甘爲小人之歸乎

程子言餓死事小失節事大張思叔得志士不忘溝壑二語而

爲學之志愈堅知此者可以言固窮矣

徐孺子飢不可得而食寒不可得而衣學者能矢此一念淸風亮節便有壁立千仞氣象

刑賞或不明於上而淸議行於下是則是非則非爲善者猶有所勸爲惡者猶有所懼至淸議亾而人心風俗不可爲矣今士子有守正而窮者則人目之爲無用焉有趨邪而利者則人目之爲有能焉又何怪守正者之寡而趨邪者之衆也然守正之士其身雖困而心則無虧要可獨立於世彼趨於邪者下流之歸卒爲君子所不齒果孰爲得失邪

能重義輕利而後風俗美人情厚此地風俗邑志謂其利析秋毫秖此一語是人情澆薄之根子蓋喻利己是小人至於析秋毫則其心其目唯利是注雖父子兄弟閒亦以計較而生異心

而仁義禮讓之說遂扞格而不相入矣有志之士宜深以爲戒不可囿於俗而不自知也

義以動君子利以勸小人以小人之道待人在施之者已爲不厚而受之者反爲得計亦大可哀矣

衣冠而有市井之容士大夫而有商賈之行今世已相習成風若魯仲連之談笑而揮千金亦豈非振古之傑乎

此邑士習之壞莫甚於粘貼匿名文詞在律投隱匿姓名文書告言人罪者絞被告雖實不坐又在例捏造尋常謬妄言詞亦依律絞候　國家立法所以深惡詭譎而塞顛倒是非之源也凡爲此者於人無毫髮之損而於己負邱山之罪縱幸而得免而爲鬼爲蜮此心已化爲異類亦何顏與天日相對見府尊沈公出示嚴禁

聞鄉間延館師者多以城中士子爲戒謂狙詐訐訟之習甚恐身被其累也烏乎諸士子思之吾輩立身行己何至不爲人所慕而爲人所畏惡如此則其餬口無所困苦疾病而莫之見恤人也非天也不自咎而又誰咎

凡人欲爲一事必當辨其理之是非是則行非則止行所當行雖通國沮之而不爲卻也止所當止雖通國挽之而不爲前也如此方爲有識力今或是非之不辨一有呼朋引類輒隨衆而動甚至猖狂妄行相率而入於邪僻此直無知愚人之所爲非所望於諸士子也

學莫善於改過而人每憚改者其意以爲我過跡已著矣忽改而爲善亦不爲人所信適足貽笑耳不知今日爲桀跖卽是桀跖明日爲堯舜卽是堯舜果誠心悔過遷善在有道之君子必

亟舍其舊惡而許其自新世俗之信不信又何足計若不早痛改因循而陷於大惡則自取滅頂之凶後雖悔之亦何及矣

孟子言謹庠序之教申之以孝悌之義誠以孝悌爲人生存心制行之大本此處一有欠闕則文章事業皆無足觀矣

夫子畣子游問孝曰敬畣子夏問孝曰色難蓋各因其所不足而敎之要必兼此二者乃可謂之孝又必以孟子所謂守身爲大孝經所謂立身行道揚名於後世以顯父母者爲孝若何曾荀顗之徒已失其身而辱父母矣世以爲孝君子不謂之孝也

孟子言養生不足以當大事惟送死可以當大事此邑人士往往惑於風水之說停棺不葬此不孝之大者也案魏晉之制祖父未葬不得赴試服官今律載惑於風水邪說及託故停柩在家經年暴露不葬者杖八十　國家立法未嘗不嚴然不破其

風水之惑則皆相遁於法法終有所不行今且舉舊說之最明曉者別爲揭示唯諸士子覽之

矍相之延射與爲人後者與僨軍之將亾國之大夫同屏令人小有田宅死而乏嗣同族之人卽爭爲之後甚或結訟公庭嗜利背親至於如此直謂之無人道可也

中庸九經尊賢在親親之先子夏言事父母竭力亦先舉賢賢易色蓋孝悌雖天性而所稟有厚薄無教之子又往往自失其本心惟日與賢者居相與講切於義理則心地漸明而天性自然透露矣

夫妻胖合也昆弟四體也而夫妻之情易於厚昆弟之情易於薄於其易薄者勉而從厚猶恐有所不足若更漠然不加之意甚至聽婦言而乖同氣此豈士子所宜有哉

昆弟之間祇存一不忍之意又時時開導妻子俾咸能喻我所以不忍之故則乖離之隙自無由而開若乃懷嫌在心僅僅匿而不發則外親而中疏以之處人且不可況於骨肉至親同我一體者乎

昆弟同氣而分形至昆弟之子則又分矣然皆本於吾之父以吾父視之則皆子也皆孫也何彼此之殊焉非直此也推之而從父昆弟從祖昆弟族昆弟與其子若孫以吾高曾祖視之猶是也雖五服之外疏矣而以同出之遠祖視之猶是也朱子云如今老人不能得見箇孫子今若見時便是十世孫時也惜畢竟是自家骨肉案此說甚妙念遠祖之愛惜子孫則子孫自當追思遠祖能不以遠祖之心爲心以敦睦其族也譬之木焉千枝萬葉皆從一本而生此古人所以重收族之道而大小宗法之立爲治天下之大本今宗法雖廢而敦睦之意則安可一日不講也

曲禮庶人曰死孔沖遠疏云生無令譽死絕餘芳精氣一去身名俱盡故曰死痛哉言乎如何而不死曰勉爲君子頑然食息之軀有置之一家而如無有者矣一家有是人置之一鄉而無有也一鄉有是人置之一國而無有也一國有是人置之天下而無有也何也德量有廣狹行能有小大也士君子立志要當爲天下不可無之人何暇於流俗中較高下乎

朝廷命學使者考取童子入學置之師儒之官而敎之蓋欲使之修身立本窮經致用異日舉之鄉會試而任以內外之職以助成　國家化理萬物之功是故天下之事皆秀才分內之事爲秀才者誠不宜自小今之秀才其不肖者無論已卽安分之士亦不過循謹自守不爲鄉里所患苦而已未見有傑然才德出衆可以成天下之務濟生民之艱者是豈不負　朝廷所以

建學立教之意而教者學者當分任其咎哉

今世庸陋父師以子弟入學爲讀書成功此甚可笑古者十五而入大學今之郡縣學卽大學也入此者方將教以修己治人有體有用之學以蘄至於成也此之不務卽爲舉人成進士入詞垣以至位登卿相而碌碌無所建白直謂之不讀書可也何一衿之足云

士子識見固陋恃時藝爲弋取科第之資而以勸之多讀書爲迂闊而無用然余所交當世能多讀書人其遇者十卒七八而凡專攻時藝者反多不得焉其故何也葢讀書以明理以廣才理明而才廣則文章議論筆力必能出衆宜其遇之易也反是則理不明才不廣其所爲文庸劣膚淺無一過人語如何而免見屏然則讀書固不爲科名要亦何負於科名而專攻時藝者

曷亦知所變計哉

貧士力不能購書至四書五經類皆童而習之然不明其理與不讀何異今且宜從此入手五經不能遽通四書之理尤先當尋究尋究四書理者非徒知其說而已必以聖賢之言反之我心我身以我之所知所行證之聖賢之言其有不合也則精思力踐以求其必合如是久之則四書之理在我而五經自易通明體達用之學具於此矣

古人雖在拘囚之地不廢學問如文王之演易羑里尚矣至漢之黃霸在獄從夏侯勝受尙書崔瑗在獄從獄掾問禮說明孫嘉績在獄從黃石齋受易又如金問與黃淮楊溥講經王陽明與林省吾講易楊爵與錢德洪等講學並身繫囹圄其於學也如飢食渴飲之不可一日去故危難迫躬而有所不顧也今士

子雖多貧困然未有死亡在旦夕之憂而不知自奮於學是虛過此生也豈不可惜

朱子云爲學之道莫先於窮理窮理之要必在於讀書讀書之法莫貴乎循序而致精而致精之本則又在於居敬而持志循序致精四字已於學箴中舉之今更備述之以爲學者法

凡讀書有所得有所疑宜隨時紀錄積久庶能觸類旁通且遇通士碩儒即以爲質問底本若無所紀錄經歷歲時漫不省憶則以往工力都成虛費矣

治經之法如兄弟數人同學可以分而習之如漢之馮野王兄弟各占一經野王詩逡易立春秋參書鄧禹有子十三人使各守一藝晉劉殷有七子五子各授一經一子授太史公一子授漢書一門之內七業俱興明項子京有六子亦各授一經是也

微特兄弟即朋友亦可如是蓋分習則精仍可互相講貫以免墨守之陋諸生中誠能有此經術必盛於他邦矣胡安定主湖州學使學者各治一事如邊事河事之類各居一齋日夕講究其後從學者多爲時用亦分習之法或問蘇子瞻讀書之法蘇云讀書如錢穀兵農及諸事物之類每一事作一次理會可以終身不忘是又一人而分時習之皆爲學之門徑也

詩以言志文以載道此所以爲詩爲文之本也舍是則無貴爲詩文矣然爲之而不工則詩文不傳幷與其志與道而沒之故修詞之道實不可苟且諸生願習此者以積學爲根柢尋求古作者義法心摹而手追之即一時未能成章積以歲月必有炳然可觀者若乃專事舉業試帖詩此外毫無所知解雖一旦幸

第厠跡朝紳間能無愧顏邪
王制作淫聲殺詩人爲豔體以蠱惑後進亦誅絶之罪也諸生
中有工於詞翰者斷不可涉筆其向日所爲亦卽宜從燬

整頓農務淺說

句容縣正堂黃爲整頓農務擇要傳諭事照得本縣承乏此間
已將二載四鄉農田水利略已目覩而心識之竊見句容地力
豐腴較吾鄉遠勝而一歲兩熟反不及吾鄉一熟之豐則人事
之未能盡勤而專恃天時地力以及此也今思爲吾民興利除
弊姑擇其簡便易行成效可決者爲通邑農民告焉本縣生長
鄉閭習知農事鄉民果能篤信遵照每年收穫必可漸次增多
近世東西洋講求農政助以機器化學上腴增收六倍下田猶
可倍收加一分之功卽得一分之益但念農民樸拙不能遽求

精深故但舉其淺近易明者聊爲先路之導每年多收穀麥卽田少亦免於飢寒若不能努力加勤而徒儌幸天時希冀豐厚何如自盡人事非大旱不至歉收之爲愈耶茲將應改應行之事釐爲八條向冀紳董生童之明理者照此講說指陳轉相勸諭本縣於此有厚望焉

計開

一水利宜急脩也本邑山田每憂乾旱若不乘雨多時設法畜水何以供久晴灌漑之資是必於秋收後閒暇之時將塘中淤泥盡力挑掘挑深一尺卽可多畜一尺之水如係公塘卽宜合力挑挖若佃種他人之田而工費太巨須雇人相助者應由田主帮給工資其有水溝之處則須脩壩畜水法乘冬令乾涸時於溝底砌碎石爲基次用木柱二根中鑿一槽套

閘板數塊每塊直長只六七寸下面近底加長亦可至比兩岸低四五寸爲度春夏大雨時將板套好遠者百丈近或五六十丈便作一壩所費無幾而溉田甚多但遇雨太大時便須將最上閘板抽去一塊以免漲溢雨止流緩仍行閘好免至雨過隨空一晴便無可車沃若塘溝太少之處便應於田旁餘地開塘開溝倘平時不肯預謀設遇乾旱悔之晚矣

一野草宜去盡也本縣秋間赴鄉每見田塍野草長滿直與田中之禾相連不知穀由地力而生野草最佔地力草多佔一分則穀少收一分吾鄉田塍草必鏟盡若將草連根鏟入水中泥內漚至腐爛並可增肥必宜加意爲之不可懶惰又每見將割之禾其中稗子較禾更高數寸必須及早薅音蒿扯以保艮苗須知多結一合稗子不止少收一合穀亦因佔去地

力故耳吾鄉農人頗勤於薅禾去草但向湖南北客民問之自得其詳

一犁田宜加深也凡種稻純恃地力生長必須犁鬆幾寸乃能吸地力幾寸此間田土輕鬆深犁亦不大費力西洋用機器犁田深至尺餘此固人力所難能但能較常加深二三寸收穫必當遠勝此確有明效之事試辦一年自知其益惟種麥不宜犁深須知酌量分別

一肥糞宜預畜也吾鄉田不種麥秋收後即於田中取田泥圍成糞池（靠岸作池亦可田太大則作於田中）隨時將糞穢爛草牛羊猪骨雞毛等（各骨擣碎泡化最爲肥田上品）又細糠蟹殼鳥糞極好此類零星加入以水泡之釀成熟糞大約每田十畝必以二畝作池俟將插秧時取糞散布田中犁之使勻並將池沿犁去或插秧後月餘

再灑擣碎之石灰既可加肥煖土並可殺蟲但不可太多耳至麥田之糞則以牛馬糞溺爲最佳牛馬棚內腐穢之草亦宜於麥

一插秧忌太密也稻田插秧必須横直成行則株大穗長穀可多結若插秧太密則禾根擁擠不能暢發稻株必小穀穗必短結穀必不甚多蓋田中祇此地力合則見多分則見少與其密插而二三四株僅抵一株不如稀插而一株可抵三四株本縣生長鄉間見聞甚確願各鄉農民照此栽插以期收穫加豐

一穫豆宜遞換也凡地種豆一年不宜連種二年須以粟麥穀類遞換輪種可望年年豐收惟種豆之土宜於深犁其肥糞則以腐爛之植物各種骨類及草木灰石灰石膏爲最合用但多少須酌量耳惟細沙土不宜種豆

一穀種宜選晒也穀種宜於收穫時擇其顆粒肥大堅實光潤飽滿者另儲於乾潔之處以備用若在田中選好留著遲割遲收則元氣充足得益更大近年洋人精選穀種有加收三五倍者其明驗也選好後每穀種一斗用穀糠一斗拌勻日日攤晒夜間收入布袋中冬天須用乾稻草厚鋪置袋其上再用草蓋之切忌潮濕並直晒至臨下種時方能大得其力如間三五日一晒則初收月餘及臨種之前一月必須日日晒之爲要

一種子宜雪浸也農書云雪爲五穀之精遇冬雪須多收化水封存至下種時先將雪水浸種一日夜每次浸一炷香久撈起滴乾了些又浸又撈如此多次種子吃雪水既飽將來禾能耐旱臘月雪最好如是年無雪即於臘八日五更取井花

水或六月六日午時及八月六日所取井水均可用若兩六日遇雨收之以代雪水更勝井水案六月六日午時及八月六日所收井水以浸麥種甚爲合用

案近年東西洋講求農務新法日出日多惟機器價貴化學理精中國農民一時斷難倣效茲但取其切中積弊簡便易行者釐爲八條分發鄉間士紳轉相講解勸諭果能實力遵辦秋成歲增一歲自可無荒歉之憂積之數年貧者漸富若更廣種樹木不獨將來成材利大卽以目前論樹多則易於致雨其根可以引泉其葉收吸濁氣可以免病養人若並隄上種之則根蟠可以固隄陰濃可以避暑略言大概其益無窮容俟另立章程再行徧諭美法兩國極富皆由廣種樹木發端東西洋各國皆視爲第一生財之法並先附及之以爲

農民勸焉

續附新法一條

西人農學新法經費鉅而條理繁惟電燈助長一法簡便易行所費少而獲益大昔美人有業圃者附近設有電燈凡電光照列之處菜蔬生長倍速葉肥大而莖高其不被電光者成熟恆遲二三旬莖葉恆短三五寸由此推之五穀凡百日成熟者只須六十日內外每畝收五石者可收至七石上下計每電燈一盞合四圍核算可照六七十畝燈稍大可照至百餘畝若公醵三四十元樹一電燈於田畝正中每畝增收二石可較常多百餘石即只一石零亦可多六七十石況合以上八條諸法努力加工所增向不止於此乎鄉間士紳田産稍多者何不姑試一年得有成效則農民必紛紛倣照若

能使四鄉徧設一律光明如晝不獨麥稻速成多穫兼可防盜賊而便行人其裨益並有在農務外者有力有田之家尚勉爲之

上清眞人許長史舊館壇碑

悠哉曠矣宇宙之靈也固非言象所傳文迹可記默然則後人奚聞乎含吐萬有化育羣生本其所由義歸冥昧至於形域區分性用殊品事限觀聽理窮數識者倘或可論山之高海之廣夫何故以其有容焉大天之內復有小天三十六所並拓寓地空亘涂水脉闢闡風岫通氣雲巘此山本號句曲其下是第八洞宮名曰金壇華陽之天周迴一百五十里分置三府前漢元帝世有咸陽三茅君得道來掌此任故稱茅山具詳傳記至晉太和元年句容許長史在斯營宅厥迹猶存宋初長沙景王就

其地之東起道士精舍梁天鑒十三年勅貿此精舍立爲朱陽館將遠符先徵定祥火曆於館西更築隱居住止十四年別創欝崗齋室追玄洲之蹤十七年乃繕勒碑壇仰述眞軌

眞人姓許諱穆世名謐字思元本汝南平興人後漢靈帝中平二年六世祖光字少張避許相諛佞乃來過江居丹陽句容都鄉之吉陽里後仕吳爲光祿勳識宇亮拔奕葉才明祖尙字元甫有文章機見吳中書郎父副字仲先器度淹通風格清簡晉剡令寧朔將軍下邳太守西城侯長史副第五子也正生少知名簡文在藩世表之交起家太學博士朝綱禮肆儒論所宗出爲餘姚令懃恤民隱惠被鄰邑徵入凱闈納言帝側昇平末除護軍長史本邑中正外督戎章內詮茂序遐邪肅律鄉采砥行太和中遷給事中散騎常侍蟬冕輝華事歸尙德簡文踐極方

優國老儵值晏駕於焉告退專靜山廬以修上道君雖搢紱朝班諷議庠塾而心標象外志結霞門第四兄遠遊永和四年嘉遁不反君尙想幽奇歲月彌彰恆與楊君深神明之契興甯中眾眞降楊備令宣諭龍書雲篆僉然偏該靈模奧旨於茲必究年涉懸車遵行愈篤太元元年解駕遺世春秋七十有二子姪禮窆虛柩於縣西大墓京陵之蹤未遠飛劍之塚在焉謹按眞誥君挺命所基緣業已久周武王世九宮上相長里薛公之弟也兼許肇遺功復應垂祉後肖故乘運托生因賓成道玉札所授爲上清眞人爵登侯伯位編卿司理仙撫治佐聖牧明矣眞傳未顯於世莫能具述楊君諱羲事具眞誥長史第三子諱玉斧世名翽字道翔正生母陶威女先亡已得在洞府易遷宮中君清穎瑩潔特絕世倫郡舉上計掾不赴粃糠塵務研精上業郎宏景元中

之眞師也恆居此宅繕修經法楊君數相從就函通眞感太和五年於茲告逝時年三十眞誥云後十六年當度東華爲上相青童君之侍帝晨受書爲上淸仙公與谷希子倠職帝晨之任比此侍中君長兄揆世名映次兄虎牙世名聯並亦得道揆今有元孫靈眞在山勅立嗣眞館以褒遠祖之德皇上乘宏誓本力來君此土焘育蒼祇範鑄羣品導法開俗隨緣啟教以隱居積蘊三眞經誥久栖華陽宜還舊宅供養修理乃勅工匠建茲堂構卽仰秖帝則兼闡大猷東位青壇西表素塔壇塔之間通是基址埋瓴撩瓦投插便値紫烟白霧纏徊蔭蓋宅南一井卽長史所穿井南大塘乃郭朝遺製源出田公之泉路通姜巴之軌旁枕雷平前瞰下泊東際連岡北横長嶺柳泝陽谷俱會西垂四域之內皆謂之金陵地肺者也長史所居尤爲標勝方將驅雲虬而

高騁驅奔鶴以追風望洪濤之浩汗睇故都以祲遠古人有言匪作奚傳敢刊石頌永屬來賢

渾樞鶩氣方祇吐靈依性分境傳識賦形化通八寓功浹四溟巡跡電滅測體淵渟旋區岳立亘海雲舒摶風泳水蹤實憑虛亦有幽匠開石架廬情高身遠天府地居縈巒已曲畫壤胇浮五闢面啟九涂環周長隰旁嶺交汧比流乃稱龍伏實謂金邱昔在西漢三茅來賓爰暨東晉二許懷眞栽基浚井棲道接神允膺輔聖錫茲侍宸參差年代絪縕名世書誥具宣精華未弭甄甃將淪沈階已毀拱樹霜摧修庭草委肇館華陽歲纏二紀永觀前猷聿遵洪軌帝曰棶哉爾焉斯止經之營之輪乎奐矣勝殿窈響寫瓶揚芬瑤宮碧簡絢采垂文璚函玉檢綺幕繡巾蘭釭迥耀金鑪揚熏桐柏雙敎方諸兼學並證心清俱漏身濁

離有離無且華且朴結號虛皇筌法正覺藥徵質瑩禪慼慧通
飛行歘怳捫景帶虹振苦排鄣還明反聽物言是力我見無功
紛紜今古汗漫兩儀三相幻惑舟壑自移緣來則應不慮不爲
式題龜錄八天鑒知

弟子華陽隱居丹陽陶宏景謹造隱居手書

碑陰記

華陽隱居陶宏景丹陽秣陵西鄉下里人宋孝建三年丙申歲夏至之日未曉時生仕齊高武世諸王侍讀奉朝請永明十年壬申歲投紱栖山住中茅嶺上立爲華陽館至梁天鑒四年移居積金東澗七年往永嘉楠江靑嶂山十年涉海詣霍山十一年夏還木溜嶼其年十月奉勅迎還舊山十三年正月在茅山入住東澗十四年冬從來此館十五年移鬱岡齋室靜齋

此碑梁晉通三年太歲壬寅金石刊至唐大歷十三年太歲戊午凡二百六十有六年文字將湮中山劉明素字暎徵重加洗刻

華陽隱居墓銘碑

維大同二年龍集景辰克明三月壬寅朔十二日癸丑巳時華陽洞陶先生蟬蛻於茅山朱陽館先生諱宏景字通明春秋八十有一屈伸如恆顏色不變有制贈以中散大夫謚曰貞白先生遣舍人主書監護喪事十四日窆於雷平之山若夫眞以歸空爲美道以無形爲貴不知悅生大德所以爲生不知惡死谷神所以不死妙矣哉隱顯變化物莫之測既而岫開析石天墜玉棺銀書息簡流珠罷竈九箭麗於中天干和焚於地下仙官有得朋之喜受學振空谷之悲余昔在粉壤早逢圯上之術今

篋元艮屢稟浮邱之教握留符而惻愴思化杖而酸辛乃爲銘
曰
無名曰道不死爲仙亦有元放兼稱稚川逃形解化自昔同
然猗歟夫子受籙歸元棃傳宛吏書因賈船虎車煦景蜺拂淩
烟餘花灼爍春澗潺湲鬱鬱茅嶺悠悠洞天三仙白鵠何時復
旋

昭明太子撰

貞白先生碑陰記

大哉道元萬靈資孕其自然也忽恍不惻其生成也氤氳可知
若夫稟習經法精思感通調運丹液形神鍊化歸同一致舉異
三清自古所得罕能盡善兼而聚之鑒而辨之靜而居之勤而
行之者實惟貞白先生歟蓋特稟靈氣胎息見龍昇之夢卓秀

神儀骨録表鶴仙之狀心若明鏡洞鑒無遺器猶洪鐘虚受必
應是以天經眞傳備集於昭臺奥義微言咸訣於靈府纂類篇
簡悉成記帙廣金書之鳳篆益瑯函之龍章闡幽前秘擊蒙後
學若諸眞之下教爲百代之名師焉睹先生寫貌之像則道存目
擊覽先生著述之義則情見乎辭縱逾千載亦可得之一朝矣
至於思神密感之妙鍊形化度之術非我不知理難詳據敬以
修身德業受書道備按夫科格固超眞階命分殊途顯默異軌
應從解景不事登晨冥昇上淸不得而測識者矣然隱几云化
虚室仍存代劍未飛陰邱尙閉道尊德貴終古不渝披文相質
乃今無睹朝代累革山世轉睽永懷仙烈反增誠慨子微將歸
衡岳蹔憇茅山與諸法義聚謀刻石邵陵撰製美具當年今以
書勒言念往行因運拙筆聊述眞猷紀於碑陰式昭年世

大唐開元十二年甲子九月十三日己巳天台華峰白雲道士河內司馬道隱子微述并書

開元乙亥四月壬子時白雲先生在王屋山姪延陵縣主簿綽稟命親視鐫勒邵陵撰碑文長未錄

玄靜先生廣陵李君碑

先生姓李諱含光廣陵江都人本姓宏以孝敬皇帝廟諱改焉二十一代祖宏江夏太守避王莽徙居晉陵遂爲郡人高祖文嶷陳桂陽王國侍郎曾祖榮皇朝雷州司馬祖師龕隱居以求其志徙於江都父孝威博學好古雅修彭聃之道與天台司馬鍊師子微爲方外友尤以篤慎著於州里考行議謚曰正隱先生母瑯琊王氏賢明有德行先生提孩則有殊異晬日獨取孝經如捧讀焉髫丱好靜處習誦墳典年十八志求道妙遂師事

同邑李先生游藝數年神龍初以清行度爲道士居龍興觀尤精老莊周易之深趣執喪過哀口不嘗甘旨之味食惟穬麥而已封植膳羞皆出其手號毁骨立親族莫不傷之開元十七年從司馬鍊師於王屋山傳授大法靈文金記一覽無遺綜覈古今該明奥旨元宗知先生徧得子微之道乃詔先生居王屋山陽臺觀以繼之歲餘請歸茅山纂修經法頻徵皆謝病不出天寶四載冬乃命中官賫璽書徵之既至延入禁中每欲諮稟必先齋沐他日請傳道法先生辭以足病不任科儀者數焉元宗知不可强而止先生嘗以茅山靈蹟翦焉將墜眞經秘籙亦多散落請歸修葺乃特詔於楊許舊居紫陽以宅之仍賜絹二百疋法衣兩副香鑪一具御製詩及序以餞之又禁於山側採捕漁獵食葷血者不得輒入公私祈禱咸絕牲牢先生以六載秋

到山是歲詔書三至渥澤頻繁輝暎崖谷初山中有上清眞人許長史楊君陶隱居自寫經法歷代傳寶時遭喪亂散逸無遺先生奉詔搜求悉備其蹟而進上之先時元宗將求大法請先生爲師竟執謙沖辭疾而退洎七載春元宗又欲受三洞眞經以其春之三月中官賫璽書云其月十八日剋受經誥是日於大同殿潔修其事遂遙禮先生爲度師并賜衣一襲以申師資之禮因以元靜爲先生之嘉號焉仍詔刻石華陽洞宮以志之是歲夏五月隱居合丹之所有芝草八十一莖散生松石之間詔俾先生與中官啟告靈仙緘封表進夏又詔以紫陽觀側近二百戶太平崇元兩觀各一百戶並免其官徭以供香火秋七月又徵先生旣至請居道觀以養疾九載春辭歸舊山其年夏六月前生靈芝之所又產三百餘莖煌煌秀異人所莫睹先生

又圖而奏之是歲冬又徵先生於紫陽別院館之十載秋先生又懇辭告老御製序詩以餞之十有一載先生奉詔與門人韋景昭等於紫陽之東鬱岡山別建齋院立心誠肅是夜仙壇林間徧生甘露因以上聞特詔嘉異初隱居先生以三洞眞經傳昇元先生昇元付體元先生體元付正一先生正一付先生自先生距於隱居凡五葉矣皆總襲妙門大正眞法所以茅山爲天下學道之所宗矣於戲是非可齊也物我均焉生死可忘也覺夢同焉如此者何域心於變化之際哉先生以大歷己酉歲冬十一月十有四日遁化於紫陽之別院春秋八十有七其十二月八日門人赴喪而至者凡數千人號奉冠舃遷窆於雷平山之西陲遺命以松棺竹杖木几水瓶香奩香鑪置於藏內門弟子等仰奉嘉猷克遵儉德先生識思眞淯業行高古道窮性

命之本學冠天人之際所以優游句曲爵爲王者之師出入明庭特寵肩輿之貴是以順風而問昔稱於黃帝望山而請今見於元宗矣又博覽羣書長於撰著嘗以本草之書精明藥物事闕性命難用因循著音義兩卷又以老莊周易爲潔靜之書著學記義畧各三篇內學記二篇以續仙家之遺事皆名實無遺詞旨該博初先生幼年頗工篆籀而隸書尤妙客或賞之云賢於其父因投筆不書元宗詔山人王收强請先生楷書上經一十三紙以補楊許之闕先生能於陰陽術數之道而不以藝業爲能極於轉鍊服食之事而不以壽養爲極但冥懷素樸妙味元津非夫博大之至人孰能盡於此眞卿乾元二年以昇州刺史充浙江西節度欽承至德結慕元微遂專使致書茅山以抒誠懇先生特令韋鍊師景昭復書眞卿恩眷綢繆足勵超然之

志然宗師可仰望紫府而非遙王事不遑寄白雲而悠遠洎大歷六年眞卿罷刺臨川旋舟建業將宅心小嶺長庇高蹤而轉刺吳興事乖夙願徘徊郡邑空懷尊道之心瞻望林巒永負借山之記而景昭洎郭閎等以先生茂烈芳猷願銘金石乃邀道士劉明素求托斯文眞卿與先生門人中林子殷淑遺名子韋渠牟嘗接釆眞之游緒聞含一之德敢强名於巷黨曷足辨於鴻濛其詞曰抱一混茫人之紀綱先生以之氣王神强乃啟元旨元門以彰乃爲帝師帝道惟康甘露呈瑞靈芝發祥上士云感高風載揚鶴返仙廟雲辭帝鄉退歸而老妙識行藏德本無累道心有常實曰形解孰與坐忘伐石表墓勒名傳芳谷變陵遷厥迹彌光

金紫光祿大夫行湖州刺史上柱國魯郡開國公顏眞卿撰

幷書

大歷十二年夏五日建　渤海吳崇休鐫

續纂句容縣志卷末終